高等院校创新创业教育系列教材

U0884112

INNOVATION AND ENTREPRENEURSHIP FOUNDATION

创新创业基础

主　编　孙洪义

副主编　张　斌　祁明德　何伏林

参　编　李肖鸣　张　崴　刘　凤

梁　波　胡桂兰　王晓光

（按章节顺序排序）

机械工业出版社
CHINA MACHINE PRESS

本教材以孙洪义博士提出的3333®课程大纲、PIPE®教学过程和7P教学法为体系进行编写。

3333®课程大纲的核心是“三创、三新、三动、三力”。“三创”是指创造、创新、创业三个阶段，这三个阶段有机衔接，为各专业学生跨越专业界限学习创业提供了理论依据和学习内容；“三新”是指新想法、新产品、新企业，这是三个阶段对应的学习成果；“三动”是指动脑思考、动手参与、动脚走向社会和市场，这是三个阶段的教学活动；“三力”是指探索能力、动手能力和执行能力，这是三个阶段要培养的学生的能力。

为了有效实施课程大纲，孙博士开发了基于问题、想法、产品、企业（Problem→Idea→Product→Enterprise）的PIPE®教学过程，和包括以学生为中心的主动式学习、以项目为基础的团队式学习、探索式学习、体验式学习和行动学习的7P教学法。该教学法可以帮助教师有效开展创新创业基础课程的教学，还可以帮助学生们了解自己，选择未来发展方向。

本教材适合本科院校和职业院校创新创业基础课或通识课，也适合创新创业精英班或创业实践班的入门课。主要教学目的是让学生了解创新创业的基本概念和系统流程，培养学生的创造思维、创新方法、创业精神、创业技能，种下创新创业的种子。本教材对学生的基础知识和学科背景没有任何要求。

图书在版编目（CIP）数据

创新创业基础 / 孙洪义主编. —北京：机械工业出版社，2016.8（2024.2重印）

高等院校创新创业教育系列教材

ISBN 978-7-111-54164-6

Ⅰ. ①创… Ⅱ. ①孙… Ⅲ. ①职业选择-高等学校-教材 Ⅳ. ①G647.38

中国版本图书馆CIP数据核字（2016）第146796号

机械工业出版社（北京市百万庄大街22号 邮政编码100037）
策划编辑：裴 泱 责任编辑：裴 泱 何 洋
责任校对：黄兴伟 责任印制：张 博
三河市国英印务有限公司印刷
2024年2月第1版第16次印刷
184mm × 260mm · 19.5印张 · 332千字
标准书号：ISBN 978-7-111-54164-6
定价：49.90元

电话服务
客服电话：010-88361066
010-88379833
010-68326294

网络服务
机 工 官 网：www.cmpbook.com
机 工 官 博：weibo.com/cmp1952
金 书 网：www.golden-book.com
机工教育服务网：www.cmpedu.com

序

文化无时无刻不在影响着人们的价值取向、思考方式、行为准则和创新能力。文化复兴可以说是民族复兴的基石。若没有一个根基于厚实文化基础与内涵的教育体系与学术殿堂，我们的教育可能有如一座华而不实之危楼，甚至如虚幻缥缈的空中楼阁。教育若没有灵魂与内涵，就如金玉其外，败絮其中。香港城市大学孙洪义博士对中西方文化对创新能力的影响做了长期深入的观察、实证研究和国际比较，无缝巧妙地结合他在欧洲、中国香港和中国内地20多年的教学经验，绵密地编织出了这套系统化的创新创业教育模式。拜读之后，让人由衷敬佩他所主编的《创新创业基础》一书，无论从理论的架构规划、内容的编写设计，到具体教学方法上，都充分融合了西方的先进理念与方法和中国的文化要素。虽然创业教育现在于全世界可以说已成显学、蔚为大观，也有许多相关优秀作品相继出版，但是，这种中西合璧的创业教育教材在现今创新创业教育领域仍属凤毛麟角，并不多见。

读者将可发现，孙博士提出的3333®课程大纲比较准确地厘清了创造、创新和创业（“三创”）的区别并把三者有机地整合为一体，而PIPE®教学过程和7P教学法则为人们提供了一份可供参考的创新创业教育路线图，明确了教学方向与重点，在充满惊奇、挑战和探索的创新创业教育路途上，这无疑是一个难得的教学工具。这一教材协助回答了迄今仍让许多人迷惑不解的创业教育四大基本问题，即为什么教、教什么、怎么教和谁来教。令人可喜的是，这本教材中每个步骤的教学目标、思维方式、教学活动、中国文化要素和考核指标都清晰而具体地引导人们的学习与操作。该教材同时结合了目前理工学院主流的国际认证（ABET）着重以结果为导向（Outcome-based Assessment）的课程设计理念与管理学院主流的国际认证（AACSB）强调以学生为中心（Student-Centered Learning）的教育思维，此外，孙博士在该教材中以做研究的严谨态度提出了自己独特的模式、方法和观点。

值此《创新创业基础》出版之际，欣闻孙博士主讲的“中国文化和创新创业基础”慕课将在英国MOOC平台FutureLearn同步上线。这不仅或许是第一门关于中国文化环境下创新创业基础教育的课程，也意味着孙博士的课程已备受国际创新创业教育界的肯定，更是中国创新创业教育软实力对外的具体展现。个人认为，《创新创业基础》与这门慕课相得益彰、相互辉映，二者互相结合运用，将非常适合时下所提倡的翻转课堂、混合式教学以及中英双语的国际化教学。

孙博士在创新创业教育领域的研究和教学成果在国内外的权威会议和期刊都屡获肯定和收录，并荣获重要奖项，在两岸三地都有重要的影响。孙博士过去几年的创新创业教育师资培训课程也吸引了大量两岸三地的教师同行参加。孙博士以其独特的理论框架、配套教材、在线课程和师资培训计划为普及创新创业基础教育提供了一帖良方。在此由衷推荐给投入创新创业教育的朋友们！

吴彦浚教授

台湾师范大学全球创新创业研究中心执行长

前言

写作背景

2015年5月4日，国务院办公厅下发《关于深化高等学校创新创业教育改革的实施意见》，要求各高校面向全体学生开发创业基础等方面的必修课和选修课，并纳入学分管理。这标志着中国的创业教育由精英教育向通识教育的转变。这个转变向原本就缺乏师资、课程和教材的创新创业教育提出了新的挑战，同时也为年轻教师提供了一个全新的发展方向和机会。

为了满足创新创业通识教育的新需求，编写一本既符合中国创新创业教育的实际情况和发展要求，又融合国外创新创业教育的最新理念和成果的教材，我们的研究团队历时半年时间，查阅了中外大量创新创业教材和研究著作，其中英文书籍近100本，中文书籍近40本。在英文教材中，我们选取了15本作为分析样本，包括2015年美国创业管理专业排名前十高校中的9本教材，在英国影响力较强的3本教材，由爱尔兰国立大学和挪威管理学院两所高校合著的教材1本，澳大利亚和以色列的教材各1本；在中文教材中，我们通过团队内部研究并咨询国内多位创业管理和创业基础教育的专家和教师，选取了大陆创业基础教育领域认可度较高的10本教材和1本台湾的创业基础教材。通过对这些教材的分析和比较，我们发现国外创业教材有明显的系统化和跨学科的特点和趋势，即有机地整合创造、创新和创业（“三创”）。我们还发现大部分国外教材和课程涵盖了创造、创新和创业的内容；而国内大部分创业教材基本还停留在传统的创业和就业范畴，创造思维和产品创新的内容较少。另外，无论是国内还是国外的创业教材，在创造思维、产品创新和创业计划的衔接方面都不尽如人意。在“双创”教育的时代，这是一个明显可以改进的地方。

在此研究的基础上，编者结合孙洪义博士在中国大陆、中国香港和欧洲20余年的研究和教学经验而提出的3333®课程大纲、PIPE®教学过程和7P教学法，编写了本教材。本教材也学习和参考了艾瑞克·李斯（Eric Ries）的“精益创业”、斯坦福大学的“如何创立新企业”和“设计思维”、百森商学院的“管理和创业基础”、麻省理工学院的“科学创业”、波士顿大学的“产品开发与创新”等课程的先进理念和方法，并根据西方文化和中国文化与创新能力的实证比较研究，做了很多本土化的思考、开发和尝试。

本书特色

1. 整合“三创”的3333®课程大纲

近几年，国外创业教材有明显的系统化和跨学科的特点和趋势，即有机地整合创造、创新和创业（“三创”）。本教材以孙洪义博士的创新创业教育3333®课程大纲为理论基础，系统地整合了创造、创新和创业这三个概念，清晰地界定了“三创”的区别和联系。其核心内容包括“三创、三新、三动、三力”如下表所示，包括每个阶段的教学内容、教学目的、教学活动、素质能力以及考核标准等教学设计内容。3333®课程大纲为创新创业课程的设计提供了理论依据和具体操作方法。这个大纲符合世界上最流行的基于结果的课程大纲（Outcome-based Syllabus）设计方法。

步骤 / 内容	第一步 →	第二步 →	第三步 →	简记
教学内容	创造	创新	创业	三创
教学目的	发现新想法	设计新产品	谋划新企业	三新
教学活动	动脑 积极思考	动手 主动参与	动脚 市场调查	三动
素质能力	探索能力 发现问题	动手能力 解决问题	执行能力 承担风险	三力
考核标准	原创性 影响力	技术可行 成本合理	可销售 可盈利	系统化 跨学科

2. 简约的PIPE®教学过程

为了有效实施3333®课程大纲，孙博士开发了以提高学生综合素质和创新创业精神为目的，基于问题、想法、产品、企业（Problem→Idea→Product→Enterprise）的PIPE®教学过程。PIPE®教学过程超越传统的创业教育范畴，先对探索、创造、创新和创业的复杂过程做了高度概括和提炼，然后对每个环节的目标、结果、方法、评估做了深入细致的开发和应用。PIPE®教学过程可以确保创业过程的概念贯穿创业教学的始终。PIPE®教学过程还是教师教学、学生学习以及师资培训的一个实际操作手册。尤其适合大学生创新创业基础教育。

3. 系统的7P教学法

7P教学法是在PIPE®教学过程的基础上具体展开的系列教学方法，如下图所示。其中，问题（Problem）、方案（Proposal）、产品（Product）、计划（Plan）分别是PIPE®教学过程中四个阶段的成果，充分体现了教学的结果导向和连续考评机制。在教学的过程中，全面贯彻以学生为中心（People）的主动式、以项目为基础（Project）的团队式、行动式、探索式和体验式教学法，理论与实践系统结合，让学生在做中学。而这一切教学内容和方法都立足于中国本土的文化环境（Place），同时结合国际化的教学内容和方法，实现中西方教学内容和方法的有机结合，以期更好地为中国大学生的创新创业基础教育服务。7P教学法中的7个模块的含义和逻辑关系如下：

- People-centered：以学生为中心、团队式教学法。
- Problem-driven：学生自己探索和发现问题，问题驱动式教学法。
- Proposal：学生主动探寻解决方案，问题导向式教学法。
- Product：学生对解决方案进行验证，理论与实践相结合的教学法。
- Plan：学生依据解决方案、实践验证，撰写商业计划书的结果导向式教学法。
- Project-based：学生自由组建团队进行学习，完成项目的团队式、项目式教学法。
- Place：立足于中国本土文化环境与国际文化相结合的国际化教学方式。

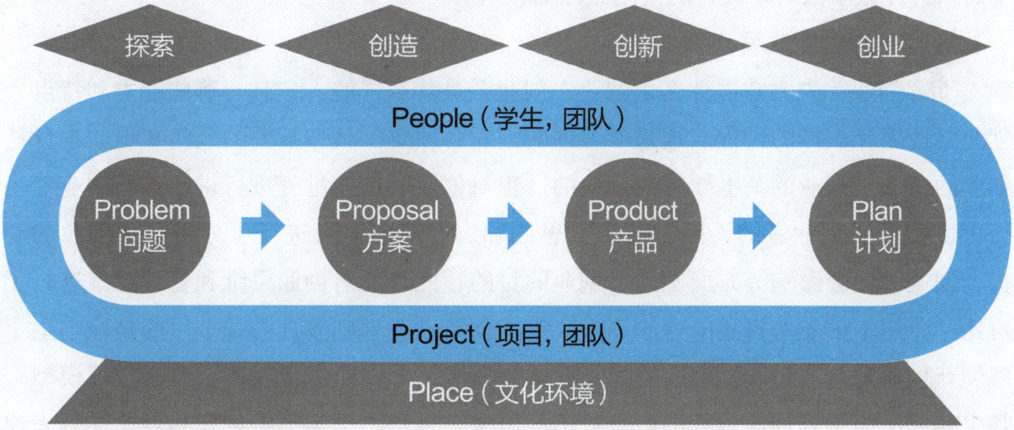

4. 明确的教学定位

关于中国大学生创业教育，这几年有很多争议。创业教育的争议主要源于对创业教育的层次和目的认识不同。创业教育确实有不同的层次，因而教学目的、教学对象和教学形式也不尽相同。20世纪80年代中期，杰米森（Jamieson）把创业教育分为三个层次，即了解创业（About Entrepreneurship）、准备创业（For Entrepreneurship）和进行创业（In Entrepreneurship）。后来虽然有很多文献也对创业教育进行了分层，但是基本都是以杰米森的三个层次为基础。这三个层次的教学对象、教学目标、教学活动、教学结果都不相同。本教材是关于创新创业基础教育的教材，属于第一个层次，即了解创新创业的基础教育层次。

创新创业基础课是当今高等教育改革的抓手。其教学目的不是让所有专业的学生都去创业，而是在所有专业都采用类似创新创业教育的先进的教学理念和方法培养学生的创造思维、创新能力、创业精神、团队合作、沟通能力和领导能力。这些能力和精神是21世纪创新人才的基本能力。所以，即便将来不去创业的学生，也应该学习一门创新创业课程。这就是教育部要求面向所有学生开设创新创业基础课程的原因所在。

当然，对于一些确实有意创业的学生，学习这样一门创新创业基础课对扩大视野、培养跨学科意识和团队沟通合作能力都非常有用，也能为继续学习打下坚实的基础。

使用建议

本教材是创新创业教育的基础教材，主要教学目的是让学生了解创新创业的基本概念和流程，培养学生的创新思维方式、创造方法、创业精神、创业技能，种下创新创业的种子。本教材适用于任何专业、任何年级的学生对创新创业基础知识的学习，对学生的基础知识和学科背景没有任何要求。本教材既可以作为高校所有学生的创新创业通识课程的教材，也可以作为创新创业精英班或创业实践班学生的入门级教材。下面结合7P教学法对本教材的使用做详细介绍。

第1章 你想创业吗?

了解创业首先要知道什么是创业，创业者是什么样的人，具有哪些能力和特点，创业要遵循什么样的过程。这是学习创新创业必须要了解和掌握的入门知识。本章从创业的概念、创业的基本要素和创业的过程对创业和创业过程进行讲述；从创业者是否可以培养，创业者的天赋、能力、思维和态度对创业者进行了分析；从创业的动机、创业的社会影响等方面阐述了创业的目的；此外还对创业思维和管理思维进行了对比，介绍了创业者自我能力测评方法等。创新创业基础教育的一个目的是让学生了解创新创业的基本过程。95%的国外教材会介绍一个创业过程模型。没有过程模型，学生就无法体验到创业过程的艰辛；不经历这个过程，学生会把创新和创业误解为弹指一挥间的金点子的闪现，这一点在急功近利的快餐文化盛行的时代尤为重要；不了解创业过程模型，学生将来创业依然会是传统经验型的“盲人摸象”，而未来的创新创业需要掌握科学方法和实际经验的训练有素的创业者。

另外，很多人有一个非常大的误解，即认为创业过程模型是线性的和可预知的。创业过程模型都是简化的教学模型，只是一个过程的指引，创业过程是复杂的，在创业课程的开始，没有人知道每一步需要做什么，所以需要运用创业思维来探索、发现和开拓，这正是探索式学习（Discovery-based Learning）的特点。同时，必须逐步了解管理思维。本教材的一个特点是提出了在创业过程中创业思维和管理思维的有机、渐进的融合，二者缺一不可。

第2章 怎样从问题中寻找创业机会?

本教材的一个特点是采用问题驱动的学习方式（Problem-driven Learning，PDL），这种学习方式有别于传统的基于问题的学习方式（Problem-based Learning，PBL）。PBL一般是老师给全班学生一个相同的确定的问题；然而PDL的问题不是老师给的，而是学生自己发现的，每个团队的问题也不一样的，是未知的。第2章重点介绍为什么要发现问题，如何发现问题，如何评估问题，如何把问题转化为创业机会。问题驱动的学习方式不仅是学生自主学习的基础，也解决了学生因为没有实际经验而难以找到创业机会的问题。这部分内容遵照陶行知先生教育生活化的理念。陶行知先生说过："没有生活做中心的教育是死教育。没有生活做中心的学校是死学校。没有生活做中心的书本是死书本。"同样，只有教育生活化，才能让创新创业教育落地，才能被学生和老师从内心接受。无论是案例还是学生作业都力求来自生活，并解决生活问题，哪怕一个很小的问题。避免为创新而创新，为创业而创业，尤其是问题的发现必须以实际生活为基础。

第3章 你的创意从哪里来？

创意方案是指解决问题的想法和建议，具体内容包括如何利用创造思维来找到解决问题的方法。"双创"不可能离开创造思维。但是，创造思维怎样与创业结合一直是创业教育的盲点，导致创造思维在创业教材里要么被忽略，要么只是蜻蜓点水，一带而过。我们认为解决问题是创造思维和创业教育的最佳衔接点。第3章重点介绍怎样产生解决问题的创意，对创造思维的广泛流传而没有科学依据的误解做了纠正。例如，创造思维只强调右脑和发散思维，创意的产生是灵光一闪现，儿童比成人更具有创造力，等等。对一些舶来名词的误解和混淆也做了解释和区分，如创意和创造的区别等。在纠正这些误解的基础上，提出"左思右想"的均衡大脑理念和菱形思维模式。

第4章 怎样开发新产品？

产品是一个企业的业务核心。第4章介绍了产品开发的过程和主要环节，这是本教材的特点之一。产品的概念既包括实物产品，也包括服务。但是，在创新创业基础课程的学习中，我们不建议学生选择平台类、工业产品类项目，甚至不建议理工科学生选择服务类项目。有些学校严格规定创新创业基础课必须选择实物的消费端产品，因为这样的产品可以让学生经历产品创新的主要阶段，以便培养他们的产品创新意识和动手能力。而且，实物产品在产品展示阶段的教学和评估也比较容易控制。另外，只有产品比较清晰之后，才能进行专利检索和市场调查，因而在第5章才可以比较系统地评估创业机会。试想，当产品设计还不明确的时候，所谓的市场调查、成本估算、原型开发和用户体验等都很难进行。

第5章 你的想法可以创业吗？

机会评估可以减少低级错误的发生，避免不必要的损失；机会评估可以不断调整创业的方向，不断完善创业机会的内涵；机会评估可以减少时间和资源的浪费，提高创业的整体效率。越来越多的学者和企业家认识到，虽然创业需要实践和经验，但是创业也是有规律的、有方法的、有理论指导的。这就是科学创业（Evidence-based

Entrepreneurship）的理念，科学的主要特征就是依靠证据来验证假设。评估就是运用科学的方法收集证据、检验假设的过程。这一点对于没有资金积累的年轻学生尤为重要。科学创业理念在知识经济时代和创新创业时代扮演着重要的角色。未来的创业者不仅仅依靠经验，也要依靠理论、知识和科学方法。

第5章介绍了对创业机会进行评估的主要方法和工具。系统的机会评估也是本书的一个特色，作者自行构建了更加适合大学生创业者机会评估的工具——创业机会评估量表（Opportunity Assessment Table，OA量表）。这一章也介绍了创业风险的评估和管理。

第6章 怎样寻找创业伙伴?

第6章对创业团队的建设和管理进行了介绍。以团队为基础的项目（Team-based Project)是目前创新创业课程的主要组织形式。本教材也采用这样的形式，建议课程人数在40～60人，每个小组5～8人。按时间不同，分组的方式基本有三种，即课前分组、课中根据创业方案分组和课前分组打散再重新分组。具体分组方法根据老师教学的具体情况和课程学时而定。学生个人成绩不建议100%根据项目的成绩来确定，建议项目成绩占30%～50%。

创新创业基础课程的另一个特点就是理论联系实际。所谓的实践，不是让学生真的去创业和注册公司，而是体验理论知识，做到知行合一。所以，英文文献里面建议的“Practice”更接近“行动学习”（Learning by Doing）的理念。创新创业课程是体验式的学习，目的还是学习。本教材主要包括四个行动学习和实践汇报环节：发现问题、解决方案、产品设计和创业计划。这种方式符合连续考核（Continuous Assessment）和为学习而考核（Assessment for Learning）的理念和方法，有别于传统的为考核而学习（Assessment of Learning）的考核模式。

第7章 如何设计商业模式

第7章介绍了商业模式设计。商业模式的设计主要是确定企业运作的基本因素和因素之间的逻辑关系。现有商业模式开发的工具很多，但是其中的逻辑关系相当复杂，需要很多前置知识。商业模式的开发对于学习创新创业基础课的学生不是必需的。本教材建议整合PIPE®教学法的7P和营销的4P，基本适合学习创新创业基础课的学生对商业模式的学习和了解。

第8章 商业计划书有什么用?

第8章介绍了商业计划书，其长短和繁简因目的不同而差别很大。商业计划书在传统创业基础课的最后呈现，一般时间在5～10min，以PPT形式为主。是否需要提交正式的计划书，以及计划书的繁简程度，视每个学校的考核要求和课时长短而定。

第9章 没钱可以创业吗?

第9章介绍了融资。对于创新创业基础课程，建议学生项目做到模拟融资而止于融资。真正的融资活动可以在创业实践课或者其他课外活动进行，也可以根据每个学校的课程资金管控制度和财务制度灵活调整。

第10章 如何创建新企业?

第10章介绍了企业的创建和管理，建议作为阅读章节。创新创业基础课并不要求学生注册公司。但是，对于新企业创建基础知识的了解，对于今后无论是从事创业还是就业的学生都有很大的帮助。

创新创业基础课包括以学生为中心的主动式学习、以项目为基础的团队式学习、探索式学习、体验式学习和行动学习等先进理念和方法。以学生主动学习为中心的教学方法体现在很多教学环节中：①创业问题、解决方案、产品设计环节都要由学生自己确定和决策；②创业团队由学生自己组建和管理；③老师给创业团队提供适当的辅导和鼓励，检查和督导项目的进度；④学生自己设计合理的考核指标和考核进度。以学生为中心的教学方式会让教师的地位和作用发生一些变化：教师的辅导和陪伴的作用更加突出，除了传授基本的概念和方法外，教师还要给学生自主学习留下足够的空间和时间。在线课程和混合式教学能够对这样的教学模式提供很好的技术支持。

写作分工

本书由孙洪义担任主编，张斌、祁明德、何伏林担任副主编，经编者反复讨论修改，最终由孙洪义统筹，梁波执行定稿。全书共分为10个章节，具体分工如下：

第1章由北京中科创大教育投资管理有限公司李肖鸣和香港城市大学梁波共同编写。

第2章由香港城市大学孙洪义编写。

第3章由大连理工大学张崴编写。

第4章由西南交通大学刘凤编写。

第5章由香港城市大学梁波编写。

第6章由江苏大学胡桂兰编写。

第7章由广东工业大学祁明德编写。

第8章由西南财经大学张斌编写。

第9章由上海金融学院王晓光编写。

第10章由浙江工商职业技术学院何伏林编写。

慕课

在本教材出版之际，孙洪义博士主讲的"中国文化和创新创业基础"课程将在英国慕课平台FutureLearn同步上线，这或许是第一门将中国传统文化与创新创业基础教育相结合的课程，适合翻转课堂、混合式教学以及中英双语教学。希望本教材和配套的在线课程能够适合并满足中国广大高校和社会机构对创新创业基础教育的迫切需求。

致谢

在过去一年多的教材编写过程中，来自国内外的同行专家给予我们很多很好的建议，也给予了我们很大的支持和鼓励。感谢国内外的同行的书籍、文章以及大量研究资料，这些是我们研究的基础。感谢各类教育、创业、财经类网站，他们是我们案例的源泉。感谢我的科研团队的成员们（梁波、黄婉铃、颜佩维、刘兆悦、李颖嘉和吕少香）一直以来的辛勤付出和努力的工作。最后，感谢机械工业出版社的编辑们自始至终的耐心指导和一系列的建议。

由于编者的水平有限，书中难免存在疏漏和不当之处，敬请各位指正。

孙洪义
香港城市大学

目录

第1章

你想创业吗?

一个人追求的目标越高，他的能力就发展得越快，对社会就越有益。

——罗曼·罗兰

学习目标

1. 创业者是什么样的人？
2. 创业是可以学习的吗？
3. 创业需要做些什么？
4. 什么是创业精神？
5. 创业思维与管理思维有什么不同？
6. 创造、创新和创业有什么关系？
7. 大学生为什么要学习创新创业？
8. 学习创业一定要开公司吗？

在人类历史上，人们一直在期待并努力建设一个公正、平等的社会。但遗憾的是，至少到目前为止，人类社会的平等还是相对的，人类的不平等自古以来一直存在。这是大学生无论在学校期间，还是将来走向社会，都需要了解、接受和勇敢面对的现实。比尔·盖茨（Bill Gates）曾经说过："给孩子的第一课应该是这个世界是不平等的。"社会的不平等应该是大学生人生的第一课。学习创业的第一课，也要从不平等开始。只有知道不平等，才会努力去追求平等，然后帮助更多的人获得平等。

这个世界是怎样的不平等？意大利经济学家和社会学家帕累托（Vilfredo Federico Damaso Pareto）早在20世纪初（1906年）就提出了一个著名的定律，称作80/20定律（The 80–20 Rule，又称二八定律、帕累托法则）。80/20定律可以应用于很多领域，如质量管理、库存管理、营销管理等。和本教材有关的一个领域是财富分配。根据80/20定律，世界上20%的人群拥有80%的财富，而另外80%的人群只拥有20%的财富。100多年后的今天，这个定律依然适用，只是比例有所变化。例如，在美国，10%的富人大约占有80%的社会总财富，最有钱的占全国人口1%的富人甚至拥有40%的社会总财富[1]。这就是经济学角度的"穷人"和"富人"的区别。同样，在中国，占人口总数1%的有钱人拥有国家1/3的财富[2]。著名的基尼指数（Gini Index）也证明了收入的不平等和贫富的差距。所以，财富的拥有是不平等的。因为拥有财富的不同，人们对社会的贡献以及对社会的影响也大不相同。

那么，这1%或者20%的人群是什么样的人呢？答案很明显，大部分是企业家或者创业家（Entrepreneur）。李嘉诚、比尔·盖茨、史蒂夫·乔布斯（Steve Jobs）、马克·扎克伯格（Mark Eliot Zuckerberg）、柳传志、马云、李彦宏等众多企业家都在这20%的人群里面。他们为什么会进入这20%的人群？他们到底是怎样的一群人？他们是天生的吗？这样的人可以培养吗？他们为这个世界贡献了什么？我们可以向他们学习吗？我们将来也能进入这20%的人群吗？这就涉及本教材的两个关键词：创业和创业家。无论将来你想进入这20%的人群，还是为这20%的人群工作，都必须了解他们，即创业家，和他们的工作——创业。帮助大学生了解创业，了解创业家，同时从创业的角度了解自己、计划未来，是创新创业基础课和本教材的主要目的。

1.1 你了解创业吗?

1.1.1 什么是创业?

在当下问什么是创业，相信大多数人给出的答案都是开创一家新的企业。但是，创业真的只是创办新企业吗？长久以来，研究创业的学者对创业给出了各种不同的定义。研究发现，各种定义出现的关键词频率最高的是“开始、创建、创造”“新事业、新企业”“创新、新产品、新市场”“追逐机会”“风险承担、风险管理、不确定性”“资源或是生产方式的新组合”等。

概括地说，创业有狭义和广义之分。狭义的创业是指开创新的企业，在英文中常用“Startup”一词。人们当下所说的创业多是狭义的创业，即创办一家企业。创业是谋划、创建和运营企业的过程，例如创建一家提供产品或服务的企业的过程。创业的人有能力且愿意谋划、组织和管理一家风险和利益并存的创业企业[3]。广义的创业是指开创新的事业，在英文中常用“Entrepreneurship”一词。在广义的创业中，除了强调创业行为外，更强调在创业行为中所体现的创新创业的精神对于创业行为的重要性。相比狭义的创业，广义的创业涵盖的范围和深度都有所扩展[4]。创业是一个寻找机会、开发产品、利用资源、制订和实施计划的不断试验和往复循环的过程[5]，这个过程包含很多通用的思考和推理的行动和方法。这个定义不仅仅意味着创办新企业、筹集资金和提供就业机会，还意味着孕育人类的创新精神和改善人类的生活[6]。

在当今创业大潮下，人们往往更加关注创建企业本身，每天苦于对创业机会、创业资源的寻觅和开发，投入大量的时间和金钱在创业实践当中，而忽视了对于影响创业本身的创业精神和创业技能的学习。甚至有些人认为创业精神和技能是天生的，是不能讲授的。而著名管理学家彼得·德鲁克（Peter F. Drucker）曾说过，创业不是什么魔术，它既不神秘，也与基因无关。创业是一门学科，同其他学科一样，是可以通过学习掌握的[6]。越来越多的创业者参与到创业课程的学习中来，世界范围内也有越来越多的大学开设创业类课程。随着竞争的加剧和信息技术的普及，未来的创业家不再是纯粹经验型的，而是理论和实践兼备的。因此，在当今“大众创业、万众创新”的浪潮下，需要知行合一，理论联系实际，既要参与创业实践，也要注重创业基本理论和创业精神的学习。

1.1.2 创业的基本要素有哪些?

除了上面介绍过的创业的定义外，还有两个问题对理解什么是创业有帮助：哪些要素对创业活动至关重要？创业要做什么？前者涉及创业的关键要素；后者涉及创业活动过程。

虽然创业的类型很多，但还是有一定的共性。创业教育先驱杰弗里·蒂蒙斯（Jeffry A. Timmons）在长期的教育研究工作中提炼出创业要素模型，被称为蒂蒙斯模型（见图1-1）。该模型简洁明了地提炼了创业的三大关键要素：创业机会、创业资源和创业团队。创业机会的识别和评价是整个创业过程的核心。创业者对创业机会采取行动，根据创业机会的需求进行资源整合和开发。整个过程最为重要的是在面对不确定的环境时，创业机会、创业团队和创业资源三者间的平衡。

在蒂蒙斯模型中，创业机会是起点，是创业初期的主要驱动力，有了创业机会的驱动，整个创业过程才得以运转。初期阶段创业机会相比创业团队和创业资源会更重要些。在创业活动过程中，需要创业者带领创业团队应对瞬息万变的外部环境，整合关键资源和因素，才能保持由创业机会、创业资源和创业团队构成的倒三角模型得以平衡和稳定，使创业活动能够有效开展。

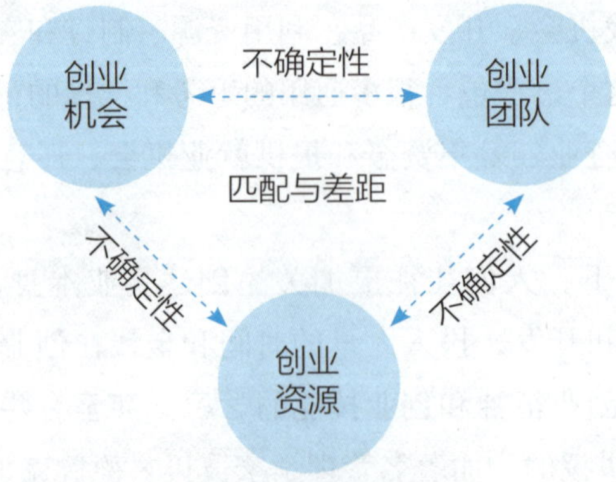

图 1-1 蒂蒙斯模型[7]

创业机会的大小、形式和深度决定了创业团队和资源需求的大小、形式和深度。创业者和创业团队是整个模型的支点，他们需要在不确定的环境中将创业资源和创业机会进行匹配。创业过程的三要素是随着外界环境和创业过程的发展而不断变化的，因此，为保持三要素之间的平衡，它们之间的关系是动态的、循环的。只有那些认识到风险的人才能更好地把握创业过程，获得丰厚的回报。

创业机会是创业过程的核心。成功的创业者和投资家都知道，一个好的产品、好的创意并不一定是一个好的创业机会。在风起云涌的创业大潮中，越来越多的人认为一个好的产品、好的创意就是一个好的创业机会，并快速地投入创业实践中，殊不知这样有着极大的风险和失败的可能。实际上，以商业计划书或商业提案形式提供给投资者的每100个创意中，大约只有4个被作为投资对象。在这些被否定的创意中，有80%在最初的几个小时就被淘汰了；另外的10%～15%是在投资者仔细阅读过创业计划书之后被否定的。只有不到10%的创意能够吸引投资者的注意，而能获得投资的一般微乎其微[5]。创业者可能会花大量的时间来寻找创意，而到头来这些创意可能根本就毫无价值。因此，无论对于投资者还是创业者来说，学会快速评估什么样的创意具有真正的商业潜力，以及应该在这个创意上投入多少时间和金钱，是尤为重要的一项技能。

很多刚刚接触创业的创业者心中有一个错误的观念，他们认为：为了能够创业成功，首先必须准备好创业所需的全部资源，尤其是必须有充足的资金。但是，在创业初期，寻找一个商业潜力高的创业机会，组建一个强有力的创业团队，要比资金更加重要。有了好的创业机会，资源就会跟着来了。多年来，众多投资者一直在哀叹：他们有着大量的资金，却很难寻找到值得投资的项目和团队。一直以来都是缺乏有商业潜力的创业机会和高素质的创业者，而绝非缺乏资源和资金。成功的创业者往往会制订合理而谨慎的计划来寻找和控制资源。对于创业者来说，过早地拥有过于充沛的资源并不一定是一件好事，可能反倒弱化了其解决问题和应对风险的能力。投资家和创业者常说：“过早拥有了太多的资金，可能是创业者遇到的最大的麻烦。”

创业团队是决定创业成功与否的另一个重要影响因素，这一点毋庸置疑。在图1-1中，可以看到创业团队在三角形的底部，它的稳定性直接决定了整个模型即整个创业过程的稳定性。由此可见创业团队对于整个创业过程的重要性。著名的投资家阿瑟·洛克（Arthur Rock）很早以前就强调了创业团队的重要性。他说：“如果你找对了人，他们自然会经常变革产品。几乎我所犯的每一个错误都是因为我用错了人，而不是思路的错误。”对众多成功案例的研究发现，一个企业如果没有一个由两个以上关键贡献者组成的团队，是很难成功的。

通过对上述三要素的介绍，就很容易理解为什么创业过程中要不断维持各要素之间的平衡。而在创业初期，这三要素往往很难相互匹配，需要相互之间不断地平衡和沟通。有了高潜力的创业机会，创业者要问自己：在走向成功的下一步中，我会遇到什么样的陷阱？我现在的团队规模够大吗？当企业在未来的两年内扩大30%以后，我们会不会忙不过来？我所拥有的资源足够吗（或者是否过于充足了）？因此，创业机会是创业过程的起点和核心，创业团队是创业行为得以有效执行的主要动力，创业资源是创业得以成功的不可或缺的资源保障。如何寻找和评价出有商业潜力的创业机会是整个创业过程的重中之重。

思考题

1. 创业的基本要素在创业过程中分别发挥什么作用？
2. 举例说明创业过程中创业三要素如何有效支持创业活动的开展。

1.1.3 PIPE® 教学过程

同创业的定义一样，基于不同的研究视角的研究者对创业过程的理解也有所不同。机会视角理论认为，创业是机会发现、机会识别、机会评价和机会开发利用的过程；资源视角理论认为，创业是一个资源识别、资源获取、资源整合和资源利用的过程。创业的目的是为用户提供具有价值的产品或服务，创业又是一个价值创造的过程[8]。

创业过程是创业者与创业环境互动，通过创业机会的发现、识别、评价和开发利用，整合资源，从而实现价值创造的过程。创业机会是创业过程的核心。创业过程中，创业者与特定的环境发生交互作用，从而不断进行判断和决策的过程，是一个有限理性的、非线性的、反复修正的实践过程。对创业者而言，创业过程是以创业为客体、以信息等为中介，对机会的“反复与无限”的认识过程，不同的阶段有不同的任务和结果；是一个动态概念，其中蕴涵了“原本模糊，但会随着时间的推移逐步明确起来”的意义，或者说是一个从开始时未成型但随着时间的推移而变得成熟的过程。

在现实世界中，创业者对创业机会的发现、识别、开发和利用通常并非采取单一模式，而是存在明显的多样性和复杂性。但是，为了学习、研究和交流的方便，很多学者都在试图总结和简化创业过程。从各种文献和教材里可以找到数以百计的创业过程模型。本教材采用PIPE®教学过程，把复杂的创业过程简化成四个阶段，如图1-2所示。

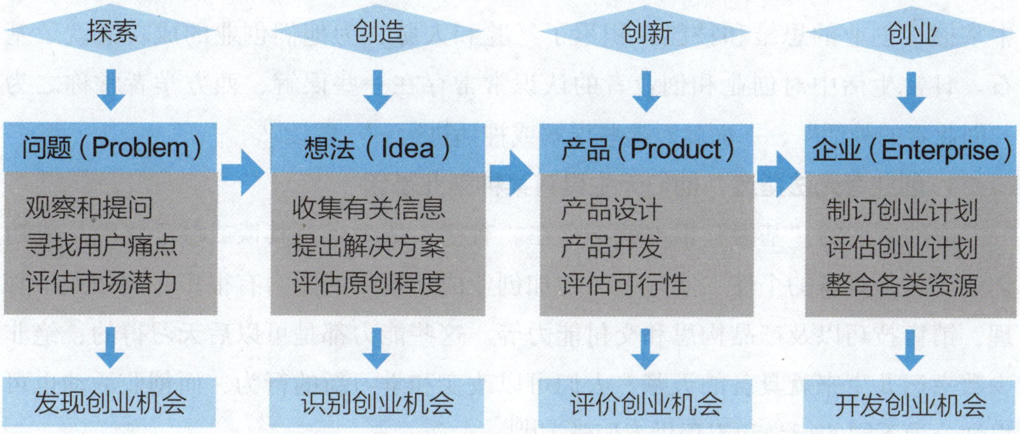

图 1-2　PIPE® 教学过程

第一阶段：探索和发现问题阶段（Problem）：运用探索思维的方法，发现生活中的问题，并对用户的潜在需求进行评估，找到用户的真正痛点和需求潜力。

第二阶段：创造思维和解决方案阶段（Idea）：运用创造思维的方法，收集相关信息，找到解决问题的想法和可能的方案，并对诸多方案的可行性进行评估，选择一个可行的方案。

第三阶段：创新和产品设计阶段（Product）：根据以上选择的解决方案进行产品的设计和规划，完成产品设计，并对产品的可行性进行评估和市场测试。

第四阶段：创业和企业计划阶段（Enterprise）：设计商业模式，制定市场进入策略，撰写商业计划书，整合现有资源，计划新企业的创建。

PIPE®教学过程是一种简化的创新创业教学模式，创业过程并非线性的，各个阶段是密切相关的整体，无论是学习还是实践，要进行多次往复、修改和调整。PIPE®教学过程的四个阶段既有区别又有联系，涉及探索、创造、创新和创业四个核心概念。很多成功的创业离不开创新，只有具有创新性的创业才是具有生命力的创业。如果说创新是创业的动力，那么创造力则是创新创业的动力，探索是找到问题的根本源泉。所以，从问题、想法、产品到企业是一环扣一环、紧密相关的，然而又是动态的、不可预测的。这四个阶段的思维方式、评估方法和展现的结果都不相同，将在后面的章节一一介绍。

1.1.4 对创业的一些误解

创业者并不是一个特殊的群体，他们并不具有常人所没有的特殊基因或才干。创业者之所以成功并不是天赋使然，而是他们足够努力。他们在工作和学习中掌握了创业的思维和技能，积累了经验和人脉，为他们创业的成功铺就了基石。日常生活中对创业和创业者的认识常常存在一些误解，西方学者常称之为“创业者的神话”，下面就对这些误解或神话进行一一解读[9]。

1. 创业者无法塑造，他们天生具有某种创业基因

这种所谓的“基因”根本就不存在。有些人认为夸夸其谈或敢于冒险是成功创业者必须具备的个性。实际上，增加创业成功概率的能力有很多，例如人事管理、销售技巧以及产品构思和交付能力等。这些能力都是可以后天习得的，绝非少数幸运儿生来就具备的天赋。人们可以改变和学习新的行为，而创业活动也可以细分为不同的行为和流程供人们学习[10]。

2. 任何人都可以创建企业

理论上讲，任何人都可以创业，但实际生活中，创业的人毕竟是少数，创业成功的更少。创业者如果能够识别创意和商机之间的区别，而且思路足够开阔，创办企业的成功率就比较高。即使运气在成功中很重要，充分的准备仍是必要条件。企业的建立是创业中最简单的一部分，更困难的是让企业长久地生存下来，并且最终发展成可以让创业者喜获丰收的企业。在10～20家新企业中，大约只有1家能够存活5年或5年以上。

3. 创业者都是赌徒

成功的创业者会认真地计算自己的预期风险，小心翼翼。在有选择的情况下，他们会通过让别人一起分担风险、规避风险或将风险最小化，来控制成功的概率。他们常常把风险分割成可接受、可消化的小块；对风险和收益率经过权衡后，创业者才会愿意投入时间和资源。他们不会故意承担更多的风险，不会承担不必要的风险；当风险不可避免时，也不会逃避风险。

4. 创业者喜欢单枪匹马

尽管创业者通常被描述为孤胆英雄，但大量研究表明，事实并非如此。实际上，创业是由团队完成的。通常，创业团队的人员越完善，分工越合理，创业成功的概率越大。也就是说，高水平的创业团队意味更大的成功概率，而非仅仅一个能力超强的创始人。你能想到的成功企业基本都是由一个创业团队创建的，例如苹果、微软、阿里巴巴等。

5. 创业者自己当老板，他们完全独立

创业者并不是完全独立的，他们需要为很多人服务，其中包括合伙人、投资人、用户、供应商、债权人、雇员、家庭等相关对象。但是，创业者可以自己选择是否、何时以及做些什么以对他们做出响应。

6. 钱是创立企业最重要的因素

如果在企业创立初期资金过于充裕，常常会使创业者产生安逸感，对资金的使用缺乏计划和危机感，会导致严重后果，甚至创业失败。反倒是有了高潜力的创业机会和优秀的创业团队，钱自然就会随之而来，相比之下，钱是创业成功因素中最不重要的一项。钱对创业者而言就像颜料和画笔对画家一样，只是创作的工具，远没有创作灵感和画家本身重要。

7. 创业者必须年轻并且精力充沛

虽然这些特征对创业成功有帮助，但年龄绝不是障碍。据统计，创立高潜力企业的创业者平均年龄是35岁左右，但是60多岁才开始创业的创业者也有很多。年龄不是关键，重要的是具有识别和捕捉商机的能力，同时具有相关技术、经验和关系网络。

8. 金钱回报是创业者的唯一驱动力

追求高潜力企业的创业者更多的是被创建企业、实现长期资本收益所驱动，而不是高额工资、奖金这些可以立即获得的报酬。个人成就感、对自己命运的把握、实现自己的期望和梦想才是强有力的动机。金钱只是保持成就的工具和方式，其本身并不是最终归宿。

9. 如果创业者是有能力的，只需1～2年他们就会成功

风险投资家有一句古老的格言："柠檬只要两年半就成熟，但珍珠却需要七八年才能孕育成功。"很多初创企业至少需要3～4年的时间站稳脚跟[11]。所以，创业者需要巨大的耐心和不断的坚持，要有十年磨一剑的心理准备。

1.2 创业者到底是什么样的人？

1.2.1 创业者可以培养吗？

说起创业者，相信大家都能罗列出一份长长的成功创业者的名单。他们可能在某一阶段都曾是我们的目标和偶像。在这个科技改变世界的时代，人才济济、英雄辈出，比尔·盖茨、史蒂夫·乔布斯、马克·扎克伯格、柳传志、马云等大批创业者和企业家用他们的实践不断改变着人们的生活和消费习惯，甚至不断改变着这个世界。人们看着这些创业领袖和企业巨头，往往只是充满了钦佩和仰慕，可曾想过他们原本也只是普普通通的人？是什么成就了他们今天的事业？他们身上有什么样的特质或能力使他们可以从众多创业者中脱颖而出？我们有一天是否也可以创建自己的企业？创业是可以学习的吗，如何学习创业？

创业成功取决于什么因素？关于这一点，无论在学术界还是实践领域都有各种不同的解读。早期的创业研究聚焦于对创业者特质的研究。研究者认为，成功的创业者有着与普通人不同的天赋，他们的天赋是他们创业成功的重要因素。威廉·高德纳（William Gartner）认为，影响创业成功与否更重要的是创业者的行为，创业研究应该更加关注创业者做了什么，而非创业者是谁。米切尔（Mitchell）等人提出，创业思维模式才是创业者竞争优势和个体差异的来源，应更加关注个体做出创业行动决策的原因。也有学者认为，现在的问题不再是某个个体能否成为一个创业者，而是某个个体如何才能变得富有创业精神、创造机会并针对机会开展行动。

通过学术界对创业和创业者的不断研究，先后出现了创业特质学派、创业行为学派、创业过程学派、创业认知学派，到现在基于效果推论的创业思维学派；从最初人们认为创业者是具有创业天赋的人，他们是天生的，到现在大家普遍认为虽然创业者具有某些性格特点，但是创业者是可以培养的。无论是创业能力、创业思维模式甚至创业者的性格特点（即人们所谓的创业者天赋或特质），都可以通过学习和经验的不断积累而获得。

如果创业者可以通过教育培养，那么为什么在生活中，创业者只是少数人呢？创业的能力和思维可以通过学习获得，但是影响创业成功与否的因素，不仅只是创业者本身的内在因素，还受到创业机会和创业资源等因素的限制。创业者的分布也是遵从“20/80定律”的，即创业者只占社会中的少部分，而大部分人都是在这些创业者所开设的企业中工作。那么，是不是只有这些少数开创企业的创业者才需要接受创业教育，其他普通工作者就不需要了？答案是否定的。对于基础教育而言，更注重的是对创业能力和创业精神的培养，这种能力和精神无论对于创业者还是非创业者都同样重要，这是一种最为基本的面对生活和工作的能力和态度。

1.2.2 创业者行为影响因素

创业者是通过创造和创新能力识别创业机会、创建新事业并实现其价值过程的人[11]。由此可以看出，识别创业机会、创建新事业并实现其价值是创业者的最终目标，也是创业者的行为方式。创业倾向是建立企业的第一步，作为创业活动的前端，对整个创业过程至关重要。研究者认为，影响创业倾向主要包含两方面因素：一是想要创业的愿望；二是对创业可行性的认知。创业者的个体特征和外界环境都会影响创业倾向，进而影响到能否创建新企业。创业倾向是从事创业活动的主观态度或兴趣，受到社会、环境、资源和资金等综合条件影响，具有不确定性，会随创业者的主观思想变化。除去外在的因素影响，就创业者自身而言，是哪些因素影响了创业者行为和目标的实现？这些影响因素是否可以通过教育或其他手段使人们获得，以促进创业行为的开展，成为创业教育的重要议题[12]。

比尔·博尔顿（Bill Bolton）和约翰·汤普森（John Thompson）在《创业者——天赋、性格和机会》（*Entrepreneurs— Talent, Temperament and Opportunity*）一书中，基于对创业者和创业者行为的研究，提出创业者行为三角模型，如图1-3所示[11]。

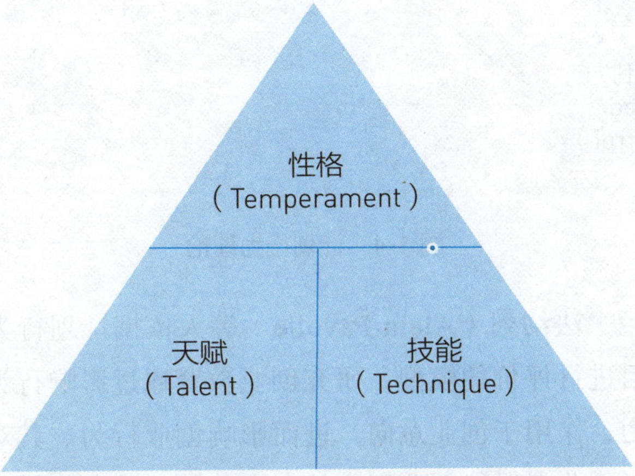

图 1-3　创业者行为三角模型

在创业者行为三角模型中，创业者的天赋（Talent）和技能（Technique）是基础，在此基础之上形成了创业者性格（Temperament），从而共同驱使创业行为产生。这个模型特别强调了创业者天赋和技能融合的重要性，认为创业者技能可以通过教育获得，但是，过多的流程式、模式化的管理教育会阻碍创业者天赋的发挥和创业者性格的形成。这也解释了为什么部分受教育程度越高的人的创业意向或创业动机越小。

1991年，阿杰恩（Icek Ajzen）在理性行为理论的基础上提出了计划行为理论（Theory of Planned Behavior，TPB），如图1-4所示[13]。他认为人的任何行为都不完全取决于人的性格，而由人的意图和倾向（Intention）决定。行为倾向主要受三个方面影响：个体对某一行为持有大量不同的关于结果的行为信念——行为态度（Attitude toward the Behavior）；个体认为能够控制并执行某种行为的难易程度——感知行为控制力（Perceived Behavior Control）；以及个体所感知到的社会压力对某一行为的支持或反对——主观规范（Subjective Norms）。

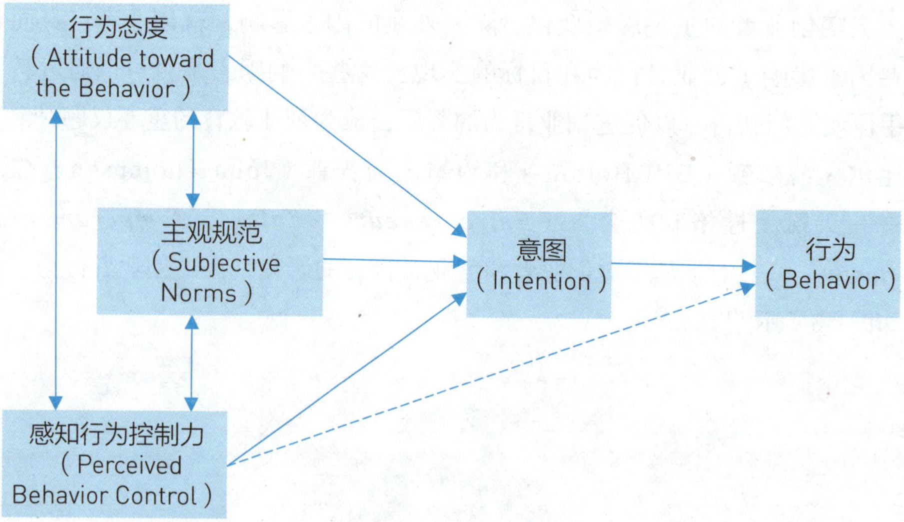

图 1-4　计划行为理论

2006年，阿兰·法约列（Alain Fayolle）等人依据计划行为理论，建立了对学生创业教育项目进行评价的模型，研究创业教育通过影响行为态度、主观规范和感知行为控制力，作用于创业意向，进而影响创业行为。其对影响指标的解读为：行为态度是指创业者对待创业行为的态度，即其是否对创业活动有所认可，愿意参与到创业活动中来；主观规范主要是指社会、父母、朋友对其创业行为支持或反对等看法；感知行为控制力主要是指对进行创业感到容易或困难，表现在创业的知识和能力等方面，即创业技能。该研究最终发现，创业教育对创业态度、社会评价和创业技能都有着正向影响，从而激发创业意向和创业行为的产生，即创业态度、社会评价和创业技能对创业行为有着重要影响[14]。

除了上述提到的两个创业行为影响模型外，其他学者也大都从创业者特质、创业能力等方面对创业者进行分析。通过分析总结得出，影响创业者行为的主要因素有创业者天赋（特质）、创业能力、创业思维和创业态度四个方面。这些因素有的是与生俱来的，存在于人们的潜意识中，需要后天的教育、引导而逐渐激发和挖掘；有的则是通过后天的学习和经验的积累而逐渐养成的。但是，无论是先天存在还是后天养成，这些素质都需要在特定的条件下通过不同形式的教育和实践而激发和养成，从而再次证明了创业教育和实践对创业者开展创业活动的重要影响，同时也为创业教育的开展提出了挑战。什么样的创业教育既可以提高创业者的创业能力，又不会阻碍创业者天赋的发挥和创业思维的形成？

1.2.3 创业者天赋

创业者天赋是指创业者相比其他人所具有的独特的性格特征或行为意识，也就是人们常说的创业者特质。我们并不认同部分学者的观点，认为创业者特质是与生俱来的，不可以通过后天培养而得到。我们认为，创业者特质是人的一种心理和性格的体现，可以天生具有，也可以后天培养。它存在于人的潜意识中，可以通过教育、引导而逐渐激发和发掘。

早期的创业研究聚焦于创业者特质，研究人员试图识别将创业者与非创业者区分开来的一系列特质。特质学派的基本观点是创业成功与否取决于创业者的个性特质甚至天赋。特质学派过于重视挖掘创业者特质，而忽略了创业者的行为与活动规律。因此，特质理论对创业活动潜在规律的探索与认知有很强的局限性。但是，特质学派充分肯定了创业主体在创业活动中的作用，其理论观点对创业者或潜在创业者而言，对其创业精神和创业技能的培养、素质的塑造有着积极的作用和意义[15]。

自创业特质学派诞生以来，学者们从不同的角度提出了各种各样的创业者特质，但是从未统一过，甚至于对创业者特质这一概念和表述也从未统一过。至今学术界对创业者特质的表述仍是仁者见仁、智者见智，常用的表述有天赋（Talent）、特质（Traits）、特征（Characters）、特性（Characteristic）、个性（Personality）、能力（Capability）等。

1986年，布罗克豪斯（Brockhaus）和霍维茨（Horwitz）将创业者特质概括为成就需要、自我控制、高风险承担倾向和对不确定性的容忍四项。

2005年，罗伯特（Robert）等人将创业者特质概括为自我驱动、创造力、热衷创新、积极自信、精力充沛、克服困难的韧性、识别机会和承担风险的能力、说服别人的能力、对新事物的敏感和自我认同十项[16]。

2010年，布鲁斯（Bruce）和杜安（Duane）将创业者特质概括为对商业的热情、对产品/用户的关注、面对失败的坚韧和执行能力四项[17]。

2012年，斯蒂芬·斯皮内利（Stephen Spinelli）和罗伯特·亚当斯（Robert Adams）对2001年以前关于创业者特质的研究进行了汇总，如表1-1所示[9]。

表 1-1 创业者特质汇总表

时间	作者	创业者特质
1848年	Mill	风险承担
1917年	Weber	权力需求
1934年	Schumpeter	创新、主动
1954年	Sutton	责任感
1959年	Hartman	权力需求
1961年	McClelland	风险承担、成就需求
1963年	Davids	抱负、独立意识、责任感、自信
1964年	Pickle	自我驱动、人际关系、沟通能力、专业知识
1971年	Palmer	风险评估
1971年	Hornaday& Abound	成就需求、自主性、进攻性、影响力、识别能力、创新性、独立性
1973年	Winter	影响力需求
1974年	Borland	内部权力需求
1982年	Casson	风险承担、创新、影响力、权力需求
1985年	Gartner	改变和权力
1987年	Begley& Boyd	风险承担、对不确定性的容忍度
1988年	Caird	自我驱动
1998年	Roper	影响力和权力需求
2000年	Thomas & Mueller	风险承担、影响力、内部控制、创新
2001年	Lee &Tsang	内部控制

对创业者特质的研究，至今也没有一种得到学术界普遍认可的统一的创业者特质的分类，这就需要同学们在学习的过程中通过对创业者和成功的企业家观察和了解，自己进行总结，你认为哪些特质是成功创业者必须具备的。通过这样的学习，同学们将会对创业者特质有着自我独特的理解和更加深刻的认识，从而

对比自己已经具备哪些特质，还欠缺哪些特质，需要在今后的学习和实践中着重塑造。

举一反三

观看或阅读至少三个以上创业案例，总结出五个你认为创业者应该具备的特质，并说明选择这五个特质的原因。

1.2.4 创业者能力

创业是一项具有挑战性的社会活动，是对创业者综合能力的一种全方位考验。创业者能力是指作为创业者应该具有的工作能力，一般是通过教育、培训或在实践工作中通过工作经验的积累而获得的。创业能力是实施创业和决定创业能否成功的关键。在现代社会，竞争日趋激烈，一个人能否在竞争中占据优势、成功创业，一定程度上取决于其所拥有的或者能够运用的各种能力。与对创业者特质的研究一样，不同学者对创业者应该具备哪些能力的理解也不尽相同。

全球创业观察（GEM）报告将创业者能力归纳为:

（1）创办企业的经验。

（2）对机会的捕捉能力。

（3）整合资源的能力。

2002年，德鲁克认为创业者应该具备以下八种能力[14]：

（1）开创企业的能力。

（2）运行企业的能力。

（3）及时识别和评价创业机会的能力。

（4）积累和运营知识及技能的能力。

（5）整合资源的能力。

（6）评估和防范风险的能力。

（7）创新能力。

（8）团结和鼓励团队成员的能力。

2008年，多尔夫（Dorf）和拜尔斯（Byers）认为创业者和创业团队应该具备以下12种能力[14]：

（1）在所从事的创业领域具有天赋、知识和经验。

（2）寻求具有高风险和高回报的创业机会。

（3）能够及时在短时间内识别创业机会。

（4）创造性地探寻问题或需求的解决方案。

（5）能够将机会转化为切实可行的企业。

（6）希望成功：成就导向。

（7）能够适应模糊不清、不确定性。

（8）可以灵活地适应环境和竞争者的变化。

（9）可以评估和防范治理创业风险。

（10）为员工和合伙人创建企业愿景。

（11）招聘、培训具有洞察力的人才。

（12）良好的推销自己创意的能力，具有广泛的潜在合作伙伴。

2012年，斯蒂芬·斯皮内利（Stephen Spinelli）等人认为创业者区别于其他人，应该具备的核心能力和特征主要包含以下七个方面[9]：

（1）勇气和胆量。

（2）责任感和决策能力。

（3）领导力。

（4）机会识别能力。

（5）容忍风险、模糊和不确定性的能力。

（6）创造力、自主能力和适应力。

（7）超越别人的动机。

1999年，毕海德（Bhide）将创业者的品质特征分为创业倾向、适应性调整能力和获取资源的能力。2013年，张玉利等人将创业技能从中分离出来，主要包含[18]：

（1）控制内心冲突的能力。

（2）发现因果关系的能力。

（3）应变能力。

（4）洞察力。

（5）销售技巧。

2013年，李家华等人将创业者必备的能力总结为[15]：

（1）创新能力。

（2）学习能力。

（3）合作能力。

（4）经营管理能力。

（5）分析决策能力。

（6）人际交往能力。

通过以上专家学者对创业能力的综合分析，我们将创业者能力整理为与个人心理特性相关的个人内在能力（第1～3项）以及与企业创建和运营相关的实践能力（第4～12项），如表1-2所示。

表 1-2　创业者能力及其表现

创业者能力	创业者能力表现
1. 责任感和领导力	具有主人翁意识，愿意承担企业管理重任，具有牺牲精神，对企业、员工和利益相关者负责，具有领导者魅力和威信，诚实、可靠、令人信服，快速学习，积极主动，不怕失败
2. 分析决策能力	能够系统分析，归纳总结，注重细节，果断决策
3. 人际交往能力	善于交际和公关，能够妥善处理好企业与各利益相关者（员工、合作伙伴、股东、用户、供应商、政府部门、竞争对手等）之间的关系
4. 对市场的洞察力	善于观察，对市场和环境变化敏感，善于发现问题和用户需求，能快速捕捉到市场机会和威胁
5. 评价创业机会能力	能够理性地评价商业机会，决定是否进入或退出
6. 创造性解决问题能力	思维开放，水平思考，不受固有模式和习惯束缚，敢于突破创新，主动解决问题，提出创造性解决方案
7. 建立企业发展愿景	能够制定企业发展规划，确定企业发展目标，让员工和合伙人明确企业愿景并为之付出努力
8. 应对模糊、不确定性的能力	能够容忍初创企业的组织结构缺陷，灵活应对环境、市场、人员及竞争对手的变化，灵活快速调整解决方案
9. 评估、防范和治理创业风险能力	能够预计创业可能发生的风险，对风险进行评估，寻求风险分摊方案，使风险最小化，承担可能发生的风险
10. 团队合作和管理能力	组建初始创业团队，合理分工，鼓舞他人，分享责任和财富
11. 营销和销售创意的能力	具有营销能力，销售技巧，能够吸引潜在用户和投资者
12. 资源整合能力	具有综合协调能力，整合能力，引进人才和资金等资源的能力

1.2.5 创业者思维

早期的创业研究聚焦于创业者特质，研究发现，创业者的性格和特质多种多样、难以统一，而创业者的思维却惊人地相似。于是，创业认知研究者不再基于特质来区分创业者，而是通过揭示创业者的思维模式，并且开始假设特定的思维模式是竞争优势和个体差异的来源。

萨拉·萨拉瓦蒂（Saras Sarasvathy）在创业领域引入了一个有争议的新理论——效果推理，相对应的是因果推理理论。因果推理理论认为，人们在多大程度上可以预测未来，就可以在多大程度上控制未来，始于打算创造的效果。而效果推理理论认为，人们能在多大程度控制未来，就有多大把握不去预测未来。效果推理理论改变了传统的目标和手段之间的关系以及预测和控制之间的关系。对基于预测的过程思维和基于效果的创业思维的创业行动和创业效果进行比较，如图1-5和图1-6所示。由图1-5可以看出，基于预测的过程思维根据制定的目标而采取行动；基于效果的创业思维首先考虑的是目前具有的资源和能力能够达到什么样的目标，然后再开始行动。创业思维在行动过程中随着创业者能力和掌握资源变化，目标也在不断调整。这种思维方式具有灵活、多变、可实现的特点。基于效果的创业思维最终实现的目标可能会与最初设定的目标相差较大。

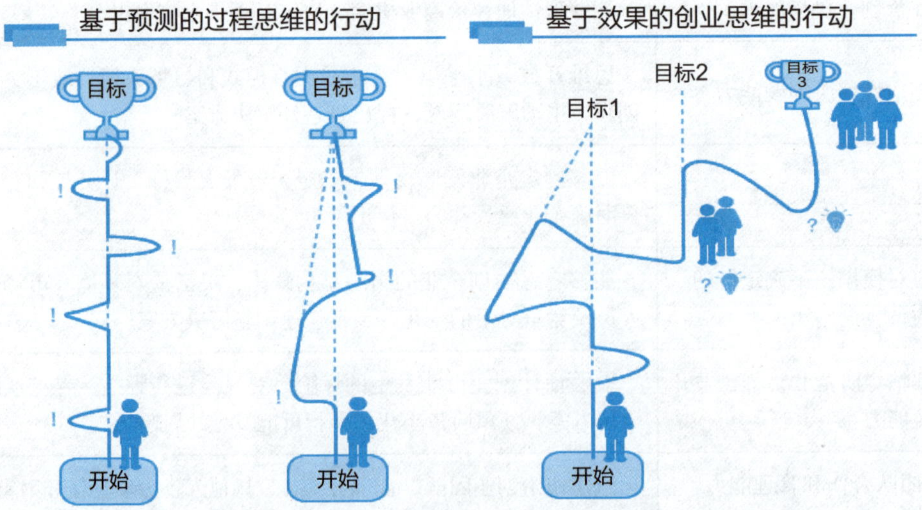

图 1-5　基于预测的过程思维和基于效果的创业思维的创业行动

两种不同的思维的行动带来的最终的效果也不一样，如图1-6所示。基于预测的过程思维的行动，最初的目标是设定好的，采取的所有行动都是为这个目标而服务的。一旦在实现目标的过程中遇到障碍，就很难达到原本的目标，行动也就失败了。但是，基于效果的创业思维的行动，在行动初始阶段是没有绝对目标的，目标是创业者通过考虑自身能力和资源而不断调整的，在行动过程中一旦遇到障碍，可以快速调整目标，绕过障碍继续前进，并不断完善和提高自己的目标，在自身能力和资源允许的情况下以期达到最好的创业效果。

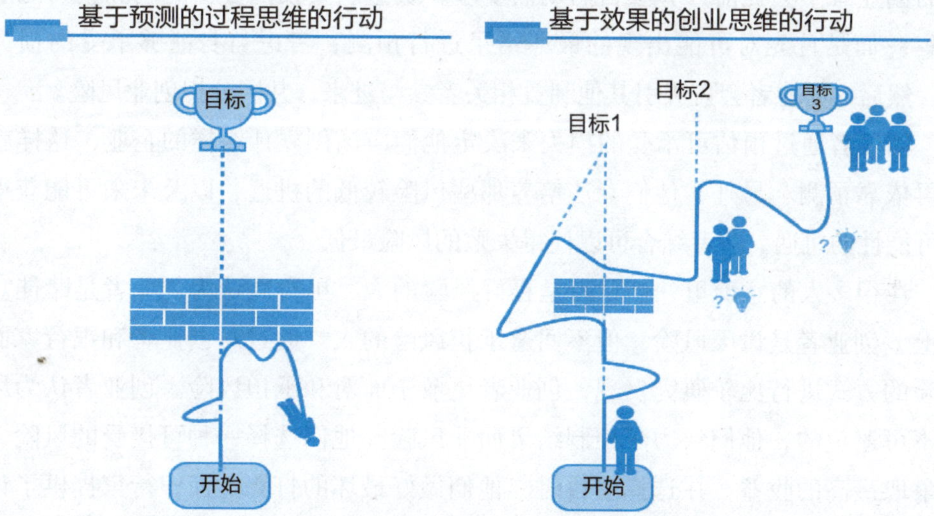

图 1-6　基于预测的过程思维和基于效果的创业思维的创业结果

因果推理可能不一定需要创造思维，但在效果推理中，创造力则必不可少。这两种思维方式都可以通过后天学习掌握，并不需要与生俱来。换句话说，每个人都可以让自己的行为和思考方式变得像一个创业者。下面详细介绍基于效果的创业思维都有哪些表现。

1. 以掌握的资源为基础

当创业者试图创建一家企业的时候，他们会从自己所掌握的资源出发来思考问题。这些资源主要分为三类：

我是谁——个人特点、兴趣、能力。

我知道什么——教育背景、所受训练、专业知识、个人经验。

我认识谁——社会/专业人际关系网。

结合这三方面的因素，创业者开始思考有哪些可能性，并快速付诸实施。大多数情况下，创业者会从最具有可行性的资源出发，追求最小可实现的目标。每一次实践所产生的可能结果都会被重新组合，最后，由某些显现出来的结果组成可实现的、值得追求的目标即为最终创业目标[19]。

2. 在可承受风险下

在企业经营过程中，产品经理的目标是清晰的，他会根据现有资源，选择能带来最大期望收益的领域，为预期目标选择最佳策略，使收益最大化。然而，创业者的逻辑恰恰相反，他们依据自己可承受的风险而非预期收益进行决策——他们依据的是他们可以接受失去什么，而不是他们期望得到什么。奉行效果推理原则的创业者不会提前计算项目启动需要多少资金、要投入多少时间和精力之后去筹集，而是首先对可能出现的最坏结果进行预测，考虑自身能够承受的损失程度。然后，创业者会再吸引其他利益相关者参与进来，共同分担创业风险。

创业者通过预估可承受的损失来决定他们应该创立什么样的企业，这样就不必再依靠预测。另外，他们专注培养那些风险较低的机遇，以及未来可能获得更多可能性的机遇。两者结合可以使得失败的风险最低。

在很多人的意识里，创业者是喜好风险的人，更有人认为创业者是赌徒。实际上，创业者是讨厌风险，但不回避承担风险的人。通过对创业者和银行家面对风险的方式进行比较研究发现，创业者更敢于面对和承担风险。创业者认为风险是不可避免的，他们致力于控制结果而非风险。他们选择一种可接受的风险，然后争取最高的收益。在选择项目时，他们做好最坏的打算。而银行家提供了许多控制风险的方法，但没有任何增加收益的措施。因为他们相信，他们通过把风险降至最低来实现最大的可能收益[19]。

3. 利用偶然性快速行动

如果你不幸拿到了一个酸柠檬，把它榨成柠檬汁就好了！创业者不仅懂得如何处理突发状况，而且善于利用它们。在大多数应急预案中，突发事件都代表着不利情况——类似于“如果……将会怎么样？”的情况通常都代表着最坏的打算。创业者通常不会将他们的创意与任何理论的或预先设定好的“市场”或者战略空间联系到一起。相反，当在市场上遇到意料之外的事件时，他们会选择接受并利用它们，很多情况下，他们会因此创建自己的新企业或开拓出新的市场。

当我们思考新的机遇来自何处时，我们发现了行动的重要性，以及创业者所扮演的角色。虽然关于天赐灵感的故事经常为人们津津乐道，事实上，许多产品都来自意外事件，而创业者的快速行动得以将它转变为机遇。其中的含义十分明显：那些等待着所谓完美创意的人必须有足够的耐心；而那些将创意付诸行动的人总会创造出新产品，然后只需要考虑如何从新产品出发创建企业。因此，应善于利用平时的各种偶然事件，快速行动。或许这将会改变你对人生中偶然事件的看法[19]。

案例 1-1：炸薯片的诞生

在酒吧里，炸薯片和啤酒可谓是绝佳搭配。据说这种颇受欢迎的零食来源于顾客的抱怨。1953年，在美国萨拉托加斯普林斯市附近的“月亮屋”餐厅，因为炸土豆口感软而不脆，顾客多次将做好的炸土豆退回后厨。厨师乔治·克莱姆感到十分泄气，愤而将土豆切成尽可能薄的片，然后下锅炸，再撒上盐粒。后来，这种意外创造出的食品在全世界迅速风靡。

案例 1-2：安全玻璃

或许是因为在实验室里小酌了一杯，法国科学家爱德华·本尼迪克特失手打碎了一个玻璃容器，他发现破碎的玻璃片竟然还能黏在一起，原因是某种塑料容易在容器壁内形成一层薄膜。因此，在1903年，安全玻璃诞生了[19]。

4. 建立合作关系

建立合作伙伴关系比与对手竞争要好得多。许多创业者在开始创业时倾向于不给自己的想法设定一个市场，所以，具体的竞争分析也就不存在什么价值，因为他们并不知道竞争对手到底是谁。相反，创业者通常会在自己周围的潜在消费者中推广自己的产品。有些人在与创业者沟通后，会自愿加入到创业活动中来。

建立合作伙伴关系原则可以与可承受的损失原则密切配合，将创业者的创意以低成本的方式推向市场。从关键的利益相关者那里获得事先承诺，降低了企业创立早期的不确定性。创业者不要死守某种创意，不断扩大的战略合作伙伴关系网络在很大程度上决定了企业最终将建立的市场类型。

创业者思维除了规划未来外，在某种程度上也传递了不同的世界观。具有创业思维的人群除了具有上述思维模式外，还有如下特点：

（1）以开放的角度看世界，认为世界仍然在形成之中。他们认为所有人类活动都有着各自真正的作用，企业和市场都是人类的创造物。

（2）从不将机遇视为天赐的或者是不受人为控制的，相反，他们相信机遇由自身确认、发现以及创造。

（3）不从机械的角度看世界，相反，他们将企业视为自身及世界创造新事物的强大工具，将市场视为自身创造的结果，而非被动寻求所得。利益相关者之间也并非相互利用，而是共同创造的关系。

（4）侧重于创造成功，而非避免失败。他们视失败为创业活动中普通的一环，因为他们不畏惧失败，时常建立多个企业，了解及学习如何消除不确定因素，并且努力培养有潜力的事物[19]。

1.2.6 创业者态度

创业者态度是对创业活动的偏爱程度和想法。美国学者霍奇金森（Hodgkingson）和约翰逊（Johnson）指出，创业者的某些倾向和想法推动创业决策和行动的产生，并定义这种倾向就是创业者态度。也有实证研究表明，创业者态度与创业行为之间存在正向影响作用。创业者对创业活动的渴望，对创业的构想，对创业挑战的追求，对创业成就感的期待，都是对创业者态度的诠释。创业倾向的建立和形成受到这些信念和构想的影响。另一方面，创业者态度受到个人人格特质、个人教育和成长背景的影响，尤其是在独立性、风险承担性、创新性和内部控制等方面。研究证实，创业者特质与创业倾向之间存在某种关联性；同时，将创业者态度作为考察创业者特质的影响因素也有重要意义。

菲什宾（Fishbein）指出“个体的态度或信念会预测未来的行为”，在研究中发现，倾向这一变量在态度和行为之间充当完全中介作用。菲什宾和阿杰恩在原来“态度—倾向—行为”模型的基础上加入情景因素，建立了理性行为理论（Theory of Reasoned Action，TRA）。阿杰恩的计划行为理论认为，对行为控制感知的态度，对社会规范感知的态度以及对行为结果的态度这三种态度可以预测倾向，充分叙述了态度和倾向的联系。计划行为理论模型具有跨文化适用性，创业倾向受到创业者态度和行为感知的积极预测效应。

菲利普（Phillip H. Phan）认为，创业倾向是自主选择创业的可能性，是促使创业活动得以开展的前提条件，也是对创业者态度和能力的描述。创业者具有区别于管理者和非创业者的某些人格特质，这些特质使他们表现出更强的创业倾向；同时，创业倾向的强弱程度也反向体现创业者特质。但是研究发现，创业者特质的各个维度单独解释对创业倾向的影响作用时，具有不完整性和片面性。换句话说，创业者特质不足以完全解释对创业倾向的影响。态度作为影响人格特质的因素，创业者特质与创业者态度之间存在紧密的联系。对风险承担的态度、对成就需求的态度、对创业行为不确定性结果的态度、对敢于创新的态度、对独立判断的态度在个体创业活动进行中逐渐转化为自身较稳定的坚韧特质，并潜移默化地决定个体的创业成功率。

关于对创业者态度的测量，研究领域有各种各样的测量量表。本书更加认可菲利普的研究成果，即将创业态度分为内生和外生两种态度。内生态度代表个人的想法和观点，外生态度则强调外部环境因素的影响，包括挑战程度、成就感、独立性、权力倾向、财富拥有和社会认可等，如表1-3所示[12]。

表 1-3　创业者态度测量量表

测量维度	测量指标
内生态度	希望检验自己的想法
	享受挑战
	实现个人成就的愿望强烈
	独立欲强
	渴望权力和地位
外生态度	希望被社会认可
	希望积累金钱和财富
	希望对社会做出贡献

思考题

讨论创业者天赋（特质）、创业者能力、创业者思维和创业者态度对创业成功的影响。

1.2.7 创业思维和管理思维

谢恩（Shane）和维卡塔拉曼（Venkataraman）认为，创业者是一群在特定商业领域内，发现创造新事物的机会，并运用各种方法将其开发利用的人；职业经理人是在企业创建后，为了让企业更加健康、有序地运行，雇用来对组织业务进行计划、组织、协调、控制的一群人。现实中，人们往往记住了创业者的名字，对谁是职业经理人却不怎么关心。当然，二者之间没有严格的界限，创业者也可以是经理人，职业经理人也可以自己创业而变成创业者。但是，二者在企业运行的不同阶段承担的责任和义务不同，如表1-4所示。

表 1-4 创业者与职业经理人的区别

指标	创业者	职业经理人
雇佣关系	雇用者	被雇用者
创业与否	创业者	企业内创业
出资与否	出资或继承出资	不出资
承担企业风险与否	承担企业风险	承担与本人雇佣契约有关的风险
所有权与控制权	同时拥有	无所有权，有一定控制权
担任企业主管与否	担任	不一定担任
创新能力	更强调	强调

创业者和职业经理人最重要的区别在于：创业者从事的是开拓性工作，通过他们的创业活动，实现了从0到1的变化；职业经理人则侧重于经营性活动，按照程序、制度开展工作，他们将1变成10，将10变成100。创业者发现机会，创造新事物；而经理人在维持现状的基础上，保持事物的持续和演进。创业者承担财务风险；而经理人不会也不可能承担此类风险[18]。创业者和管理者的思维方式也是不同的，前者是创业思维，后者是管理思维，两种思维方式的对比如表1-5所示。

表 1-5 创业思维与管理思维的区别

指标	创业思维	管理思维
前提	只有某些资源是给定的	目标是事先设定的
对未来的认识	未来是人们现在主动性行动的某种偶然结果，行动本身会改变未来	未来是过去的延续，可以进行有效预测
行为逻辑	如果能更好地控制未来，就没有必要预测未来	如果能更好地预测未来，就可以控制未来
决策标准	从现有资源出发，设想能够利用这些资源达成什么样的目标；在可承受范围内采取行动，不冒超过自己承受能力的风险	根据给定的目标与资源决策；资源的选择由预期回报确定
行动路径选择	抓住各种偶然的机遇，选择现在的路径是为了日后能选择更好的路径，因此有可能随时变换路径	既定承诺：根据对既定目标的承诺来选择行动路径

（续）

指标	创业思维	管理思维
经营环境	在动态的、非线性的、不断演化的环境中更加适用	在稳定的、线性的、独立的环境中更加适用
未知的本质	专注于不确定未来环境中可控制的一面	专注于不确定未来环境中可预测的一面
结果	通过联盟与合作催生新市场	在现有市场中扩大市场占有率

必须提醒的是，创业思维和管理思维不是严格割裂开的。创业者在企业初创阶段，运用更多的是创业思维；而在企业运行阶段，对于职业经理人来讲，更多的是运用管理思维。无论是在企业初创还是企业运行阶段，只有灵活地将两种思维方式进行融合，才能使企业更具生命力，并在竞争中立于不败之地。

创业者和职业经理人承担的责任和思维方式不同，其在企业经营的不同阶段也表现出不同的管理方式。戴维森（Davidson）等人认为，在企业发展中，初期主要是基于创业思维的初创企业管理，后期主要是基于管理思维的一般企业管理。他将创业管理与一般管理进行了比较，如图1-7所示。他认为创业包括两个过程：一是发现过程，包括最初的机会发现和识别等；二是开发和利用过程，主要解决资源获取和整合问题。创业管理主要是第一个阶段，第二个阶段则多为一般管理。但它们之间的界限并不十分明确，创业管理和一般管理是相互交叉的，从发展方式上看，两者呈现融合的趋势。企业经营实践也告诉人们，灵活运用创业思维和管理思维，企业将会得到更好的发展[8]。

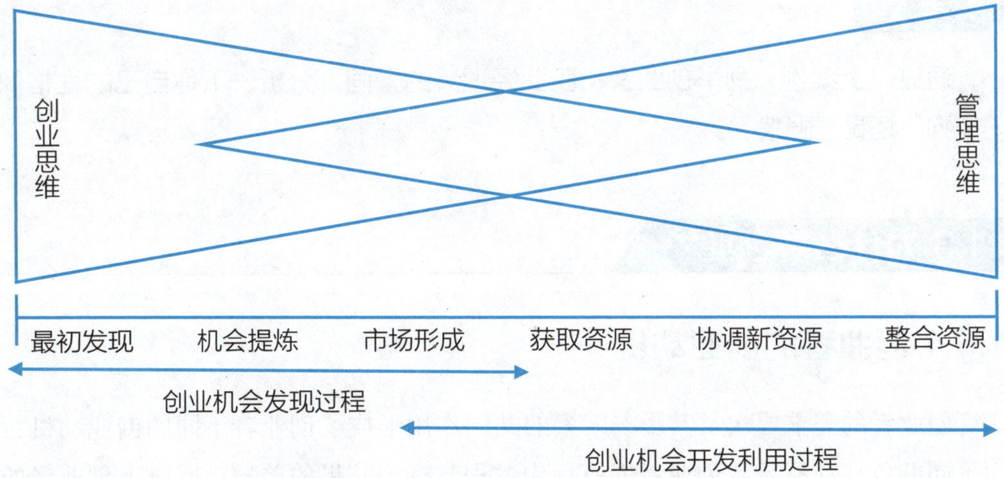

图 1-7　创业思维与管理思维在不同阶段的融合

案例 1-3：一只狼，即便成为家狗，终将变回野狼

2006年，李善友从搜狐功成身退，成功创立视频门户网站酷6网。通过其领导团队的共同努力，同年，酷6网成功实现了与百度公司的战略合作，为百度贴吧提供独家视频服务；同年，酷6网获得德丰杰和德同的千万美元投资。

2009年年底，李善友带领酷6网正式宣布清理站内无版权影视内容，打造中国最安全的视频网站，酷6网也因此成为中国第一家正版化网站。李善友被业界誉为中国网络视频领域的开拓者和领军人物之一。2009年，酷6网完成股权合并，成为盛大集团旗下企业，李善友也从一个创业者转变为一个职业经理人。转变为职业经理人的李善友并没有把握好自己的角色转换，他依旧跟从前一样，高调行事，对公司的一切都把握在手中，甚至不计成本地与竞争对手比着“烧钱”买版权。然而他毕竟已经是一个职业经理人。由于无法把握好从创业者到职业经理人的心态变化，2011年，李善友最终只能离开自己一手创立的“酷6网”视频网站。

2015年12月，沉寂4年的李善友携“混沌大学”重出江湖，再次创业，提供为创业公司培养具有互联网思维和全球化视野的创新人才的服务。他说：“一只狼，即便成为家狗，终将变回野狼，无论家里多么温暖。我想，我就是这样一只野狼。从今天起，老李将重返荒野，再次创业。”

思考题

通过以上案例，列举创业者和职业经理人的异同。分析一下你自己的性格像“家狗”还是“野狼”。

1.3 为什么要创业？

1.3.1 创业者的创业动机

创业者的需求层次及其影响因素的共同作用形成了创业者不同的创业动机，而不同的创业动机导致创业者创业行为过程与行为结果的差异；同时，创业者的创业活动导致创业的现实需求得到满足。而从长期看，由于需求在实践上的连续性，已有需求的满足会导致新需求的产生，从而形成一个循环，最终表现为创业精神对经济增长的贡献与经济的繁荣。由此可见，决定创业者行为差异的深层次原因是创业者的需求层次及其影响因素。

根据马斯洛的需求层次理论，当人的某一层次需求得到相对满足后，较高一层次的需求才会成为主导需求，并最终形成优势动机，成为推动行为的主要动力。创业者的需求层次不同，由此产生的创业动机也存在差异。机会拉动型创业者的需求层次比生存推动型创业者要高。机会拉动型创业者的创业动机受自我实现需求的推动，因为该类型创业者大多没有生活压力，具备一定的知识、经验和能力，敢于承担风险，并相信能通过创业活动来实现自己的价值；生存推动型创业者则处于生理需求或安全需求等较低的需求层次，生活压力是生存推动型创业者处于生理或安全需求的根本原因。由此可见，不同的需求层次决定了不同的创业动机，从而影响创业者的行为过程与行为结果[18]。

我国学者曾照英和王重鸣基于德尔诺夫舍克（Drnovšek）和格拉斯（Glas）的研究，提出了中国情境下创业者动机的二维模型：事业成就型和生存需求型。其中，事业成就型包括获得成就认可、实现创业想法、扩大圈子影响、成为成功人士、控制自己人生五个维度；生存需求型包括不满薪酬收入、提供经济保障、希望不再失业三个维度，如表1-6所示[20]。

表 1-6　创业者的创业动机

创业动机分类	创业动机
事业成就型	获得成就认可 实现创业想法 扩大圈子影响 成为成功人士 控制自己人生
生存需求型	不满薪酬收入 提供经济保障 希望不再失业

1.3.2 影响创业动机的因素

社会心理学家普遍认为，个体间的行为差别在很大程度上来自成长过程中的不同经历，影响创业动机的原因是非常复杂的。一般来说，除上一节提到的创业者个人特质、能力、思维、态度等内在因素，影响创业动机的还包括家庭背景、教育背景、社会文化、创业环境等外在因素[8]。

1. 家庭背景

家庭是人的第一所学校，父母是孩子的第一任老师。家庭环境对创业者的个性发展影响极大，家庭背景对创业者的创业行为影响非常深远，而且是产生创业动机的摇篮。

父母是儿童早期社会化过程中接触到的最初角色模式。父母不仅影响子女的个性发展，而且影响其职业态度和职业选择。父母的角色模式影响子女的职业偏好已经被广泛研究，诸如父母的职业、社会地位、出生顺序、与父母的关系等，都是创业者心理素质的影响因素。作为一个创业者角色模式，父母会帮助孩子形成不同的个人价值观和态度。例如，自我雇佣的父母能促使子女从小立志创业，因为他们在很小的时候就从父母那里认识到自我雇佣的独立性和成就感。

研究表明，个人早期的观察和生活经历会影响其职业选择。在美国，有50%左右的公司创立者的父母是公司所有者、自由职业者、独立的手工艺人或农场主。早期的家庭生活经历形成了创业者所具有的突出的心理特征。大部分创业者是家中的第一个孩子，可能是因为长子或长女需要担负照顾弟妹的责任，个性上较为积极与负责。也有研究表明，大多数创业者幼年家境贫困、经济不宽裕，但女性创业者却常常来自富裕家庭。

2. 教育背景

教育是使人身心得到发展的最主要途径，教育背景对创业者创业心理的形成影响甚大。一方面，尽管许多实证研究表明，具有正规的学位并不是创立企业的必要条件，许多创业者没有上过正规大学或者中途退学，仍然取得了巨大成功，但是，我们不能将学历与能力和受教育程度简单地等同起来。尽管很多创业成功人士没有接受过正规教育或没有完成学业，但是这并不等同于他们没有接受教育或教育对创业没有帮助，他们只是选择了当下他们认为更为重要的事情去做。相信不管他们是否具有学位，他们应该从未停下学习的脚步。另一方面，教育对创业者的作用是肯定的，尤其当所受的教育和创业的领域有关系的时候。例如在高新技术领域创业，没有受过专业教育的创业者很难成功。尤其在当代经济全球化的情况下，一些新经济时代的“创业英雄”，大多受过良好的高等教育训练，甚至具有海外留学经历，他们往往具有高学历。还有研究认为，高科技企业的创业者学历较高。当然，创业者的受教育程度要求会随着产业的不同而有所差异。

3. 社会文化

不同的文化和民族的特殊性孕育不同的社会文化，身处其中的人们的哲学观、世界观、思维方式、价值取向等也有所差别，这也潜在而持久地影响着创业者的创业心理。

理论界曾试图从文化特质方面去研究民族心理和社会发展之间的关系。一种普遍的观点认为，日本的特殊自然环境及受中国儒家文化的影响，形成了以“和”为核心的民族精神，“和魂洋才”构成了日本企业团队管理模式的文化基础，并由此创造了20世纪七八十年代的经济奇迹。在美国，美利坚民族开拓新边疆的历史聚合起他们顽强的毅力、勇敢的开拓精神和对竞争的偏爱，在“有用即真理”观念熏陶下的美国人乐于吸收新经验、新思想，热爱新事物。另外，宗教教义也宣扬了竞争和进取的精神。这些都为美国创业者的心理素质培育提供了适宜的社会文化土壤。

4. 创业环境

在任何一个国家或地区，创业环境总会影响人们的创业动机、对创业机会的捕捉和创业成功的可能性。这里以硅谷为例：美国硅谷之所以闻名于世，是因为那里有世界顶尖的进行高科技领域创业的环境，创业者创业心理素质的培养有其良好的外在行为基础。一个年轻人如果有一个前景良好的高科技产品，他只需准备好一份优秀的商业计划，到创业投资公司游说一番，就会吸引到嗅觉十分灵敏的专门从事高技术风险投资的投资家。他们会接踵而来，对这份商业计划进行全面深入的评估，一旦认定这份计划具有投资价值，这家第一天还一无所有的公司，可能第二天就可以开始营业了。

世界上许多国家和地区都在效仿硅谷，但并没有取得硅谷这样的成就，最重要的原因就是整个硅谷得天独厚的环境——优秀的大学、优秀的创业者、优秀的投资家、优良的创业地区环境，形成了如同自然生态系统一样的创业生态系统。

案例 1– 4：成功的学长成了他的偶像

德迈克1981年毕业于波士顿学院并获得金融学学士学位。他最初创办华尔街游戏公司，就是因为深受母校培养的商业巨子的影响，看到他们被母校的杰出企业家协会吸收为会员。德迈克在开办自己的公司时说：“我想跟他们一样涉足商界，当我刚从学校毕业时，没有足够的钱来开办自己的公司，所以我选择了经纪人行业；6年后，我意识到是时候了。但是做什么呢？我注意到绝大多数的企业家都不会做他们不了解的事情。因此，我选择了自己最熟悉的金融市场。”

1987年，德迈克看到当时学校里的大多数学生都在学习理论课程，他们学的跟实践毫不相干，而这些学生又确实需要进行实践锻炼。于是，他设想设计一个软件系统，可以让学生发挥潜能，在虚拟的环境中接受财务报告，与经纪人洽谈，订购股票，与现实的操作一样，但是都不使用真实的金钱。他把这个想法付诸实践，开发了一款类似游戏的软件。他认为这种模拟股票交易的产品，一旦价格合适，就一定会有市场。到1990年，公司已经盈利了720万美元。

华尔街游戏公司最初的构想就是向零售店或者大学推销模拟的证券交易游戏，如今又推出了全国性的“扩大你的投资”联赛。公司创办者——德迈克董事长正在不断开拓新的业务。

1.3.3 创业的社会影响

现在，我国每天有1万多家企业注册，平均每分钟就会有7家企业诞生。改革开放以来，我国几乎每隔10年就会出现一次大的创业浪潮。20世纪80年代，由于农村土地承包责任制带来大量农村劳动力的过剩，再加上“市场短缺”的市场需求，使得许多农民走上自发创业道路，形成了中国第一次大众创业潮，诞生了美的、格兰仕、碧桂园、万向集团等乡镇企业。1992年邓小平南行，在未来改革方向明确后，引发政府机构、科研院所和国有企业里的大批知识分子“下海”创业，第二次精英创业潮由此发端，诞生了泰康人寿、万通地产、联想集团等一批优秀企业。2000年，中国加入WTO及全球范围内互联网技术的发展，迎来一批“海归”和国内高学历、高技术人才加入创业浪潮，新浪、搜狐、网易、阿里巴巴、腾讯当今中国互联网的巨头都是在第三次创业大潮中诞生的。

经过三次创业浪潮，创业给国家和人民的生活带来了巨大的改变。1978年，我国经济总量仅位居世界第十位；2010年超过日本，居世界第二位，成为仅次于美国的世界第二大经济体。根据国家统计局公布的数字，我国2015年全国国内生产总值（GDP）为67.67万亿元，是1978年的185.4倍；2015年人均国内生产总值

（人均GDP）为5.2万元，是1978年的136.21倍。除了带动国家经济总量的增加，创新创业在国民经济的各个方面都发挥着重要作用。创新创业可以拉动经济增长、增加财政收入、增加就业岗位、促进科技创新，是国家经济综合发展的重要引擎。

如今，我国迎来了第四次创业浪潮，这次创业浪潮与全球创新创业浪潮十分吻合。以互联网为核心的技术革命催生空前的全球创业浪潮，美国的物联网（Internet of Things，IOT）、德国的工业4.0，中国的互联网+，都成为推动国家经济复苏、崛起和转型的新动力。可以看出，中国是全球创业的重要地区。中国逐渐从国外技术和产品的追随者成为赶超者，逐步实现由中国制造到中国创造的转变。正在兴起的创新创业浪潮引起了国外多家媒体的注意。美国《华尔街日报》刊登题为《中国创新机器的崛起》的文章称“中国曾被认为是‘全球工厂’，但是近年来中国科技公司正凭借硬件和软件的创新，挑战全球科技巨头”。日本《外交学者》杂志发表文章称“创业的企业家可能成为中国经济的下一个增长引擎”。

1.3.4 创业者的社会责任

“承担社会责任不是一个企业做出的选择——这不是什么可做可不做的事情，而是任何一家公司必须负起的责任。”莫佐克（Danicl Muzyka）说，“企业，只有承担起社会责任，才能和世界一起前进、发展。”

企业社会责任问题日益受到各国政府和民众的广泛关注。新的《中华人民共和国公司法》（简称《公司法》）第5条明确要求，公司从事经营活动必须“承担社会责任”，公司理应对其劳动者、债权人、供货商、消费者、公司所在地居民、自然环境和资源、国家安全和社会的全面发展承担一定责任。新《公司法》不仅将强化公司社会责任理念列入总则条款，而且在分则中设计了一套充分强化公司社会责任的具体制度。因此，企业社会责任在我国具有法律地位。

国际组织对企业社会责任的定义指出，企业在创造利润、对股东利益负责的同时，还要承担对企业利益相关者的责任，保护其权益，以获得在经济、社会、环境等多个领域的可持续发展能力。企业利益相关者是指员工、消费者、供应商、社区和政府等。企业得以持续经营，仅仅考虑经济因素和对股东负责是远远不够的，必须同时考虑环境和社会因素，承担起相应的环境和社会责任。

1.4 你想创业吗?

1.4.1 自我能力评估

创业能力是可以被培养的，但是，创业行为依旧是少数人的行为。一个人是否适合创业，需要个体结合自身的兴趣爱好、能力态度、以往经验以及所掌握的资源进行综合考量。对于所有人而言，认识自我可以从“我是谁，我知道什么，我认识谁”三个方面入手。“我是谁”包括个体自身拥有的特质、能力和个性；“我知道什么”包括个体的教育背景、经验和专业知识；“我认识谁”则意味着社会人际网络。一个人的资源综合（即个体所拥有的一切）等于上述三个方面的综合[19]。

1. 我是谁：独特的竞争优势

人们通常不会将自身视为机会来源，或者独一无二的、难以被击败的竞争优势的基础。但是，简单地反思一下，这是千真万确的，而且在绝大多数情况下都是如此。“我是谁”需要个体系统地评估和总结自己的如下特征（可以对照1.2节中提到的创业者行为影响因素进行总结）：

（1）我拥有什么样的特质。

（2）我拥有什么样的能力。

（3）我的兴趣爱好是什么。

（4）我对创业这件事的态度是怎样的。

个体本身及个人特性不仅是创业的出发点，也是要建立的企业与市场的基础。我们要努力去尝试那些曾经被我们忽视的事情，尤其是当我们致力于找出一些成功企业家都具备的必要条件时，我们会惊奇地发现，成功企业的创业者都拥有并且懂得如何应用身边独特的环境，他们身上或多或少都具备一些不同凡响的人格魅力，因此造就了他们独一无二的人生。

2. 我知道什么：经验中的学习

“我知道什么”对于每个人而言都不尽相同。因为信息是通过每个人独特的生活经历而积累的，先验知识的储备根据每个人的特性而迥异。这也解释了两个不同的人，即使出发点相同、环境相同，所创建的企业却有可能大不相同。

因为具有不同专业背景、不同行业经验的创业者会致力于根据他们在某一领域内独有的丰富知识来发展机遇。这不只限于科学或者技术信息，也包括对消费者需求、捆绑定价或者产品分销的了解。“我知道什么”需要个体对如下问题进行评估和总结：

（1）我的专业背景什么。

（2）我具有哪些专业领域的知识和技能。

（3）我从事过哪些工作。

（4）我具有怎样的工作和生活经验。

3. 我认识谁：六度分离原则

人拥有的最宝贵的财富之一就是自己的人际关系网。创业者通过与利益相关者建立关系网去拓展企业，把他人所拥有的资源和自己所拥有的资源结合起来。有很多人与你拥有最直接密切的关系，可以为你提供及时的帮助，如朋友、家人、同事、用户等。

著名的六度分离理论告诉人们："你和任何一个陌生人之间所间隔的人不会超过五个。也就是说，最多通过五个人你就能够认识任何一个陌生人，不管对方在哪个国家，属哪类人种，是哪种肤色。"你认识的人或许认识那些知道谁能成为有力合作伙伴的人，称之为"弱连接"，你能够从你不那么熟悉的人身上学到更多。这两点的结合能够让你与任何人建立联系，带给大量你需要的资源。

通过对"我是谁，我知道什么，我认识谁"的分析和总结，个体会更加清晰地认识自己，了解自身具有的优势和劣势，以及目前拥有的资源，如果希望达到期望目标，可以通过哪些资源进行路径设计。为了方便、直观地了解自己，可以把对自我的认识在表1-7中进行总结。

表 1-7　自我认识评估表

评估指标	二级指标	内容
我是谁	我拥有什么样的特质	
	我拥有什么样的能力	
	我的兴趣爱好是什么	
	我对创业这件事的态度是怎样的	
我知道什么	我的专业背景什么	
	我具有哪些专业领域的知识和技能	
	我从事过哪些工作	
	我具有怎样的工作和生活经验	
我认识谁	家人	
	朋友、同学	
	领导、同事	
	用户、合作伙伴	
	偶然认识的陌生人	

思考题

现在请用一张纸写下你的个人简历。务必发挥创造思维，这份简历并不等于那些平时包含在你个人简历中的常规内容。开始之前，先回顾你的人生，你获得或拥有哪些资源？尽可能地拓展自己的思维。为描述这一切，你需要的当然不仅是“规划你的个人资源”这样一张纸。我们希望这个方法可以带给你启发，提供一个起步的平台。

1.4.2 你适合创业吗？

通过对自我能力的评估，相信大家会对自我有一个更加清晰的认识。那么一个人到底适不适合创业？可以通过“创造和创新能力”以及“综合管理能力、业务能力和关系网络”两个方面考量个体适合从事什么样的职业，如图1-8所示。创业者对这两方面能力的要求都相对较高。

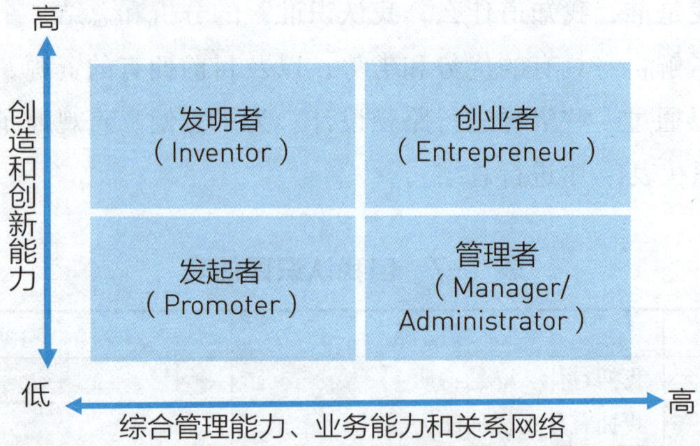

表 1-8　谁是创业者

对于适合创业的个体而言，可以通过如表1-8所示的简单测试检查其是否已经准备好进行创业了。对于表中的13个问题，如果有10个以上的答案是“是”，就说明被测者有可能适合创业[14]。

表 1–8　创业准备测试

测试问题	是 / 否
我有充分的信心迎接创业过程中的困难和挑战	
我想拥有财务方面的独立	

（续）

测试问题	是/否
我一直想取得成就并因而受到嘉奖	
即便我知道失败的风险很大，我依然会尽力尝试新的事物	
我想获得独立以便掌握自己的命运	
成立一家新公司是我人生中很重要的一件事	
我相信成立新公司能够赚钱并获益	
近期我一直在考虑成立一家新的公司	
我喜欢和其他人一起工作	
如果有人提出要求的话，我愿意做领导	
我的朋友和家人都支持我创业	
我在想要进入的行业中拥有很多人脉	
我在想要进入的行业中拥有相应的技能	

即便测试结果表明你已经准备好了创业，这也只是一种可能性，并不保证你创业一定会成功，只不过是你决定未来创业与否的一个参考。创业需要很多知识和技能。“创新创业基础”只是创业的入门课程，千万不要误以为学习一门创业基础课就可以成为创业家。如果你真的计划未来创业，建议你首先学习创新创业基础课，系统地了解创新创业的过程和要素，然后踏踏实实地继续深入学习，认真学好专业课。在此基础上，参加创业辅修专业或者其他创业实训课程。

现实生活中，很多人不会创业，这是一个事实。如果测试结果和你的自我判断都显示目前你不适合创业，那么学习创新创业基础还有用吗？答案是依然非常有用。学习创新创业基础可以帮助你了解创业和了解自己。你可能找到一份在初创企业的工作，了解创业和创业家，会帮助你更好地和创业家一起工作。你也可能找到一份和创业融资有关的工作，还可能参与其他朋友的创业。即便你找到一份普普通通的工作，创新创业知识和技能对你的发展也会非常有帮助。创新创业基础是系统地学习实践沟通能力、探索能力、团队合作能力、领导能力、创造思维以及项目管理等技能的最佳课程。这些技能像数学、语文和计算机一样，已成为21世纪的基本知识和技能。

参考文献

[1] Wikipedia. Gini Coefficient [EB/OL]. https://en.wikipedia.org/wiki/Gini_coefficient.

[2] 储芸. 尽管股市暴跌　中国依然成为新兴富豪的沃土 [EB/OL]. [2016-02-26]. http://wallstreetcn.com/node/230634.

[3] Steve Blank. Search versus Execute [J/OL]. 2012-03-05 [2012-07-12]. http://steveblank. com/2012/03/05/search-versus-execute/.

[4] Steve Blank，Bob Dorf. The Startup Owner's Manual: The Step-By-Step Guide for Building a Great Company [M]. Pescadero，CA: K&S Ranch，2012.

[5] 杰弗里·蒂蒙斯，小斯蒂芬·斯皮内利. 创业学（第六版）[M]. 周伟民，吕长春，译. 北京：人民邮电出版社，2005.

[6] 海迪 M 内克，帕特里夏 G 格林，坎迪达 G 布拉什.如何教创业——基于实践的百森教学法 [M]. 薛红志，李华晶，张慧玉，等译. 北京：机械工业出版社，2015.

[7] J A Timmons，S Spinelli. New Venture Creation: Entrepreneurship for the 21st Century（Vol. 3）[M]. Homewood，IL: Richard D.Irwin，1990.

[8] 郑炳章. 创业管理 [M]. 北京：现代教育出版社，2010.

[9] Stephen Spinelli，Robert J Adams. New Venture Creation: Entrepreneurship for the 21st Century（Vol.9）[M]. New York: Irwin McGraw-Hill，2012.

[10] 比尔·奥莱特. 自律型创业——24步教你打造成功的初创企业 [M]. 新华都商学院，译. 北京：机械工业出版社，2014.

[11] Bill Bolton，John Thompson. Entrepreneurs—Talent，Temperament and Opportunity [M]. 3rd ed. NY: Routledge，2013.

[12] 王诗桐. 创业者特质、创业态度与创业倾向关系研究 [D]. 长春：吉林大学，2015.

[13] Ajzen I. The Theory of Planned Behavior [J]. Organizational Behavior and Human Decision Processes，50. 1991：179-211.

[14] Richard C Dorf，Thomas H Byers. Technology Ventures—From Idea to Enterprise [M]. 2nd ed. NY: McGraw-Hill Education，2008.

[15] 李家华，等. 创业基础 [M]. 2版. 北京：北京师范大学出版社，2014.

[16] R N Lussier，J Corman，D C Kimball. Entrepreneurial New Venture Skills [M]. 3rd ed. NY: Routledge，2015.

[17] Bruce R Barringer，R Duane Ireland. Entrepreneurship—Successfully，Launching New Venture [M]. 3rd ed. New Jersey: Prentice Hall，2009.

[18] 张玉利，薛红志，陈寒松. 创业管理 [M]. 4版. 北京：机械工业出版社，2013.

[19] 斯图尔特·瑞德，萨阿斯·萨阿斯瓦斯，尼克·德鲁，等. 卓有成效的创业 [M]. 新华都商学院，译. 北京：北京师范大学出版集团，2015.

[20] 段锦云，王朋，朱月龙. 创业动机研究：概念结构、影响因素和理论模型 [J]. 心理科学进展，2012，20（5）：698-704.

第 2 章

怎样从问题中寻找创业机会？

首先想好自己要做什么，想解决什么问题，再来成立公司。

——扎克伯格

学习目标

1. 创业机会的核心要素是什么？
2. 发现问题与创业机会之间的关系是什么？
3. 怎样发现问题？
4. 发现问题的动力和阻力都有哪些？
5. 怎样定义和描述一个问题？
6. 怎样澄清一个问题？
7. 每个问题都是创业机会吗？
8. 创业机会有哪些类型？
9. 创业机会的主要来源有哪些？

2.1 从问题中寻找创业机会

虽然创业机会的定义很多，包含的要素也各不相同，但是，关于创业机会的众多定义都非常重视市场需求和产品（或服务）这两个要素[1-3]。所以，我们把创业机会定义为可以开发的市场需求和满足这个需求的产品（或服务）。创业机会所指的市场需求可能是众所周知、显而易见的，也可能是潜在的、不明确的；所说的产品（或服务）也许是很成熟的产品，也可能只是一个初步的想法。产品提供方式可以是线上的，也可以是线下的。在机会发现过程中，也许先看到市场需求，然后寻找相应的产品；也可能是先有技术甚至初级产品，再去设计和开发新的市场。想创业的人也许拥有一定的资源和能力，也许一无所有，例如一个学习创业的大学生。由于需求和产品的明确程度不同，创业机会的特点也不同。但是，无论是哪种情况，需求和产品都是创业机会的两个核心要素，如图2-1所示。创业机会是创业活动的根本驱动力。创业过程是从寻找创业机会开始的。如果没有创业机会，创业活动就没有了动力。因此，怎样寻找创业机会是创业活动的关键。

图2-1　创业机会的两个核心要素——需求和产品

怎样寻找创业机会？成功的创业家大都认为，实际工作经验是获得创业机会的主要源泉[4][5]。然而，在校大学生和刚刚毕业的年轻人缺乏的恰恰是实际工作经验。大学生和年轻人该如何寻找创业机会？本教材为大学生和年轻人介绍另一种寻找创业机会的方法，即从日常生活中的问题来寻找创业机会。

为什么发现问题能够帮助我们寻找到创业机会？因为创业的本质就是通过解决用户的问题来满足用户的需求。当用户面临问题时，恰恰说明他们的需求还没有得到满足。满足用户的需求其实就是帮助他们解决问题。如果没有足够的实际经验，直接寻找创业机会是不容易的，而从发现问题入手相对容易很多。这种方法尤其适合没有经验的大学生学习怎样寻找创业机会。因此，对于学生来说，发现问题是寻找创业机会的第一步。即便是有经验的创业家，在找到一个创业机会之后，甚至以技术发明为基础来创业，也要反过来分析能为用户解决什么问题。下面的这些创业案例都是从发现一个问题开始的。

案例 2–1：滴滴打车[6]

2012年，程维已经在阿里巴巴工作8年，做到事业部副总经理。他看到很多创业者正在拼搏，心里也痒痒的。因此，他毅然辞职创业，用了9个月的时间思考到底要做什么。他在媒体上看到有关国外租车软件的报道，但没有搜索到国内的打车软件。程维想，如果有软件能帮用户叫到出租车，不是可以解决叫车慢、等车时间长的问题吗？虽然，他对这件事的判断只有20%～30%的把握，但是感觉这是一个机会。他想如果机会已经100%清晰了，可能就已经没有机会了。2012年，“滴滴打车”用80万元起步，聚齐了阿里的人员、百度的技术、腾讯的钱之后，这一打车软件一上市，就攻城略地，在市场上所向披靡，备受风投机构追捧。2014年12月，“滴滴打车”完成了F轮7亿美元的融资，这也是中国移动互联网史上最大的融资之一。2015年年初，中国最大的两个打车软件“滴滴打车”和“快的打车”宣布合并，完成了一次互联网历史上最成功合并。根据2016年最新数据，“滴滴打车”的估值已经上升到200亿美元，用户量突破3亿人，日订单数超过1000万。

案例 2-2：儿子的玩具[7]

2008年春天，殷建松辞去了外企高管的职位，到上海金茂大厦的启明创投担任入驻企业家，开始了自己的创业历程。当时面临的第一个难题是做什么，他思前想后找不到创业机会。他发现六岁的儿子很喜欢玩具，就在想，有没有能开发儿子智力的玩具呢于是他萌发了给孩子做智能玩具的想法。后来，殷建松通过朋友介绍，来到了玩具流通中心——义乌市，开办了“爱就推门”玩具公司。他起先从淘宝、京东等网站开始，后来逐渐发展到为中国广阔的三、四线城市的玩具店提供加盟服务。目前，“爱就推门”在全国有300多家玩具店，已经成为玩具店加盟的第一品牌。

案例 2-3：妈妈的烦恼

2013年，西西大学本科毕业后开始读硕士研究生。一年后她的妈妈退休了，她发现妈妈在家无事可做，心情非常烦躁，严重的时候全家都不得安宁。西西想，怎样帮助妈妈排解烦恼呢？后来她发现在很多人大学本科毕业或研究生毕业的时候，他们的妈妈刚好也到了退休的年龄。退休后面对生活突然改变的不适应，岂不是一个很大的问题？她通过“妈妈的烦恼”看到了市场的需求，决定和几个朋友开一个工作室，专门为退休的妈妈们开设高端文化娱乐课程，丰富她们退休后的生活，扩大她们的朋友圈。

案例 2-4：方便面

方便面又称快熟面、快餐面、即食面、泡面、快速面，是一种可在短时间之内用热水泡熟食用的面制食品。方便面是安藤百福（本名吴百福）于1958年发明的。这项发明的起源是，他发现有时吃一碗面要排队等候很长时间。为了解决这个问题，他在大阪府池田市发明了方便面。现在方便面已经传遍世界、家喻户晓，很多国际航班也提供方便面。方便面的发明成就了很多知名的大企业，仅中国市场2015年一年的销售额就高达490亿元，预计2020年将达到1000亿元。

案例 2–5：泰笛在线洗衣店[8]

姚宗场经历了两次创业，结果身无分文。2012 年，即将进入而立之年的他开始第三次创业之旅。这次应该做什么？他完全不知道。后来他发现，下班回家送脏衣服去洗衣店却碰上洗衣店打烊是一个常遇到的小麻烦。发现了这个问题后，他决定解决它。于是，他花了三个月了解工厂的洗衣流程，研究了一套仓库计算模型之后，泰笛网正式上线了。泰笛网提供 24 h免费上门取衣、送衣服务。用户通过免费 400 电话或网站下单，会有泰笛网的派送员上门取件，将取回的衣物送到最近的仓库，然后送入洗衣工厂；洗好的衣物会运回最近的仓库，再由派送员送回用户。泰笛洗涤运营的第二年从元禾原点获得 1000 万元人民币 A 轮融资。目前，泰笛洗涤已经在多个城市开设分店。

由以上创业案例可以看到，无论什么类型的创业活动，发现问题是寻找创业机会的第一步。研究其他成功的创业案例，几乎毫无例外，这些企业都是解决了用户的问题。因此，寻找问题是发现创业机会的第一步。我们的日常生活、工作和学习中都存在很多问题，从发现问题来寻找创业机会也是国际创业教育和创业实践的最新趋势[9-11]。一言以蔽之，寻找问题就是寻找创业机会。

有些创业案例会给人们一种错觉：发现问题和确定创业机会好像是灵光一闪的。其实创业从一开始就需要耐心，并不是一旦发现问题就找到了创业机会。从发现问题、描述问题、澄清问题、问题评估、需求评估到机会类型评估，是一个复杂而漫长的过程。这个过程即使对一个有丰富创业经验的人可能也需要几个月甚至几年时间。泰笛在线洗衣店的创业机会历时3个月才确定，滴滴打车的创业机会历时9个月才确定，期间有很多次反反复复的评估和修改。对于大学生和没有经验的年轻人，踏踏实实、一步一步地学习和反复练习是非常必要的。创业教育不建议单凭直觉和经验，而是理论知识和实践相结合，成功案例和具体方法相结合。图2-2是从发现问题到创业机会识别的基本流程。下面各节将分别介绍发现问题、描述问题、澄清问题、问题评估、需求评估和机会类型评估等概念和相应的方法。

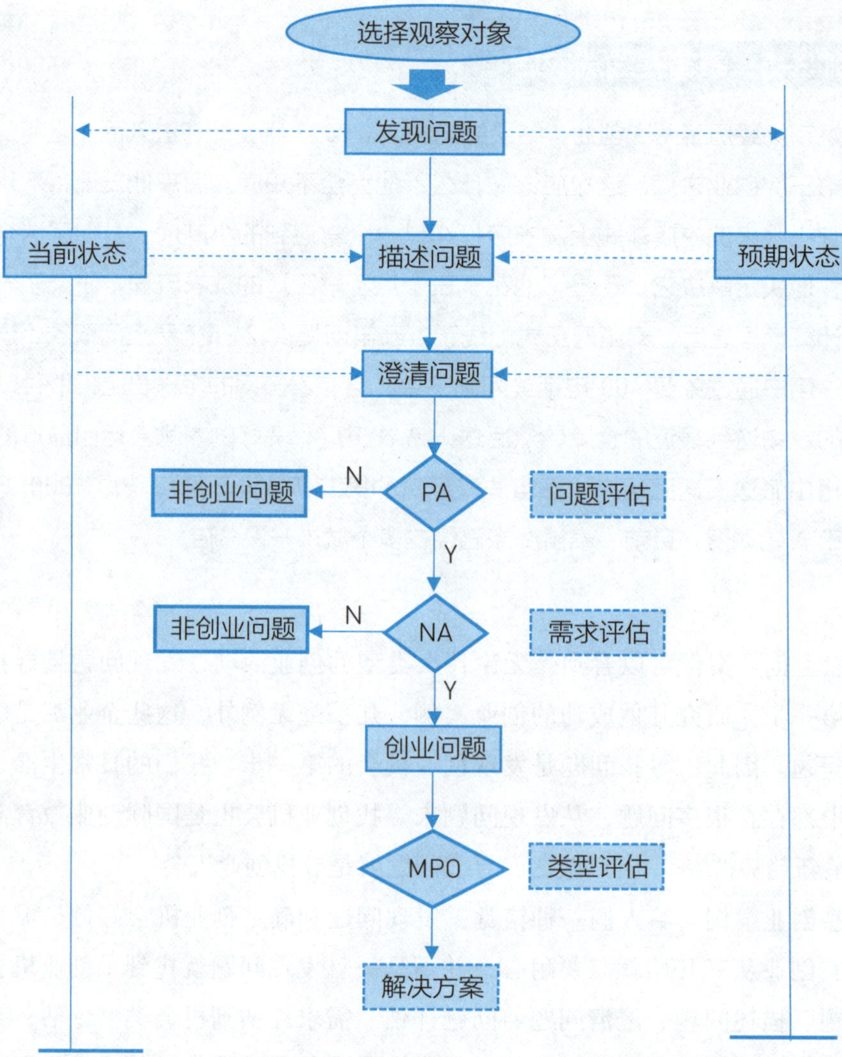

图 2-2　从发现问题到创业机会识别的基本流程

2.2 发现问题

在现代汉语里，“问题”这个词有两个不同的含义，非常容易混淆，必须区分开来。问题的第一个意思是因为不知道或者不理解而提出的疑问（Question）。“提出问题”（Ask a Question）指的就是第一种意思，一般用问句的形式表达。问题的第二个意思是处在一种困难、困境、麻烦、矛盾、落差、不如意、不顺利、失败、损失等负面的状态（Problem 或Trouble）。发现问题（Discover or Identify a Problem）指的就是第二种意思，一般用陈述句来表达。本书中尽量用

“提问”或者“提出疑问”来代替常说的“提出问题”，避免和“发现问题”混淆。提出疑问和发现问题是不同的，但是是有关系的，提出疑问有质疑的成分，可以帮助我们发现问题。

德波诺（De Bono）认为，发现问题和解决问题一样重要，但是前者比后者更为困难。在一个有5000人参加的国际发明大赛上，他发现参赛者解决问题的水平都很高。但是，他们发现问题的水平却低得让人惊讶，甚至大多数参赛者都不知道他们的发明用来解决什么问题[12]！物理学家费里曼·戴森（Freeman Dyson）也说过：“当你有一个问题去解决的时候，工作已经比较简单了。困难的是怎样找到一个问题。”

提出疑问和发现问题都是当今教育中极其缺乏的内容。当今教育一个大前提是：老师给出问题，学生回答问题，这是理所当然的。学生很少有机会提出自己的问题和见解，而学生的疑问大多也是怎样解答老师给出的问题，更没有机会去发现问题。即便是在研究生阶段，很多课题也是由老师确定的。创业教育则完全不同，提出疑问和发现问题是创业教育的主要内容，是主动学习和以学生为中心的具体教育方式。创业者需要自己提出疑问并发现问题，进而提出解决方案，并从中发现创业机会。观察和提问是发现问题最直接和最实用的方法。这种方法尤其适合没有多少经验的学生和年轻人，因为提问和观察不需要很多的实际经验。有经验的创业家都是有意无意地运用多年的积累和观察来发现问题和创业机会的。观察和提问在创新创业教育中起到至关重要的作用。李政道博士在2010年首届“创新中国论坛”上特别向青年学生提出建议：“要创新，需学问；只学答，非学问。要创新，需学问；问愈透，创更新。”因此，观察和提问是探索和发现问题的第一步。

2.2.1 提问的四种方式

提问有不同的方式，既可以是自己问自己，也可以是直接询问用户或者相关人员。孙继伟把提问分为开放式提问、封闭式提问、诱导式提问和澄清式提问四种方式。以观察提款机为例[13]：

开放式提问：你每个月从提款机提取多少钱？

封闭式提问：你每个月从提款机提取的钱是1000元～2000元吗？

诱导式提问：你使用提款机的时候觉得方便吗？

澄清式提问：你说使用提款机不方便，具体指的是哪个方面？

2.2.2 观察和提问的方法

巴甫洛夫说："学不会观察，你就永远当不了科学家。"创业家同样需要学会观察。观察和提问是大学生和年轻人发现问题的主要手段。观察并不是漫无目的地观看，而是带着目的、主动地去提出疑问，以便发现问题。说白了就是有意"找茬"。孙继伟提出用5W2H七个维度来提问和观察，日本学者高杉尚孝则建议九个维度（6W3H）[14]。本书将这两种方法改进并整合成十二个维度（7W5H）的提出疑问和观察现象的方法，如表2-1所示。无论哪个维度，斯普拉德利（Spradley）都建议观察者要换位思考，以同理心（Empathy）设身处地、感同身受地从用户（或者所涉及的人）的角度来观察[15]。抱有不同的心态和意图，所观察到的问题是不同的。表2-1以观察提款机为例来说明怎样利用7W5H观察、提问并发现问题。

表 2-1　利用 7W5H 提出疑问和发现问题（以观察提款机为例）

英文	中文	维度	提出疑问	潜在问题
What	什么	目标 目的 结果	提款机还可以做什么？可以查看信用卡吗？可以付电影票吗？可以付学费吗？可以提取零钱吗？可以回收零钱吗	提款机不能提取零钱 提款机不能回收零钱
Where	在哪里	空间 地点 范围	可以在其他地方吗？可以在商场里面吗？可以在家里面吗？可以像自来水管道一样通到小区和家里吗	部分商场和小区里面没有提款机
Which	哪个	事件 活动	哪家银行的提款机？其他银行可以吗？其他理财渠道可以吗	线上银行不能提款 手机没有连接提款机
When	什么时候	时间	是24h可以使用的吗？24h都安全吗？半夜提款怎么办？什么时候来的人多？有高峰期吗	夜间提款不安全 高峰期排队时间长
Who	谁	人物 用户 伙伴	谁来提款？什么样的人多？什么样的家庭，阶层？个子很矮的人可以吗	老人取钱不方便 孩子拿到家长的银行卡取钱很危险 被偷的银行卡也能取钱
Whom	谁	对象	提款给谁？谁是主要服务对象	没有考虑残疾人提款

（续）

英文	中文	维度	提出疑问	潜在问题
Why	为什么	原因	为什么提款机只有一面可以操作？为什么到提款机取钱	有时排队时间很长
How	怎样	状态 操作	输入密码方便吗？忘记密码怎么办？指纹、虹膜可以识别吗	提款机识别方式单一
How much	什么程度	程度 成本	空间很拥挤，拥挤到什么程度？速度很慢，慢到什么程度	室内提款机空间有限
How many	多少	数量	取多少钱？多大币值的组合？多少人受到影响	提款机不能提取零钱 提款机不能回收零钱
How Long	多长时间	时间	每次取钱等多久	高峰时排队太久
How Often	多少次	频率	用户平均每个月取多少钱？来多少次	取款机有金额限制

运用观察和提问方法时，有四点需要提醒：①一方面，并不是每个维度都一定存在问题，要根据观察的对象和现象而定；另一方面，有些维度可能是相互关联的，也许会找到一组相关的问题。②并不建议所有的同学同时观察同一个对象，而是要根据自己的兴趣自由选择观察的对象。在创业教育中，不要期待老师或者别人告诉你去观察什么，而要自己主动去选择感兴趣的观察对象。③观察对象未必一定是很多教科书所建议的用户或商家，家人、朋友或者任何感兴趣的人和现象都可以是观察的对象，他们都可能是潜在的用户。日常生活中充满了可以观察的对象。可以在学校观察，可以在家里观察，有条件也可以去企业和社会观察。④观察和提问不局限于实物和现场。电影里面、大数据里面、用户调查报告里面，大家聊天的时候、开会的时候，微信群里面、社交网络里面，书本里面、报刊里面，甚至梦境里面，都可以找到观察的对象。

2.2.3 发现问题的动力和阻力

发现问题不仅依靠方法和工具，创业者的观念、态度、经验和知识都是发现问题的动力。发现问题的第一个动力是助人为乐的爱心。很多创业的案例都是从对家人和朋友的关心中发现的问题和创业机会，感同身受的同理心更是近代创业教育所推崇的理念。发现问题的第二个动力是批判性思维。批判性思维是对现实状态的客观、公正的评价和分析。批判性思维就是敢于对现状提出不满。发现问题的第三个动力是好奇心。只要有好奇心，到处都可能发现问题和机会。发现问题的第四个动力是想象力。未来的新技术和美好世界很多来自想象甚至神话，卫星、飞机、无人机和远距离图像信息传输等技术都是从科幻变成现实的。发现问题的第五个动力是热爱生活。大量的创业问题都来源于生活，生活成就了创业，创业丰富了生活。除此之外，实际经验和科学素养也是发现问题的动力。传统创业教育认为，实际经验是发现问题的主要动力。年轻创业者要利用一切机会，不断积累和丰富自己的实际经验，尤其是向企业家学习创业，更要把握实践的机会。科学素养也是发现问题的动力。经济合作与发展组织（OECD）认为，科学素养是运用科学知识，确定问题和做出具有证据的结论。在知识经济的时代，科学知识和实际经验是同样重要的。因此，大学生应该努力学习理论知识，成为理论知识和实际经验都具备的新时代的创业者。

在知足常乐、得过且过的文化环境里是很难发现问题的，这样的文化是发现问题的第一障碍。现实生活中，有些人面对问题视而不见，有些人遇到问题选择绕过或者应付了事，有些人根本就看不到问题。这样的心态是不可能看到问题和机会的。只有有心人才会看到问题，才能发现问题带来的机会。创业者必须是有爱心的人，充满好奇心的人，充满想象力的人，不满足的人，热爱生活、热爱知识、敢于实践的人。这才是具有创业意识和创业精神的人。这是创业者要学习和培养的观念和态度。看到别人成功了，很多人会遗憾地表示自己也曾经想到或者看到过这个问题。你看到的问题就是你的创业机会，而别人看到的问题则是别人的创业故事，就和你没有关系了。马克·吐温（Mark Twain）曾经提醒我们："我总是等机会错过了才发现我曾有过机会。"创业是一项典型的机不可失、时不我待的活动。马云也说过，当新生事物出现的时候，一般经历四个阶段：第一看不见；第二看不起；第三看不懂；第四来不及。要想看得见、看得起、看得懂，就需要具有创业家的意识、精神、知识、方法和能力。

卡莉芙（Kariv）在介绍创业机会识别的时候，提出了主动寻找和被动寻找创业机会的概念[16]。主动寻找问题和偶然看问题是截然不同的，代表不同的态度，导致不同的结果。被动等待和偶然看到是远远不够的，因为用户和创业者有时候未必完全知道和清楚市场的需求。偶然看到的显性问题和机会只是冰山的一角，还有大量潜在的隐性问题和机会在水面之下，需要创业者用学会的理论知识、工具、方法和敏感的触角来主动发现。图2-3只是一个简单的示意图，需要有意创业的年轻人不断地、大胆地去体会和实践。法国雕塑大师罗丹曾说："生活中不是没有美，而是缺少发现美的眼睛。"同样的道理，生活中从来就不缺少问题和机会，缺少的是发现问题和机会的敏锐眼睛和探索精神。机会不会主动来敲你的大门，生活中有大把的机会等待人们主动地去开发。2013年6月30日，马云在中国香港青年创业论坛上告诫年轻人："这个世界上机会太多了，你就看看每天互联网上人们抱怨的事情那么多，这些都是机会。你若加入抱怨，则将永远没有机会。你要将别人的抱怨、投诉、仇恨或不靠谱的地方变成你的机会。"

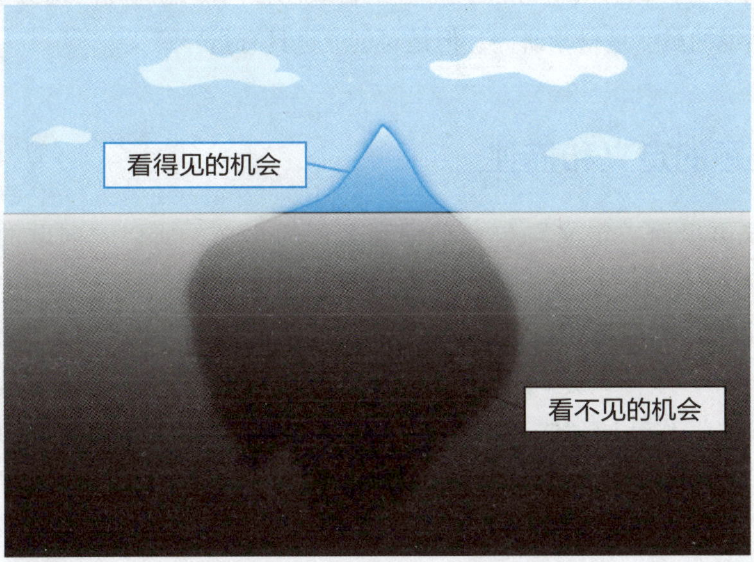

图 2-3 创业机会示意图

举一反三

1. 列举阻碍发现问题的三种文化现象。
2. 选择三个观察对象，通过观察和提问找到问题。
3. 从今天开始养成每周或者每天记录三个问题的习惯。

2.3 问题的描述、澄清和评估

2.3.1 描述问题的重要性

非常遗憾，我们的教育并没有充分地重视怎样表达和描述一个问题，所以人们总是急于给出问题的解决方式。教育家杜威（Dewey）认为，如果一个问题描述清楚了，就已经解决一半了。科学家爱因斯坦（Albert Einstein）也非常重视问题的界定和描述。有一次，他被问到“如果你有一个小时去拯救这个世界，你将如何安排这一个小时？”他的回答是：“我将花费55分钟去定义这个问题，然后用剩下的5分钟去解决这个问题。”爱因斯坦还说：“明确地表达一个问题往往比解决这个问题更重要。解决问题只不过需要数学或者实验技能，而从一个新的视角发现一个新的问题，却需要创造性和想象力。这才是科学进步的真正标志。”“我没有什么特殊的才能，不过是喜欢刨根问底地追究问题罢了。”爱因斯坦这句话说的虽然是科学研究，但是对创业也具有指导意义。

2.3.2 问题的定义和描述

因为汉语里面“定义”包含动词和名词的含义，所以“问题的定义”在汉语里有两种不同的意思：第一个意思是指对问题这个概念的一般广义定义（其中“定义”作名词“Definition”，“问题的定义”即“the Definition of Problem”），即什么是问题；第二个意思是指定义和描述一个具体的问题（其中“定义”作动词“Define”，“问题的定义”即“Define and Describe a Problem”），即描述一个具体问题的内容，即这个问题是什么样的。在我国的教育体系里，定义一般被理解为一个名词。因为汉语的特点和教学实际，本教材建议用“问题的描述”或“描述问题”代替对具体问题的定义，尽量避免混淆。

1. 问题的定义

事件所处的当前状态与预期状态之间的差异以及该差异引起的不满和期待[17]。这是“问题”这个概念的一般定义。

2. 问题的描述

描述一个具体事件的当前状态、预期状态、它们之间的差异以及该差异带来的对当前状态的不满意和对预期状态的期待。对当前状态的不满意只是问题的一个要素，是发现问题的开始。当前状态、预期状态和差异是定义一个问题的三个核心要素。无论发现问题、分析问题还是解决问题，都离不开这三个要素。

（1）发现问题就是通过观察、提问和差异分析找到当前状态、预期状态、它们之间的差异以及该差异引起的不满和困境。

（2）分析问题就是进一步理解和明确当前状态、预期状态以及它们之间的差异及影响因素。

（3）解决问题就是找到方法消除当前状态和预期状态之间的差异，以达到预期状态。

必须指出，不是所有的问题都是创业机会。有些问题是相对短暂和偶然的，会自动消失或恢复原状，或者通过现有的方法干预可以矫正到预期状态。例如，刮大风时建筑物会出现轻微倾斜，风停后就会自动恢复。又如，水管漏水是一个急迫问题，找人把漏水的地方修理好，就可以恢复常态了。这样的问题属于一般的管理问题或工程技术问题，不都是创业问题。创业问题需要当前状态与预期状态之间的差异具有严重性和持续性等特点。

3. 创业问题

如果一个问题具有一定的严重性和持续性，当前状态与预期状态的差异导致用户对当前状态极度不满意，并因此而担忧、困惑、不舒服、抱怨、痛苦、造成损失和伤害，而目前市场或局部市场没有新的解决方案，其解决方案可以体现在完整独立的产品或服务里面，而且有足够的用户期待这个产品，即有足够的市场需求，这样的问题才是真正的创业问题。创业问题也称亟待解决的迫切问题或者用户痛点。寻找创业机会一定要先找到创业问题。

2.3.3 问题的澄清

在发现一个问题之后，要审慎地反复推敲和分析这个问题是否准确和清晰，而不要急于给出解决问题的方案。这个过程就是问题的澄清和重新描述。就像一个病人去看病，虽然他知道自己头痛，但并不代表他对自己的当前状态完全清楚，医生还需要分析和诊断。很多问题之所以需要进一步澄清，就是因为用户有时候不仅不清楚预期状态，可能对当前所处的状态也未必清楚。所以，澄清一个问题需要明确问题的当前状态和预期状态，这样才能确定它们之间的差异和用户的期待。根据问题状态的明确程度，甘华鸣把问题分为四种类型：①当前状态和预期状态都明确；②当前状态明确，预期状态不明确；③当前状态不明确，预期状态明确；④当前状态和预期状态都不明确[18]。这里用大学生比较熟悉的出国留学的问题来解释怎样澄清和重新定义一个问题，如表2-2所示。如果一个学生来到留学咨询机构说遇到留学方面的问题，需要帮助。毫无疑问这是一个问题，是需要解决和帮助的问题。但是，这也是一个很不清晰的问题，需要澄清和仔细描述，否则留学机构不知道提供什么样的具体咨询和服务。对不同性质的问题，解决方法不同，创业机会也不同。

表 2-2　根据当前状态和预期状态的清晰度程度来澄清问题

当前状态＼预期状态	预期状态明确	预期状态不明确
当前状态明确	确定型问题 我在准备留学考试，而且要去美国留学	目标型问题 我在准备留学考试，但是不确定要去哪个国家
当前状态不明确	现状型问题 我不是很确定是否要去留学，但是如果我有机会去留学，我肯定去丹麦，因为我喜欢安徒生和他的童话故事中的美人鱼	双盲型问题 我不确定现在是应该准备留学考试还是在国内读研，也不确定将来去哪个国家留学，或去国内哪所学校读研

1. 确定型问题

确定型问题是指当前状态和预期状态（即目标）都明确的问题。这就像老师把问题给学生，而学生不需要去寻找问题一样。典型的是数学问题，例如老师给出一组变量，学生将其代入一个公式，就能得到一个预期的结果，而且是统一的、标准的结果。有的学生选择出国留学的时候，对当前状态和预期状态都很清楚。例如，我在准备留学考试，而且要去美国留学。对于这类确定型问题，主要问题存在于从现状到目标的实现过程和方法。

2. 现状型问题

现状型问题是指当前状态不明确，预期状态明确的问题。要解决问题，必须先确定现状。例如，老师让学生设计一个汽车模型，三天后交作业，但是没有确定用什么材料、什么工具以及从什么时候开始。学生必须自己选择从哪里出发，制订一个计划以确定时间、材料和分工。以留学为例：我不是很确定是否要去留学，但是如果我有机会去留学，我肯定去丹麦，因为我喜欢安徒生和他的童话故事中的美人鱼。

3. 目标型问题

目标型问题是指当前状态明确，预期状态不明确的问题。解决问题的思路也是不明确的。很多应用题属于这类问题，因为只给出问题的描述，不清楚问题的最后答案，应用公式和结果也不确定。例如，很多大赛给学生提供一组材料或原件，要求学生设计一个机器人。这就需要学生自己找到目标。以留学为例：我在准备留学，但是不确定要去哪个国家。

4. 双盲型问题

双盲型问题是指当前状态和预期状态都不明确的问题。例如，老师让学生两天后交一份自由命题的作文。这就需要学生自己命题，自己确定目标，自己设计和规划作文的内容，自己收集资料。以留学为例：我不确定现在是应该准备留学考试还是在国内读研，也不确定将来去哪个国家留学，或去国内哪所学校读研。

这四类问题中，除了第一种问题是相对确定的，其他三种问题都有不确定因素，需要进一步澄清和重新定义。甚至到了创业机会的确定阶段，也同样需要进行多次澄清和调整。表2-3总结了2.1节的五个案例的问题、当前状态和预期状态，以便进行问题的描述和澄清。只有问题清晰了，解决方案才能更具体，与问题更匹配。

表 2-3　创业案例的问题、当前状态和预期状态

案例	问题	当前状态	预期状态
案例2-1：滴滴打车	打车不方便	路边打车，现金支付	手机软件打车，手机支付
案例2-2：儿子的玩具	小朋友需要开发智力的玩具	玩具店缺乏开发儿童智力的玩具	开发儿童智力玩具连锁店
案例2-3：妈妈的烦恼	妈妈退休后很烦恼，心情不好	退休后无所事事、心情烦躁	学习高端文化娱乐课程，结交更多朋友
案例2-4：方便面	吃一碗面也要排长队	到外面店铺排队，耽误时间、不方便	自己在家简单加工，方便、省时、省事
案例2-5：泰笛在线洗衣店	下班回家送脏衣服去洗衣店却碰上洗衣店打烊	用户自己把脏衣服送到洗衣店	网上预订，派送员上门取送

2.3.4 问题的评估

创业机会里面一定包含一个或多个问题，但是反过来却不一定成立。不是所有的问题都反映了确实需要关注的用户痛点，也不是所有的问题和痛点都能构成一个创业机会。这就好像人们并不是每次感觉不舒服都要去医院一样的道理。有些问题是临时的干扰问题，很快就会自然地消失了，没有持久性；有些问题则可以用普通管理的方法解决。创业失败的一个主要原因就是所发现的问题根本就不是一个创业问题。“大问题做大生意，小问题做小生意”的观点未必正确。有些问题看似不大，但却足以创业。你发现的问题是一个创业问题吗？如果你有一个解决方案（产品），它是用户希望拥有和期待（Desirable）的吗？创业者必须先

回答这些问题，而这就需要对问题做一个初步的评估。这一点在创业高潮时期尤其重要。表2-4是根据问题的严重程度（Degree）和持续性（Duration）进行问题评估的矩阵（Problem Assessment Matrix，简称PA矩阵）。其中，两个维度的评估数值相加所得称D-D值。D-D值至少在6以上，所发现的问题才是一个创业问题。也就是说，这个问题必须是严重的和持续的。问题的初步评估还不是创业机会的评估，创业机会的详细评估将在第5章介绍。

表 2-4　评估用户痛点严重程度和持续性的 PA 矩阵

严重程度 持久性	1. 不严重	2. 有点严重	3. 严重	4. 很严重	5. 非常严重
1. 时间不长					
2. 时间有点长					
3. 时间长					
4. 时间很长					
5.时间非常长					

举一反三

选择2.1节的三个案例（或其他案例，失败案例更好），找到每个案例里面所要解决的问题，并用PA矩阵对这个问题进行初步评估。理解问题评估的重要性。

2.4 需求类型和创业机会

一个真正的创业问题应该反映市场的需求。市场需求是创业机会的核心之一。但是，需求各式各样、千变万化，因此面临的机会也不一样。当发现一个问题或需求之后，需要对这个问题或需求进一步分析和理解，并且确定需求的类型以及明确这个需求是否真实存在。

2.4.1 狩野模型和需求类型

创业者首先要知道所发现的需求是不是真实存在的，所以需要进行需求评估

（Need Assessment， NA）。创业者还必须知道，需求是多种多样和千变万化的。狩野模型（Kano Model）为人们提供了一个分析不同需求的工具。东京理工大学教授狩野纪昭（Noriaki Kano）把满意度与不满意度两个指标同时引入对用户满意度的评估，建立了狩野模型[19]。这个模型分析了当某种需求“有”和“无”的不同组合情况下，用户的满意程度和不满意程度。根据狩野模型，从创业的角度把用户需求分为四类，即基本需求、期待需求、兴奋需求和多余需求。这四种需求的分类如表2-5所示。下面以酒店服务为例来具体解释这四种需求。

表 2-5 根据狩野模型划分的四类需求

无 \ 有	无所谓	很满意
无所谓	多余需求	兴奋需求
很不满意	基本需求	期待需求

1. 基本需求

基本需求（Must-be）是用户对企业提供的产品或服务或其部分因素的基本要求。这是用户认为“必须有”的产品或服务。当产品或服务不满足用户需求时，用户很不满意；当产品或服务满足用户需求时，用户也可能不会因此表现出满意。对于基本需求，即使超过了用户的期望，用户充其量感到满意，而不会对此表现出更多的好感；不过只要稍有疏忽，未达到用户的期望，则用户满意度将一落千丈。对于用户而言，这些需求是必须满足的，理所当然的。例如，酒店一般都提供空调，如果空调正常运行，用户不会为此而对酒店的质量感到满意；反之，一旦空调出现问题，无法运行，那么用户的满意度则会明显下降，投诉、抱怨也会随之而来。床单、茶具、家具等用品也是基本需求的例子。总而言之，用户对于基本需求，有了也不会太在意，习以为常，理所当然，但是如果没有则是根本不能接受的，会非常不满意。

2. 期待需求

期待需求（Expected）是指用户的满意状况与需求的满足程度成正比例关系的需求要素。期待需求没有基本需求那样苛刻，其要求提供的产品或服务比较优秀，但并不是“必需”的产品属性或服务行为。但是，企业提供的产品或服务水平超出用户期望越多，用户的满意状况越好，反之亦然。这是提高用户满意度的关键。在市场调查中，用户谈论的通常是期待需求。例如，酒店的价格、卫生条件、安全程度、环境、空气质量、早餐质量等，都是期待需求。这些要素如果出现问题，用户满意度会下降；如果这些需求得到很好满足，则满意度也会提高。用户对于期待需求，有了用户会很高兴，没有则会引起用户不满。

3. 兴奋需求

兴奋需求（Excitement）是指用户并没有期待的需求，但该需求一旦得到满足，用户表现出的满意度也是非常高的。对于兴奋需求，随着满足用户期望程度的提升，用户满意度也急剧上升；反之，即使在期望不被满足时，用户也不会因此表现出明显的不满意。这要求企业提供给用户一些完全出乎意料的产品属性或服务行为，使用户产生额外的惊喜。用户对一些产品或服务没有表达出明确的需求，但当这些产品或服务被提供给用户时，用户就会表现得非常满意，从而会提高用户的忠诚度。这就像在商场购买商品的时候还可以抽奖，额外送出礼品一样。例如，高级酒店给入住的顾客赠送一盘水果，或在生日赠送蛋糕，或对紧急事件的特殊关心和对出现意外的补偿，都是兴奋需求，会提高用户的满意度和忠诚度。用户对于兴奋需求，有了会非常高兴、锦上添花，认为是意外收获，如果没有也无所谓，因为根本就没有这个期待。

4. 多余需求

多余需求（Unnecessary）是指那些对满意度没有明显影响的因素和需求，也称无差异因素。对于无论有没有都无所谓的产品或服务，有是多此一举，没有人感到感激和开心；没有也没有人抱怨，没有人注意，没有人投诉。有些服务或产品反而引起用户不满，那更是费力不讨好，画蛇添足，好心不得好报，纯属多余和浪费，这类需求都归结为多余需求。例如，在酒店所有的房间里都放一张额外的儿童床，每次退房都要求客人填写意见调查表，突然敲门送报纸或者热水，配送其他旅游广告，在客房里摆放出售商品等。

多余需求的概念在营销学和创业学都被忽视了，理由是多余需求是不存在的，没有必要关注的。然而，导致创业失败的一个主要原因正是创业者识别的所谓需求是不存在的、没有必要的甚至多余的。创业机会识别的一个常见的毛病是“己所欲，施于人”，这是创业者需要格外注意的。例如，一款买菜手机软件在韩国火了之后，中国香港有公司也模仿开发，认为会有同样的市场，结果很快就失败了。因为香港很多家庭雇有菲佣，专门负责买菜，而且香港居民有购买新鲜食物的习惯，和韩国人每周买菜的习惯不同。该公司马上调整战略瞄准新婚一族，结果发现香港的年轻人很少自己做饭，因为餐饮业非常发达，在外面吃比自己做还便宜，而且丰富多样。又如，优步（Uber）在世界各地迅速发展的时候，同样想到国际大都市香港来发展。但很快香港特区政府就裁定优步属于非法经营，和黑车的性质一样，并立刻逮捕有关司机，查封优步在香港的办事处。因此，优步在中国香港和其他一些国家和地区遭到了失败。但是，一群海外归来的年轻人利用这个模式，在香港创立了手机货车预订服务GoGoVan，几乎立刻获得成功，并且进军内地市场。香港是国际贸易中转中心，物流货运发达而且需求巨大，很多合法的个体货车在这个市场上竞争。虽然已经有了电话叫车服务，但是空驶和没有订单还是经常发生的事情，急需一个整合系统。GoGoVan就成功地解决了这个问题。在优步同样受到挑战的中国内地市场，“滴滴打车”利用同样的模式和合法的出租车合作，不仅成功地抵御了优步的竞争，还回避了潜在的法律风险。所以，创业机会的识别和确认必须针对特定的时间、特定的地点、特定的用户和特定的社会和法律环境，找到真正的问题和需求，正所谓“一方水土养一方项目”。

2.4.2 需求是因人而异的

市场需求不是一成不变的，而是因地而异的；即便在同一个地区，需求也是因人而异的，是随时可能变化的。原来的期待需求经过一段时间渐渐培养了用户的使用习惯，增强其依赖性，这个时候该需求就开始向基本需求过渡。同样，原本建立在期待需求上的兴奋需求也因为期待需求的落地，变得不再遥不可及。20年前手机是兴奋需求，现在已经是基本需求。另外，需求也是因人而异的。对于一个大学生来说，学生食堂的一日三餐是基本需求，山珍海味则是可望而不可及的兴奋需求；然而，对一个百万富翁来说，每日山珍海味也许是必需的基本需求。iPhone 6S手机对一部分学生可能是高端的兴奋需求；而对另外一部分学生则是一般的基本需求。创业失败的一个原因是没有做到与时俱进、因人而异、因地制宜。而有些创业成功，恰恰是看准了特定的市场需求。下面这个案例就说明了即便是日常生活中最基本的理发，人们的需求也是不同的，因而创业机会也是不同的。

案例 2-6：QB House 的诞生[20]

1995年的一天，日本人小西国义在一家理发店等待了很久以后，终于坐到了理发师身前的椅子上。但是，理发并没有立即开始，洗发小工们先是给他递上一条又一条热毛巾，然后是没完没了地按摩肩头和手臂，之后又开始推销各类美发产品……大量不需要的服务浪费了很多时间，最后还要收取他几千日元的费用。而他真正想要的，只不过是快点把头发剪短。他认为，一定有人像他一样讨厌这些根本不需要的服务。如果有一个地理位置方便、只提供简单理发、收费合理的理发店，人们会感兴趣吗？小西国义带着这样的问题进行了一次市场调查，他觉得只要有10%的人愿意，就有机会试试。而调查结果显示，和他有同样想法的人竟然高达43%。于是，简单、省时、省钱的QB House诞生了。经过十几年的努力，QB House已经成为日本最成功的连锁理发店。截止到2015年，QB House在中国香港也开设了30多家分店。它在成立后几年时间就实现了年收入40亿日元（约2.9亿元人民币），而这还是由一个从来没有开过理发店的外行人创办的公司！

举一反三

1. 利用狩野模型分析三个你熟悉的创业案例中的用户需求类型。
2. 利用狩野模型分析对于手机，你的基本需求、期待需求、兴奋需求和多余需求。
3. 利用狩野模型分析你每天的基本需求、期待需求、兴奋需求和多余需求。

2.5 创业机会的分类

当我们通过观察和提问发现问题并确定一个潜在的创业机会之后，需要进一步明确这个创业机会的类型。对于同一个问题，因为创业机会的类型不同，解决方案就不同，需要的资源、知识产权保护方式、产品研发投入、承担的风险等都会不同。重要的是，了解创业机会的类型能够帮助人们分析这个机会是不是可以开发，是不是真的存在。常见的创业类型包括生存型创业（Necessity-push Entrepreneurship）和机遇型创业（Opportunity-pull Entrepreneurship）。生存型创业是指因为找不到工作而迫不得已进行创业的类型，也可以称为自我就业型创业；而机遇型创业是看到市场上有某种机会，为抓住这个机遇而创业的类型。创新型创业被认为是机遇型创业。虽然这两种创业类型被广泛引用，但是它们没有充分反映出创业机会的特点和内涵。因此，本书以市场需求和产品对创业机会进行分类，以便清晰地阐明创业机会的实质。

2.5.1 市场—产品—机会矩阵

创业机会的核心是市场需求和满足需求的产品（或服务）。本节把安索夫矩阵（Ansoff Matrix）[22]和布鲁雅特和朱利安（Bruyat & Julien）的创业价值分类整合为市场—产品—机会矩阵（Market-Product-Opportunity Matrix，简称MPO矩阵）[22]，把创业和创业机会细分为四类，如表2-6所示。下面对这四种创业类型和相应的创业机会进行介绍。

表 2-6　市场—产品—机会矩阵

市场 \ 产品	明确的（现有产品）	不明确（创新产品）
明确的（现有市场）	复制型机会（复制型创业）	增值型机会（增值型创业）
不明确（新的市场）	模仿型机会（模仿型创业）	风险型机会（风险型创业）

1. 复制型创业

复制型创业（Entrepreneurial Reproduction）是在市场和产品都相对明确的情况下，复制已有的创业模式。开网店、补习班、私立学校、洗衣店、饭店、来料加工厂、经济型旅店等都是典型的复制型创业。公司扩张、连锁店、加盟店也都属于复制型创业。这样的企业都有成功的例子，有规可循。所以，这样的创业机会叫作复制型机会。这样的创业机会比较容易识别。无论哪个城市都会有市场上的供需问题，所以这是一种显性的创业机会。看到这样的问题，也就找到了创业的机会。虽然显性创业机会相对容易识别，并不意味着所有的人都能看到或者想到。显性创业机会的识别主要取决于创业者的创业意愿，想创业的意愿是根本动力，有这个意愿就不难找到这样的创业机会。还要注意的是，显性的复制型创业并不容易成功。正因为市场和产品是已知和明确的，所以门槛较低，竞争也会很激烈。所以，必须找到供需之间确实存在问题的行业，才能够生存和持久。如果这个市场已经饱和，就要认真评估，非常谨慎。

很多生存型创业都属于复制型创业，有些进入门槛相对比较低。但是，复制型创业未必都是开店等简单的生存型创业，很多高科技企业也可能是复制型的，例如智能手机、计算机、汽车、电动汽车、卫星、火箭、过期专利产品等，都可能是复制型创业的机会。对于高科技企业的复制，竞争会很激烈。IBM很早就垄断了大型计算机市场，利润丰厚，很多企业试图复制大型计算机，一度有七家计算机公司和IBM竞争。但是没有一家成功。倒是后来小型计算机和微型计算机打败了IBM，这就是另外一种创业模式——模仿型创业。

2. 模仿型创业

模仿型创业（Entrepreneurial Imitation）是指对一种已经成功的创业模式进行改良，从一个市场移植到新的市场，或者从一个地方移植到另外一个地方，所以这样的机会也称作移植型机会。比如，QQ最初模仿了国外的ICQ，再结合中国人的习惯和市场进行改进和完善。其他类似的例子包括搜索引擎、网上支付、网上开店、网上书店、电视广告、厂家直销、手机打车、健身房、众多的电视节目等，大都是复制后进行一定的改进。移植和模仿型创业机会的识别需要有广泛的阅历和视野。年轻人多学习，多了解，会提升识别移植和模仿型机会的能力。中国还是一个发展中国家，向西方学习和借鉴的创业机会很多，在合法的范围内，有很多创业机会可以开发和学习。

复制型创业和模仿型创业从产品的角度来看，主要区别是复制型创业基本复制市场类型和产品，而模仿型创业往往会根据新的市场对产品做小的改进或渐进式创新。中国地域辽阔，不同地区有不同的产品和区域特色，这些特点提供了很多可移植的创业机会。例如，南方的东北菜、北方的四川菜、东部的兰州拉面、西北的江南菜都是典型的复制型创业。但是你会发现，很多异地风味菜式的原材料、口味和原产地的并不完全一样，甚至会搭配一些本地菜式，很多国外的中餐馆也和中国的不一样。这样就不是简单的复制，更接近模仿，因而有一定的特色。成功的模式是不容易复制的，虽然可以借鉴。所以，模仿方式比简单的复制更复杂，尤其是在一个不明确的、文化不同的新市场上。

其他创业模式也可能涉及商业模式的创新，而商业模式的创新经常被模仿，因为大部分商业模式没有知识产权保护。商业模式创新的具体内容会在第7章详细介绍。不过涉及技术的移植和模仿就不那么容易实现，需要购买专利或者支付技术转让费。冒险模仿或生产山寨产品不是创新创业教育所鼓励的，寻找创业机会的前提是尊重知识产权，做到合法、合理。无论是商业模式的模仿还是技术的移植，本质上都是满足用户的需求，解决新市场用户面临的问题或潜在问题。这种类型的创业是把已知的产品转移到新市场的过程。所以，了解本地市场的需求和问题，了解发达地区的技术和成功模式，就是识别这类创业机会的重要因素。

3. 增值型创业

增值型创业（Entrepreneurial Valorization）是通过提供一种全新的或者大幅度

改进的产品来满足已知的用户需求的创业方式。创新的产品会比原有的旧产品提供更高价值或更高性价比，所以称之为增值型机会。以教学为例，很多初创企业提供全新的教学用品，甚至是突破性或破坏性的创新产品，来满足教学的需要。例如，白板替代了黑板，PPT配合投影仪替代了白板，而慕课（MOOC，即大型开放式网络课程）大有可能替代现有的PPT加投影仪的教学形式。

增值型创业主要依靠新产品的开发。这样的创业机会有些是解决现有的问题，例如为了解决学生上课睡觉和玩手机的问题，很多配合课堂实时教学的手机软件应运而生。手机打车软件是另外一个现有市场上的增值型创业的例子。出租车行业作为传统行业已有较长历史，但似乎只有复制型创业的例子。这个行业已基本饱和，然而有时依然有很多人要排长队等候出租车，在高峰期尤其如此，而在比较偏僻的地方则很难遇到出租车。手机打车软件发现了这个问题和需求，并提供了方便快捷的打车和付款方式，给传统的出租车行业带来冲击，甚至有可能成为一个破坏性的创新创业。增值型创业既需要坚实的专业技术知识和创新能力，也需要敏锐的观察力和发现所在市场的各种问题和需求的能力。

4. 风险型创业

风险型创业（Entrepreneurial Venture）往往是利用某种技术或社会发展趋势带来的创业机遇而创造出全新的产品、全新的市场甚至全新的行业。风险型创业属于典型的机遇性创业的一种。准确地说，是借助新趋势而开拓的新的创业机会。这样的趋势包括技术变革、政治和制度变革、社会变革、人口结构变化和产业结构变革等。例如，半导体技术的出现给人们带来了意想不到的新产品；手机、卫星通信、个人计算机等在问世之前，无论产品还是用户都是不存在的。因为市场和产品都是不确定的和高度创新的，所以风险很高，失败机会也大，所以称作风险型创业。风险型创业必须借助一个大的趋势，不然很难达到一定的规模。因为风险型创业的机会大部分是借助社会和技术的变化趋势，所以，关注某个领域的重大进步，深入学习和参与某个行业的技术发展，关注新闻和时事报道，参与时事政治讨论等，都有助于发现潜在的创业机会。风险型创业是隐性创业机会，不是发现机会，而是创造机会。怎样创造机会，预见到未来的问题是创造创业机会的前提。例如，中国新城镇发展、老龄化、纳米技术、航天技术、新能源技术等都可能带来新的创业机会。

表2-6的四种创业机会类型是理论上的概括，实际上，一个创业企业有可能介乎两者之间，或者更接近某个类型。以创新程度为例，并不是每个企业都是完全创新型（即从0到1）或者完全复制性（即从1到N）。虽然我们鼓励创新型创业，

但是不排斥其他类型的创业。表2-7对四种创业机会的特征、识别难度、创业风险和自主创新程度做了比较和总结。无论风险、识别难度、还是自主创新程度，都是相对而言的，而不是绝对的。同一个创业机会对于不同的创业者来说，因为拥有的经验和资源不同，所感受和承担的风险也不一样。所以，大学生评估创业机会，必须考虑自身的客观条件，而不能完全参考成功企业家的标准或者理论标准。对于缺乏实际经验的大学生来说，即使是复制一个成功的创业机会也是不容易的。

表2-7　四种创业机会的比较

机会类型 / 项目	复制型机会	模仿型机会	增值型机会	风险型机会
机会特征	高度显性	中度显性	中度隐性	高度隐性
识别难度	低	比较低	比较高	很高
创业风险	低	比较低	比较高	很高
自主创新程度	很低	比较低	比较高	比较高

2.5.2 同一个问题的四种创业机会

MPO矩阵提醒人们，即便是同一个问题，也有不同的解决方法。因此，创业机会和方式可能完全不同，要根据自己的资源和市场上的竞争状况来开发和选择。MPO矩阵还提醒人们，当发现一个创业机会的时候，要先看看是不是已经有相同或者类似的产品和企业；如果有，要先检索看看会不会构成侵权，以及怎样避免侵权。利用MPO矩阵，不仅能看到一个机会，也许可以开发和创造不同的新机会。1989年，美国斯坦福大学有一个名叫默巴克的普通学生，他利用闲暇时间承包了学生公寓的打扫工作。第一次打扫学生公寓时，默巴克在墙角、沙发缝、学生床铺下面扫出了许多沾满灰尘的硬币。默巴克牢牢地记住了这个问题。两年之后他毕业了，很快成立了自己的“硬币之星”公司，推出了自动换币机，并与一些连锁超市建立合作关系，共同经营换币业务。只用了短短5年时间，默巴克的公司就在美国8900家主要连锁超市中设立了10800台换币机，并成为纳斯达克的上市公司。默巴克也从一个一文不名的穷学生，变成了万人瞩目的大富翁[23]。

20多年后的今天，硬币问题在世界各地依然存在，依然有创业机会。表2-8利用MPO矩阵以硬币回收的问题为例来说明同一个问题在中国内地、中国香港和美国的不同创业模式，如案例2-7～案例2-10所示。

表 2-8 利用 MPO 矩阵介绍回收硬币问题的四种创业机会

产品 市场	现有产品 （明确的）	创新产品 （不明确）
现有市场 （明确的）	复制型机会 问题：本地没有硬币回收机 机会：在本地商场安装硬币回收机	增值型机会 问题：本地没有硬币回收机 机会：设计流动硬币回收车
新的市场 （不明确）	模仿型机会 问题：本地银行没有硬币回收机 机会：模仿并开发类似产品用于银行	风险型机会 问题：商场街道有很多丢弃的硬币 机会：收集被丢弃的硬币用于动物保护

案例 2-7：复制型机会

人们家里的各个角落可能有很多被丢弃的硬币，这是一个很大的浪费，是一个明显的问题。需要兑换硬币的市场需求是明显的，满足这一需求的产品和服务模式也非常明确。美国学生默巴克的例子已经很清楚，也很成功，只需复制现有的模式就可以了，也就是把现有的硬币回收机安装在本地的商场。这种模式非常简单，容易实现，也有先例，但目前还不普及，还有很大的市场空间。其问题的难度在于必须得到商场的同意。因此，需要与商场合作，而且可能需要与商场分成。也许商场不给其他人这样的机会，而是自己利用这个机会。但如果商场没有资金，也许就是一个可以利用的机会。硬币回收机的生产厂家最合适利用这样的机会；对于硬币回收机的代理商和维修商，这也可以是一个创业的机会。

案例 2-8：模仿型机会

目前成功的模式都是在商场安装硬币回收机，那么其他场地可以吗？还有其他市场吗？和取钱机结合放在银行可以吗？把零钱直接转入自己的账号可以吗？不是所有人都愿意带着一大堆硬币去商场吧？用零钱给电话充值可以吗？以前银行的硬币处理基本依靠手工，效率较低。所以，银行可以安装专门的硬币处理机器。中国人民银行营业管理部从2012年5月开始实施北京市现金服务贴心工程，将在北京全市范围内统筹安排自助硬币存取款机的布局，搭建硬币存取自助服务网络。

案例 2-9：增值型机会

我国香港市民的家里同样积累了大量硬币。为了解决这个问题，香港金融管理局制订了“硬币收集计划”，专门研发了两部流动“硬币回收车”，于2014年10月6日起走访居民区，方便市民将手中的硬币换成钞票或给八达通卡㊀充值，过程不另收费。车内还设有捐款箱，市民也可将零钱捐给公益金。香港特区政府之所以只采用了两部流动“硬币回收车”，而没有采用美国的硬币回收机，主要原因是自从八达通卡在香港被广泛应用于地铁、餐厅、商场和书报亭之后，小额硬币使用率越来越低，将来也许不会是一个长久的严重问题。

案例 2-10：风险型机会

除了在家里到处可能都有硬币，其实在户外和商场也有很多硬币。如果你在路边看到一角钱（或一分钱）硬币，你会特地捡起来吗？大概有很多人都会为了赶路而漠视。但是，住在美国佛罗里达州 69岁的斯奈德（Rick Snyder）先生，10年来不停地捡拾市区内被丢弃的硬币，并将这些存下来的硬币全部捐献给动物保护团体，只为了拯救街上的流浪猫。他10年来捡拾的硬币，总计2.1万多美元，将近13万元人民币。斯奈德先生的举动是一个全新的模式：他的客户是动物拯救组织，他的产品不是协助市民兑换硬币，而是硬币本身。虽然斯奈德先生所做的只是个人的慈善行为，但是有潜力发展成一项社会创业。

从上面的案例可以看到，在确定一个创业机会之后，创业类型不同，创业过程和所需要的资源也完全不一样。所以，创业机会类型的判断也是机会识别的必要阶段。创业机会的类型必须在机会评估和商业模式设计之前就知道。但即便在创业机会评估之后，也很可能会有改变和调整。遗憾的是，这部分内容在目前的

㊀ 八达通是香港通用的电子收费系统。芯片内置在信用卡大小的塑胶卡片中，替卡片充值后放在接收器上即可完成付款过程。

创新创业教材中还没有涉及。再回顾一下图2-2，会发现从发现问题、澄清问题、问题评估、需求评估、到机会类型评估，确实是一个相当复杂的过程。

案例 2-11：廖文辉和他的刷卡洗衣机

廖文辉生长在一个单亲家庭里，从小跟奶奶生活在一起。2009年考上大学以后，因为家里条件困难，他的生活费和学费都没有着落。

廖文辉入学后，发现学校的宿舍里没有洗衣机，而同学们在洗大件的衣物时，很希望能有可以洗衣服的设备或者服务机构。于是，他找到学院辅导员，申请自己来购买洗衣机，并实行刷卡付费的方式来解决收费问题。

这个提议得到了他所在的学校的大力支持，为了鼓励大学生创业实践，学院特意免除了洗衣机的水费和电费，只是要求把补贴优惠给学生，因此学生每次洗衣只需要3元。

廖文辉向亲友借款购买了15台洗衣机，开始了业余时间的创业。后来，他在全校所有宿舍楼的每一层都添置了一台洗衣机。正是这些洗衣机，不仅帮助廖文辉赚到了学费、生活费，还为他毕业后的创业积累了第一桶金。

举一反三

1. 利用MPO矩阵分析廖文辉的创业属于哪种创业类型。
2. 利用MPO矩阵分析至少三种理发的创业机会。
3. 利用MPO矩阵分析至少三种你感兴趣的问题的创业机会。

2.6 创业机会的主要来源

学会观察和提问的方法之后，到哪里去寻找问题和创业机会呢？一般教材都建议从用户、供应商、竞争者、公司内部的员工那里寻找问题和创业机会[24]；也有教材建议从消费者、现有产品和服务、分销渠道、政府及研究开发几个方面来寻找创业机会[25]。这对有经验的创业者和在企业内部创业毫无疑问是正确的。但是，大学生和年轻人哪里有用户、供应商和员工？那么，大学生和年轻人到哪里去发现问题？对于没有经验的学生，日常生活就是发现问题和创业机会的主要战场。衣食住行、柴米油盐、学习生活等诸多方面都可能存在各种各样的问题，都可以提炼创业商机。如果没有用户，就把所有人当作潜在的用户，设身处地地去观察、询问。

除了日常生活，还有很多其他的场合也可以发现问题、寻找机会。尤其是大学生毕业后走上工作岗位，只要抱有好奇心和发现问题的意识，随时随地都可能发现问题。除此之外，行业变化的大趋势也是创业机会的一个来源。这样的趋势包括技术变革、政治和制度变革、社会和人口的变革以及产业结构变革。熊彼特（Schumpeter）建议关注五种可能带来创业机会的新变化：新产品和新服务、新的区域市场、新材料的发现、新的生产方法和新的组织形式。表2-9列出了过去50年中几个具有影响力的大趋势带来的创业机会[24]。当今世界，科学技术发展一日千里，社会文化生活日新月异，新的趋势无处不在。纳米技术、互联网技术、生物技术、航天技术、新能源技术等不断出现，不断给人类开启新的理想目标，延伸人类的发展。“农业革命通过耕种延伸了我们的胃，工业革命通过机械和电气延伸了我们的肌肉，互联网和信息革命延伸了人类的大脑”[26]，每一次新技术的出现都给人们的生活带来很大的变化。比较是发现新的理想状态的另外一种方法。世界变得越来越扁平，越来越像一个村落。经济领域也有很多重大的发展，中国提出“一带一路”国家战略，金砖国家崛起，非洲大地觉醒，这些都毫无疑问是机遇的温床。如果你学习的是某个科技领域的相关专业，毫无疑问你会了解更多科学技术的新趋势；即便你学习的不是这类专业，从创业者的角度关注和观察趋势的发展，一样可以发现问题和创业机会。

表 2-9　过去 50 年中几个大的趋势和因此带来的创业机会

趋势	创业机会
婴儿潮	纸尿布、玩具、儿童服装、童车、幼儿教育
个人云计算	互联网、个人云计算、电子出版物、电子通信技术
肥胖人士增多	减肥行业的兴起、家庭式健身房、健康俱乐部、健康食品
双薪家庭	儿童托管、家政服务（例如景观美化、家庭清洁、食品准备、剪草、修理花园）
亚健康人群增加	健康保健食品、健康设施、健康娱乐产品、心理咨询

最后必须提及的是社会问题和社会创业的机会。马斯洛认为人们的需求有五个层次[27]，即生理需求、安全需求、社交需求、尊重需求和自我实现需求。创业

者一方面要关注不同层次的需求和问题，寻找不同的创业机会；另一方面，当创业者个人的需求不断得到满足之后，应该更加关注社会问题和社会需求。当今国际社会依然面临很多超越国家和地区界限的严重问题，即所谓的全球性问题，也是关系到整个人类生存与发展的严峻问题，例如战争、贫困、生态失衡、环境污染、人口爆炸、资源短缺、国际恐怖主义、跨国犯罪等。全世界有28亿人每天仅靠不足2美元来维持生计，其中12亿人每天靠不足1美元来生活。在全球范围内，有超过10亿人缺乏足够的食物；有2亿1500万名儿童每天去做童工，而不是去上学；每年都有350万名儿童死于饥饿。在过去的10年中，自然灾害给世界造成的损失达6080亿美元，相当于此前40年的损失总和。人类赖以生存的环境和气候都在日益恶化。专家预测，到2025年，全世界2/3的人口用水再无安全可言。全球吸毒人数以每年3%～4%的速度增长，其中吸用人工合成毒品的人数增长最快。自20世纪中期国际恐怖主义孳生以来，各种类型的恐怖主义组织有1000多个，每年各种恐怖活动有数百起，安全问题日益严峻。精神问题同样不容乐观，全世界估计有1.3亿名不同程度的抑郁症患者。作为一个发展中国家，中国同样面临很多严峻的社会问题。中国农村“留守儿童”数量超过6100万人（相当于英国人口的总和），很多儿童因为长期见不到父母而出现严重的心理问题，很多贫困地区“留守儿童”的衣食住行和读书都得不到保障。目前，我国老龄人口约有1.69亿人，其中40%是“空巢老人”，个别老城区“空巢老人”家庭已达到70%。诸如此类的问题不胜枚举。这些社会问题很多都可能是创业问题，需要有爱心和社会责任感的创业者来关注。德兰修女说过：“最可怕的贫穷不是缺乏食物，而是缺乏爱。”爱心是创业的动力之一，是更高尚的创业动力。创业不仅可以满足创业者的个人需求，也可以帮助其实现改变世界和奉献爱心的伟大理想。

无论通过哪个渠道找到的问题，无论是关乎人类发展的大问题，还是个人生活中的小问题，无论是工程技术还是科学研究领域的问题，只要是感兴趣的问题，都值得运用学过的方法和知识去不断地探索和开发。只有这样，才能迫切地想要解决这个问题，并且觉得自己必须要解决它；只有这样，才会有激情去面对创业过程中的各种困难，才能长期坚持下去，最终成就伟大的企业或者事业。无论是科学研究、技术创新还是创业，都是同样的道理。爱因斯坦在26岁的时候提出了狭义相对论。这是人类历史上的一件大事，是观念上的一次革命。但是，他不是在26岁才开始思考这个问题的。当他还在念书的时候，有一次给他当时的女朋友、后来的夫人写信时就写道：“我对电动力学非常有兴趣。”而电动力学就是后来在狭义相对论里做出革命性贡献的领域。这证明爱因斯坦早在念书的时候，就对他后来取得重大成就的领域产生了兴趣[28]。1953年，生物学取得了一个突破性的重大进展——发现了DNA的双螺旋结构。这是美国生物学家沃森（Watson）和英国生物学家克里克（Crick）取得的成就。如果你看过沃森的《双螺旋》一书，你就会发现他们对这件事是多么有兴趣[28]。浓厚的兴趣是他们成功的基础。大疆无人机创始人、香港科技大学的汪滔从小就对模型飞机有浓厚的兴趣。他说："小时候不断在想，长大以后，如果我能发明一种飞机，让我体验到飞翔的感觉，带我的眼睛自由自在地在天空飞翔，那该有多好！"有了兴趣才会有激情。乔布斯说过："如果你没有对某一件事情充满激情，你就不应该创业，绝不要为了创业而创业。"他还说："想要做出一番伟大事业的唯一道路，就是要爱你所做。"马云认为，创业就是找到一个自己感兴趣的方向，并坚持做下去，这就是成功的秘密。不过马云只说对了一半：不仅要找到自己感兴趣的方向，还要找到这个方向的问题所在。从今天开始关注问题吧！

举一反三

1. 举出三个你感兴趣的变化趋势，讨论其潜在的创业机会。
2. 举出三个你的有利于发现创业机会的爱好。
3. 列举三个你最关心的社会问题，讨论这些问题的创业机会。

参考文献

[1] I M Kizner. Competition and Entrepreneurship [M]. Chicago: University of Chicago Press，1973.

[2] J A Schumpeter. The Theory of Economic Development [M]. Cambridge，MA: Harvard University Press.1934.

[3] J A Timmons，Stephen Spinelli Jr. New Venture Creation: Entrepreneurship for the 21st Century [M]. New York: McGraw-Hill/Irwin，2009.

[4] P A Lambing，C R Kuehl. Entrepreneurship [M]. 4th ed. Upper Saddle River，NJ: Prentice Hall，2006.

[5] 张玉利，薛红志，陈寒松. 创业管理 [M]. 4版. 北京：机械工业出版社，2013.

[6] 李好. 没有失败过的人，滴滴快的的柳青：正与不曾打破的旧体制博弈 [EB/OL]. [2015-07-01]. http://www.forbeschina.com/review/201507/0043614.shtml.

[7] 施玮．殷建松："不安分"的创业者 [EB/OL]．[2010-08-20]．http://www.ebrun.com/chuanqi/13311.html.

[8] 久候．洗衣O2O案例：泰笛洗涤，输出标准的轻公司 [EB/OL]．[2014-12-25]．http://www.iyiou.com/p/15061.

[9] J Legge，K Hindle. Entrepreneurship How Innovators Create the Future [M]. South Melbourne: Macmillan Education AU，1997.

[10] G N Chandler，D R DeTienne，D W Lyon. Outcome Implications of Opportunity Creation/Discovery Processes [C] //Babson Kauffman Entrepreneurship Research Conference（BKERC）. Wellesley，MA: Babson College，2002.

[11] S Spinelli，R J Adams. New Venture Creation: Entrepreneurship for the 21st Century [M]．New York: McGraw-Hill/Irwin，2012.

[12] E de Bono. Opportunities: A Handbook of Business Opportunity Search [M]. New York: Penguin Books，Reprint Edition，1992.

[13] 孙继伟．问题管理——高水准的问题分析与解决 [M]．北京：企业管理出版社，2014.

[14] 高杉尚孝．麦肯锡问题分析与解决技巧 [M]．郑舜珑，译．北京：时代出版传媒有限公司，2014.

[15] J P Spradley. Participant Observation [M]．New York: Harcourt Brace，1980.

[16] D Kariv. Entrepreneurship: An International Introduction [M]．London: Routledge，2011.

[17] D J Couger. Creative Problem Solving and Opportunity Finding [M]．New York: Boyd & Fraser Pub Co，1995.

[18] 甘华鸣．创新的策略通用方法指南 [M]．北京：红旗出版社，1999.

[19] E Sauerwein，F Bailom，K Matzler，et al. The Kano Model: How to Delight Your Customers [C] // Proceedings of International Working Seminar on Production Economics. Innsbruck/Igls/Austria，1996.

[20] 秦刚．一个互联网单品思维的理发店，会改变你吗？[EB/OL]．[2015-04-12]．http://www.yixieshi.com/it/20940.html.

[21] H I Ansoff. Corporate strategy [M]．New York: McGraw-Hill，1965.

[22] C Bruyat，P R Julien. Defining the Field of Research in Entrepreneurship [J]. Journal of Business Venturing，2000: 165-180.

[23] 李肖鸣，朱建新，等. 大学生创业基础 [M]. 北京：清华大学出版社，2013.

[24] W D Bygrave，A Zacharakis. The Portabele MBA in Entrepreneurship [M]. Hoboken NJ: John Wiley & Sons，Inc，2010.

[25] R D Hisrich，M P Peters，D A Shepherd. Entrepreneurship [M]. 9th ed. New York: The McGraw-Hill Companies，2013.

[26] 余晨. 看见未来——改变互联网世界的人们 [M]. 杭州：浙江大学出版社，2015.

[27] A H Maslow. A Theory of Human Motivation [J/OL]. Psychological Review，1943，50（4）：370-96 [2000-08-01]. http://psychclassics.yorku.ca/Maslow/motivation.htm.

[28] 杨振宁. 兴趣、创新及我最重要的工作 [EB/OL]. [2015-09-19]. http://chuansong.me/n/1722645.

第3章

你的创意从哪里来？

对于创新来说，方法就是新的世界，最重要的不是知识，而是思路。

——郎加明

学习目标

1. 什么是创造力和创造思维?
2. 创造和创意有什么区别?
3. 创造思维有什么特征和影响因素?
4. 创造思维的过程是怎样的?
5. 发散思维与收敛思维的关系是什么?
6. 批判思维与创造思维的关系是什么?
7. 左脑思维与右脑思维的关系是什么?
8. 创造性思考的方法有哪些?
9. 认识常见的思维障碍有哪些?
10. 怎样突破思维障碍?

3.1 创造力和创意

创造力（Creativity）是指具有新颖性、独创性、实用性并能够创造有社会价值、艺术价值、科学价值或经济价值的能力[1][2]。创造力可以应用到各个领域，包括教育、科学、技术、管理、经济、艺术以及创业等。创造力既可以体现在日常生活和工作中各种问题的解决，也可能引起新的科学发现、新的技术发明、新的设计、新的产品、新的服务、新的产生方式、新的组织形式、新的战略、新的社会规划或新的企业等。创造力是人类特有的一种综合本领，是人类社会不断发展和进步的主要动力。探索、创造、创新和创业是本书的四个核心概念。创造力是创业者必备的关键能力之一，是创业教育的重要部分。

“创意”（Creative Idea）一词是目前比较流行的一个热门词语，且与创造力有着密不可分的关系。可无论在《新英汉词典》还是《汉英词典》中都没有收录这个词语。由于大众对创造和创意的概念没有一个清晰的界定，目前二者已经日渐趋同。但究其根本，创造和创意还是有区别的。

创意是指有创造性的意识、意念、主意或想法，是指创造活动的结果；创造是指产生想法的过程。前者侧重于结果，而后者侧重于过程，二者既紧密相关，又有明显区别。在本教材中，创意就是指新的想法，创造则是指创造力、创造思维和创造的过程，即创造过程就是产生创意的过程，创造力就是产生创意的能力。

在不同的领域，创造力产生的成果是不同的，可以是一本书、一首歌、一个新的发明或一套软件等截然不同的东西。学者对创造力的定义大都是广义的、抽象的[1][2]，并没有聚焦到一个特定的领域。但究其根本，无论在什么领域，无论创造的成果是什么，创造活动都要经历创造性的思考，有一个初步的想法和特定的产品。因此，对于创造力的研究和教学而言，必须与特定的领域和专业相结合。本教材是从创业的角度诠释创造力在创业过程中的作用和意义。在创业过程中，创造力的初步成果是解决问题的想法，即创意或解决方案，而正是这个想法指导着新产品的研发。在本教材的第2章中已经讲述了如何发现问题，并从中发现创业机会。本章主要讲述如何运用创造思维解决问题。

就创业教育而言，怎样解决问题是发挥创造力的最佳切入点，也可以说找到解决问题的想法或方案是创造力和创业的第一个衔接点。除此之外，创造思维和创造力在新产品设计和开发、商业模式设计等阶段也都发挥着重要作用。

3.2 创造思维

3.2.1 什么是创造思维？

案例 3-1：自动摘收西红柿问题的解决思路

20世纪初，在发达国家就已经实现农业机械化。然而，能自动摘收西红柿的机器始终没有被发明，主要是因为西红柿的皮太柔嫩，使用机械很可能抓得过紧而将西红柿夹碎。那么，怎样才能实现自动摘收西红柿呢？解决这个问题有两种不同的思维方式：第一种方式是致力于研究控制机器的抓力，使其既能抓住西红柿，又不会将西红柿夹碎。但是，这项研究始终未能成功。第二种方式则是采用了一种从问题的源头解决的办法，即研究如何才能培育出韧性十足、能够承受机器夹力的西红柿。沿此思路，人们成功培育出一种硬皮西红柿。

面对同一个问题，不同的人可能采取不同的思维方式去寻求解决问题的方法。上例中的第一种解决方案是大多数人习惯使用的思维方式，即利用现有信息进行分析、综合、判断、推理而产生解决办法，即将所需解决的问题与头脑中已储存的过去曾经遇到过的问题做比较，以寻找解决问题的办法。其本质是通过学习、记忆和记忆迁移的方式去思考问题。这种思维被称为再现性思维，也称习惯性思维或者常规思维。而上例中的第二种解决方案是在已有经验的基础上寻找另外的途径，探求新思路，发现新关系、新方法以解决问题，这就是创造思维的例子。那么，什么是创造思维呢？

创造思维是指突破惯常解决问题的思维模式，重新组合既定的感觉体验，探索新的规律，得出新的解决问题的思路和想法的思维活动。所以说，创造思维就是突破传统思维和知识范围，从而产生解决问题的新想法的思维[3]。如图3-1所示，常规思维就好比在常规范围内的思考方式，而创造思维则突破常规思维的限制，思考的范围更加宽泛，思考的方式也更加发散。创造性的思维方式更有利于打破固有的形式、状态和习惯，创造异于常规的、创新的事物。

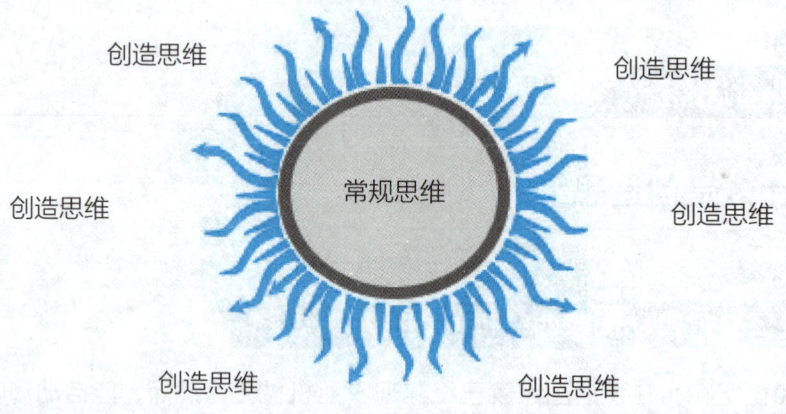

图 3-1 常规思维和创造思维

3.2.2 创造思维的特征

1. 对传统的突破性（Breakthrough）

从创造思维的本质看，它打破传统、常规，开辟新颖、独特的科学思路，升华知识、信念和观念，发现对象之间的新联系、新规律，具有突破性的思维活动。突破性（Breakthrough）是创造思维的一个显著特征。

首先，突破性体现为创造者突破原有的思维框架。原有的思维框架对思考问题有很多好处，它能使人们省去许多摸索、试探的思考步骤，提高思考效率。但是，原有的思维框架不利于人们进行创造性思考。因此，无论是思考如何解决新问题，还是思考如何解决老问题，都需要人们跳出原有的思维框架，用新的思考程序和思考步骤进行新的尝试。突破以往思维程序和模式对寻求新设想的束缚，对那些默认的假设、陈旧的观点和固化的模式提出挑战和质疑，可能取得意想不到的成功。

其次，突破性体现为突破已有的思维定式。思维定式可能是对过去某一阶段的经验总结，是经过成功的经验或失败的教训验证的“正确思维”。但是，当事物的内外环境变化时，仍然固守“正确的”定式思维却行不通了，它们常常对创造性思考产生消极作用。不突破思维定势，就会被原有的框架所束缚，就很难进行创新活动。

最后，突破性体现在超越人类既存的物质文明和精神文明成果上。从超越既存的物质文明成果看，产品的更新换代就是科研人员在思维上敢于超越原有产品的结果；从超越既存的精神文明成果看，爱因斯坦突破了牛顿经典力学的静态宇宙观去思考，创立了狭义相对论[3]。

2. 思路的新颖性（Originality）

创造思维往往是新颖的、独特的。思路的新颖性（Originality）是指在思路的选择和思考的技巧上都具有独特之处，表现出首创性和开拓性。思路的新颖性表现为不盲从、不满足现有的方式或方法，需要更多地经过自己独立思考，形成自己的观点和见解，突破前人成果的束缚，超越常规，学会用新的眼光去看待问题，从而产生崭新的思维成果。如果缺少独立自主的思考，一切循规蹈矩、照章办事，就不可能产生新颖的思路，更谈不上创新。

创造思维的一个重要特点是新颖，那么达到什么程度才叫“新”呢？考夫曼和罗纳德（Kaufman & Ronald）把创造思维的结果——创意，分为四个级别，也称四个C，采用两个小写的c，两个大写的C[4]。四个C在不同领域的概念和例子完全不同。下面从创业的角度介绍：

（1）微创意（Mini-c：Mini-creative Idea）：在生活和学习的过程中，对个人经历或某些现象做出新的解释或者发现了其中细微的新颖之处。微创意属于创意的初级阶段。小朋友看着天上的一朵白云惊呼“像一只大鸟”，父母会表扬“真有创意”。很多写作和绘画的创意训练都属于微创意。这个级别的创意主要还局限在学习、理解、体验和认知阶段。微创意还不能构成新产品的解决方案和创业机会，但恰恰是这些点点滴滴的积累，才会为形成更高级别的创意提供基础。

（2）小创意（Little-c：Little Creative Idea）：解决日常生活问题的小创意。这样的例子很多，每个人在日常生活中都多多少少遇到过各种各样的问题，都有过为解决问题而产生新想法的经历。没有实际经验的大学生应该多从生活问题入手，寻找创业机会的理念，将来再慢慢过渡到更加新颖的创造思维活动。

（3）专业创意（Professional-C: Professional Creative Idea）：在工作领域提出具有专业水准和实际应用价值的创意。绝大部分创意、发明和创新驱动型的创业都属于专业创意的水平。在专利数据库中，很多专利都属于专业创意级别。有专业背景的高年级本科生、硕士研究生、博士生或专业人员，在已有技术支持下，才可能达到专业创意级别。所谓专业背景并不一定仅局限于科学技术类专业，在任何领域具有一定的学习和工作经历都可以称之为具有该领域的专业背景。

（4）重大创意（Big-C: Big Creative Idea）：可能引起重大发现或发明，具有深远历史影响的创意。例如，蒸汽机、电、电话、计算机、互联网、卫星、宇宙飞船、原子弹、核能等可以影响人类社会历史发展进程的创意，称之为重大创意或历史性创意。

所以，并不是所有创意都是全新的、所有创业都需要重大创意。有些小创意也可能有大商机，而有些大创意往往在短时间内很难转化成商业机会。对创业机会的评估要全面系统地从创意、市场、盈利、团队、资源等方面进行综合考量。

3. 想法的流畅性（Fluency）

创造思维的另一个特点是反应快、想法多，能够在较短的时间里归纳总结、创造出很多想法，在反应速度和思维的丰富程度方面都有较好的表现。在创造思维领域有一个定律：只有很多想法才会有最佳想法。所以，大量的不同想法是创造思维的基础和前提。

4. 视角的灵活性（Flexibility）

创造思维表现为视角能随着条件的变化而转变，能摆脱思维定式的消极影响，善于变换视角看待同一问题，善于变通与转化，重新解释信息。它反对一成不变的教条，会根据不同的对象和条件，具体情况具体对待，灵活应用各种思维方式。创新视角是多种多样的，要学会转化视角，从不同的视角出发会得出不同的结论。换一个角度，换一种思维，或许一切都会有所不同。

5. 程序的非逻辑性（Non-logic）

创造思维往往是在超出逻辑思维、出人意料、违反常规的情形下出现的，它可能并不严密或暂时说不出什么道理。因此，创造思维的产生常常省略了逻辑推理的许多中间环节，具有跳跃性。

创造思维的非逻辑性，由于中间环节的省略而呈现飞跃式，有时会显得离谱、不可思议，甚至创造者自己也感到不理解。例如，眉头一皱、计上心来，急中生智等就是创造思维非逻辑性的典型表现。在创造思维活动中，新观念的提出、问题的突破，往往表现为从“逻辑的中断”到“思想的飞跃”。这通常伴随着直觉、顿悟和灵感，从而使创造思维具有超常的预感力和洞察力。

6. 内容的综合性（Elaboration）

创造性活动一般是在前人的基础上进行的，必须综合利用他人的思维成果。科学技术发展史一再表明，谁能高度综合利用前人的思维成果，谁就能取胜，就能取得更多的突破，做出更多的贡献。正所谓温故而创新，在技术领域，由综合而结出的硕果更是到处可见。所以，综合也是一种创造。

创造力的评估有很多版本，主要指标包括上面讨论的流畅性（新想法的数量）、灵活性（新想法的种类）和新颖性（新想法的突破性）。

3.2.3 创造思维的过程

很多人对创造思维有一个很大的误解，似乎创造思维都是偶然的、直觉的、一瞬间的灵感浮现。其实，很多创造过程都是一个精心设计的复杂而漫长的过程。创造思维需要经历若干阶段的探索，才可能得到预期的想法和创意。大量的实例已经证明，与偶然、直觉、一瞬间的灵光乍现相比，系统的创造思维过程所产生的新想法无论是数量还是质量都要高很多。大学生尤其需要认真地学习和总结创造思维的过程和规律，有意识地应用创造思维的方法，而不是只凭直觉守株待兔。

创造思维是一个有一定运行机制的多元综合系统。人们通过对创造思维进行实践研究，概括出创造思维的运行过程和规律，以便对创造思维有一个系统、清晰的认识。

推陈出新的创造活动过程可以看成是一个渐变与突变相结合的变革过程，而创造思维正是推动突变与变革的主因。因此，创造思维在构成上不可能是单一的思维形式，而是若干具有创造功能的思维形式的集成。从其过程可以发现，创造思维过程实际上存在两种思维形式：一种是具有连续渐变功能的逻辑思维形式，例如分析与综合、抽象与概括、归纳与演绎、判断与推理等；另一种是具有跳跃突变功能的非逻辑思维形式，例如联想与想象、直觉与灵感等。

英国心理学家格林汉姆·沃勒斯（Graham Wallis）提出了经典的“准备——酝酿——明朗——验证”四阶段创造思维模式[5]。这个模式是创造思维教育的重要参考，主要内容如下：

（1）准备阶段：定义问题、需求和欲望，并基于此搜寻解决方案的信息，或者对此做出解释响应，再建立标准去检验方案的可接受程度。

（2）酝酿阶段：回归到问题本身，让内心沉浸其中进行深思熟虑，然后尝试能否解决。如同准备阶段，酝酿阶段的周期可以持续数分钟、数周乃至数年。

（3）明朗阶段：想法从内心涌现，产生具有创造力的回响。这种情况可能分散性出现，也有可能整体性出现。

（4）验证阶段：开展各种活动，用于阐述能否满足在明朗阶段中涌现的想法以及准备阶段设定的标准。

为了突出发现问题和定义问题的重要性，准备阶段又被分为洞察阶段和准备阶段。所以，目前创造思维过程一般是五个阶段，即洞察阶段、准备阶段、酝酿阶段、明朗阶段和验证阶段。

举一反三

1. 观察你身边的一个人，并在脑海中联想一副自然图景（树木、大海、山川、田野等），并将自然图景与你身边的这个人联系起来，能联想到什么？

2. 在完成上题的过程中，如果脑海中无法联想到任何图景或形象，请试着将下面的句子填写完整：“他/她看起来，就像______一样。”

3.2.4 影响创造思维的因素

创造思维并非是少数发明家、天才才具有的素质，而是任何一个正常人都具备的一种思维方式。斯温尼（Sweeney）在《致未来的总裁们》里面说：“创造思想不是那些专门从事开发创造思想的人们的专有领地。”千百年来，人们凭借创造思维不断地认识和改造世界，创造了数不胜数的物质文明和精神文明成果。消除这个误解对于培养创造思维的信心很重要。但是，也必须承认，每个人的创造思维能力还是有很大差异的。因为创造力是对一个人的性格、知识、智力、想象力、思考能力及良好的个性等诸多因素的综合体现。为了保持必要的竞争力以适应环境变化的需要，无论是个体、组织还是社会，都需要创造力。创业者必须学习和提高自己的创造力，并了解影响创造力的各种因素。影响创造力的主要因素包括个人的创造性人格和环境氛围[6]，其中，环境氛围包括教育氛围和团体创造氛围。

1. 创造性人格

创造性是个体在后天学习活动中逐步养成，在创造活动中表现和发展，对促进人的成才和创造成果的产生起导向和决定作用的人格特质。创造性人格主要体现为好奇心、怀疑精神、探索精神、开放性等特质。此外，一些心理学家也认为，具有丰富想象力，对新思想持开放态度，乐意接受新观念、新体验和新事物的开放性人格也属于创造性人格特质。

创造性人格赋予人们对新事物、新体验的持续兴趣和好奇心，同时，也能够带来强烈的问题意识和探索精神。虽然通常认为一个人的智力水平是很难改变的，但创造性人格特质中的好奇心、怀疑态度、探索精神、学习能力等因素却是可以后天培养的。创造性人格是影响创造力的内在因素。

影响创造思维的另外一个因素是外在因素，即环境氛围，包括教育氛围和团体创造氛围。

2. 教育氛围

关注教育氛围中的创造力，更多的是面向个体潜能发展的需要，注重个体在成长过程中的创意启发、创造思维拓展，并结合个体的特点启发其内在潜能，而非面向重大创新突破的需要。

人们通常认为，学校、老师和其他教育资源对学生日后创造性的发展是至关重要的。虽然个别天才儿童在尚未接受学校教育时就展现出较强的创造性天赋，但是研究发现，合理的教育背景、适当的教师的引导对学生创造性的塑造具有十分重要的作用。而且研究表明，越是具有创造性的个体，良好的教育氛围对其创造性的塑造作用就越是显著。

在当前的学校教育中，基础知识和技能的教育仍然是重点。不过，对个体的思维方式和行为倾向中的发散性思维和批判性思维等方面的培养已经得到了广泛关注。人们试图通过创造性的讨论、测评和训练，营造活跃的教育氛围，倡导培养创新意识、创新精神、创造性的思维习惯和思维品质。在课程设置和教学环节上，创造开放、活跃的教育氛围，鼓励学生根据自己的特长和兴趣对现实、知识和意义进行独特的建构，其目的是希望从个体知识结构兴趣点的发展独特性中产生新的思维内容，通过差异化发展增强创造潜力。

学校可以通过让学生参与特定领域（例如科学、技术、商业、艺术等）的创造实践活动，丰富学生的实践体验，培养相关的知识和特长，从而形成某一领域的创造性专长。

3. 团体创造氛围

当两个或两个以上的人共同从事创造性的工作时，往往会产生更多的新设想、新创意或新思路，这就是团体创造氛围的作用。当面对复杂的棘手问题时，通常采取多种办法，希望从他人那里获得灵感和资源。而团体的构成必然需要有两个或两个以上的人，他们具有不同的观念、思想和思维方式。合作的结果很可能是排除不好的选择，做出恰当的判断，提出有效的解决方案。因此，互动的团体氛围有利于创造力的提高，能够促进更多创造性成果的产生。

试想在思考或解决某一个问题的过程中，是否遇到过困难，需要与他人交流的经历？在一些小团体或小组活动中，是否有从队友那里获得经验或灵感的经历？

有时，团体创造氛围并不是刻意为之，可能就是同学、朋友或者一个工作小组的成员聚在一起讨论问题、交流设想或解决问题。这样的团体可能是长期的合作关系，也可能是短期的、不固定的交流共享关系。但无论是哪一种关系，其内部的不同个体之间必然需要某种形式的协同合作、交流共享。

在团体氛围营造策略中，需要关注个体作用的发挥，以及可能抑制团体创造力发展的重要因素——评价、过早判断和争辩等。在头脑风暴的团体策略中，鼓励团体成员尽可能地参与到新设想的提出和讨论中，能够运用和改进他人的设想，提倡畅所欲言，要延迟评价，强调团体氛围的持续活跃性。

3.3 创造思维的内容

3.3.1 发散思维和收敛思维

发散思维和收敛思维最早源自美国心理学家吉尔福德（Guilford）提出的智力模型中的两个对立的维度，即发散创造（Divergent Production of Solutions）和收敛创造（Convergent Production of Solutions），这两个术语后来演化成为发散思维（Divergent Thinking）和收敛思维（Convergent Thinking）这两个概念。

发散思维的目的是针对一个特定的话题，在短时间内尽可能产生更多新的想法和主意。为了从不同的角度进行思考，发散思维的过程包含把一个话题细分成为几个部分。发散思维是自由流动的，通常情况下，众多想法的生成是连续的、随机的。

对于一个标准化的问题，收敛思维强调答案的正确性，通常不需要太多的创造力参与其中，例如考试中的单项选择题。收敛思维在应用之中受到约束，没有自由，一般是在既定条件下，或者在可供选择的信息、解决方案之上，遵循逻辑或者规则来构造结果。

对发散思维和收敛思维的训练，都有特定的技巧。丹尼尔·库格（Daniel Couger）总结了发散思维和收敛思维的准则[7]。

1. 发散思维的准则

（1）延迟判断。

（2）以量求质。

（3）全局考虑。

（4）想法延伸。

（5）结合他人的想法，修改和丰富自己的想法。

2. 收敛思维的准则

（1）系统化。

（2）建立评价标准。

（3）在客观的基础上依据直觉。

（4）避免快速排除某一个领域。

（5）避免“想法终结者”的观念。

（6）应用“满意解决法”。

（7）尽可能采用优化的技术。

（8）应用启发法，例如关键成功要素法。

（9）评估风险而非规避。

发散思维和收敛思维是创造思维的两个方面，在进行思考、解决困难的过程之中，这两方面相互作用、互相促进。吉尔福德指出，有两种创造思维是至关重要的。发散思维有助于诞生更多新的想法；收敛思维应用于在众多可行、合适的解决方案之中，识别和选择最为有效的方案[5]。对于一个模糊的问题，最理想的解决方法是遵循逻辑，这时候需要收敛思维。发散思维主要应用于批判性的决策，构建了新思路或者查询的基准线的时候，而在此基础之上应用收敛思维，能起到事半功倍的效果。在创造思维运作的过程之中，发散思维和收敛思维经常相辅相成、交替运用。

吉尔福德指出，创造性或者发散思维会引发一系列回应，这是它们的特质。相比而言，收敛思维是基于不同方位的，搜寻单一的和特定的回应。然而，收敛思维毋庸置疑是构成创造思维的一个优异特质，是不可或缺的[8]。收敛思维是指在解决问题的过程中，尽可能利用已知的知识和经验，把众多信息和解题的可能性逐步引导到条理化的逻辑序列中，最终得出一个合乎逻辑的规范的结论。

3.3.2 左脑思维和右脑思维

自19世纪起，人们就已经发现大脑两个半球的功能有所不同，因为左半球受损的人会产生各种不同的语言障碍，但右半球受损的人却不会出现这些障碍，而出现其他障碍。后来的研究发现，左半球的优势在于分析具体的问题，它被认为是语言、理性、分析的一半；而右半球则在分析、理解和识别画面上占优势，它往往被定位为有创新、直观、全面和情感的一半。

20世纪60年代末期，美国心理生物学家罗杰·斯佩里（Roger Sperry）发现了大脑两个半球的分工，并获得了1981年的诺贝尔医学奖。斯佩里和他的同事对经过大脑外科手术切断脑桥的癫痫病患者做了一系列的试验，其结果就是得到了如今众所周知的大脑分工理论：左脑负责语言、逻辑、数字、顺序、局部和分析等功能；右脑负责节奏、空间、形象、想象、色彩以及整体综合等功能。左脑和右脑的职能分工如表3-1[9]所示。

表 3-1 左脑和右脑的职能分工

左脑（理性脑）		右脑（感性脑）	
语言/文字	逻辑、数学	空间/音乐	整体的
线性、细节	循序渐进	艺术、象征	一心多用
自制	理智的	敏感的	直觉的、创新能力的
强势的	世俗的	弱势的（安静）	灵性的
积极的	好分析的	感受力强的	综合的、完整的
阅读、写作、述说	顺序整理	辨认面目	同时理解
掌握复杂程序	掌握复杂动作顺序	感知抽象图形	辨识复杂数字

人脑的大部分记忆，就如同录像带的工作原理一样，将信息以某种图画、形象，像胶片似的记入右脑。所谓思考，就是左脑一边观察右脑所描绘的图像，一边把它符号化、语言化的过程。爱因斯坦曾经说过：“我思考问题时，不是用语言进行思考，而是用活动的、跳跃的形象进行思考。当这种思考完成以后，我要花很大的力气把它们转换成语言。”所以，人们在进行思考的时候，首先需要右脑通过非语言化的“信息录音带”（记忆存储）描绘出具体的形象，然后由左脑发挥其工具性质，把右脑的形象思维转换成语言。

相比较而言，右脑思维更具有创造力，它具有将大脑中那些毫不相关的信息联系起来的能力。不相关信息之间的差异性很大，将它们联系起来之后可以迸发出很多新奇的设想。人并不能创造信息，所以创造力是对现有信息的加工和整合的能力。如果右脑本身尚无存储大量的信息，创造力也就无从谈起了。人们常常强调“直觉”“一闪念”的重要性，而这种“直觉”“一闪念”的产生，首先要求与右脑思维相关的直观的、综合的、形象的思维机能发挥作用，并且要有左脑很好地配合。简而言之，如果希望不断有新的设想产生，随着环境的变化而转变自己的认识，就必须充分使用右脑。

对左脑思维和右脑思维的理解，能够帮助人们更好地了解自身的思维方式。在创意的过程中，不仅要从左脑思维方面，即逻辑的、理性的角度考虑问题，也要从右脑思维方面，即想象的、空间的、创造性的角度看待问题。仅仅局限在一个方面的思维，往往会让人们限于一定的思维框架和思维范式中。只有适当地做出调整，才有利于帮助人们更好地、创新性地解决问题。

虽然大脑有区域和功能的分工，但是大脑活动是交错互补的。大脑的两个半球可以并行工作，同一时间分别处理两组信息。大脑两边首先分析处理各自的信息，然后交换彼此的信息；然后大脑对所有的信息进行比较和综合，以便达到对事物或概念更深入和更广泛的理解。大脑有专门负责信息交换的桥梁，即脑桥。

创造思维并不只是做梦、想象和“出点子”。创造思维是一个以科学知识为基础的复杂、综合的过程。在这个过程中，创新要经历：①洞察阶段；②准备阶段；③酝酿阶段；④明朗阶段；⑤验证阶段以及实施阶段。在创造思维过程的各个阶段，并不只是发挥右脑的功能。研究证明，在创新的过程中，左右脑是交替使用的[2]，如表3-2所示，即一边大脑起主要作用，另一边大脑也会起辅助作用。

表 3-2　创新过程各个阶段大脑的主要活动区域

创新过程	大脑主要活跃区
1. 洞察阶段	右脑
2. 准备阶段	左脑
3. 酝酿阶段	右脑加左脑
4. 明朗阶段	右脑
5. 验证阶段以及实施阶段	左脑

如今，全脑人（Whole-brain Person）理论或集成大脑（Integrated Brain）理论越来越受到人们的重视。全脑人理论提倡平衡地开发左右脑，并让两边大脑协调工作。有研究公布了对大约3000人的脑电图的测试结果，证明左右脑平衡并且协调的人成功概率较大。因此，在创新教育过程中，不可以片面强调右脑对创新的作用，而是要清楚地阐明右脑对创新的哪些阶段或哪些活动起作用。更重要的是，必须全面地讲解整个大脑对创新的作用以及左右脑平衡的重要性。至于对开发大脑的游戏、运动、体操等的运用，也必须事先对学员的用脑习惯或倾向进行测试，然后再决定应该开发哪一侧的半脑以达到平衡的目的。

3.3.3 批判思维和创造思维

创造思维和批判思维（Critical Thinking）这两个理论有很多相同点。二者都要对思维或者决策的过程进行评估，都要求具备基本的知识和实践，都要求对现有水平加以改进和提升，都会受到外界资源（例如环境、不同的体系、家庭等）的影响[10]。

创造思维和批判思维有相同的目的，两者经常被误解为是同一种理论，被认为都可以用于创新创业。实际上，创造思维和批判思维有很大的不同。

创造思维更强调灵活性、原创性、流畅性、联想思维、隐喻思维等。创造思维的目的是刺激好奇心，拓宽维度，促进发散性思考。创造思维的过程是新想法诞生的过程，这个过程一般跨越不同的学科，打破已经建立的具有象征意义的规则或过程。其通常包括的行为活动有准备、酝酿、洞悉、评估、阐述还有沟通。

批判思维是在逻辑和理性思维的高阶认知活动中产生的一系列技能，用于问题的识别、分析、判断和解决。批判思维包含的技能有对比、分类、排序、因果、图形化、网状化、类比、演绎归纳推理、预测、计划、假设、评判等。批判思维的过程依附于个体的思想开放性以及认知的成熟程度。批判思维是活跃、持久、稳固的，是对知识进行细致、谨慎的思考后言简意赅的总结，是有支撑的论断所下的结论。批判思维包含分析和衡量其自身以及别人的意见和观点。

由此可见，批判思维和创造思维是两种相反的思维方式。二者的区别如表3-3所示。

表3-3　批判思维和创造思维的区别

批判思维	创造思维
分析的	有生产力的
收敛的	分散的
垂直的	横向的
事件发生的客观概率	事件发生的主观可能性
聚焦	扩散
客观的	主观的
答案（不唯一）	答案（唯一）
左脑思维	右脑思维
口头的	视觉的
线性的	发散的
推理的	联想的
理性的	直觉的
肯定，可是（表示转折）	是，还有（补充递进）

在当今创造力和创新能力的研究和教学过程中，非常明显地强调创造思维、发散思维和右脑思维，似乎这些就是创造力的主要特征。本教材特别强调，创造思维离不开批判思维，右脑思维离不开左脑思维，发散思维离也不开收敛思维，二者的融合才能构成创造思维的完整过程，缺少任何一个因素都容易走向极端。

3.3.4 想象力

想象力是人们在头脑中创造一个念头或画面的能力。在过去，人类就意识到想象力的重要性。哲学家亚里士多德说过："想象力是发明、发现和其他创造活动的源泉。"创造学之父奥斯本也肯定了想象力的作用，他说："想象力是人类能力的试金石，人类靠想象力征服世界。"爱因斯坦也说过："想象力比知识更重要。"

美国教育哲学家格里尼（Greene）在她的著作《释放想象力》中强调培养想象力是教育的一个重要工作。她主张学校应让学生多接触艺术以开启想象力，从而对自我、人性、社会问题有更多的察觉，并努力去改进。格里尼认为，想象力是一种将某事物视为可能是其他事物的能力，即一种发展新的观看方式的能力。她强调想象力在教学中发挥的作用，以及当前学校的重心应该是打破旧的量化思维模式，以开启新的可能性[11]。想象力即为打破僵化模式与狭隘生活途径的一种方法，具有新奇、跨越界限，以及在杂乱无序的事物当中，找到不同以往的新秩序的力量。通过想象力的运作，有助于让人们跨越常识或制度，并在经验中发掘新的秩序。当人们发挥想象力的时候，就很有可能改变认识事物和感知生命的角度。

企业家能够成就一番事业，除了具有创造思维之外，与他们的想象力也是紧密关联的。如同创造力一样，想象力是能够通过后天开拓、训练得以提升的一种技能。

费利恩（Filion）在其《企业家教学的十个步骤》一文中的第二步强调了想象能力的培养。他鼓励学生去了解发明家和企业家，培养其自身的想象力。人们的创造力和想象力是需要通过训练获得的，作为一个教育者本身而言，必须把自身沉浸在创造力的文化中[9]。具体方法可以是阅读，或结识一些具有创造力的群体，例如作家、画家、发明家、企业家等。在讲授企业家精神的课程中，一些教师会在课堂上分享自己的经历。此外，还有一些学校会邀请企业家到学校分享具体的话题。现代日常生活中对想象力的需求日益增长。学校不会期望每一位毕业生都成为伟大的发明家，然而，每一个人在现代社会之中，就算是取得最微小的成功，也需要发挥想象力。因此，现今的教育系统需要给学生提出更多分析型问题。事实上，作为企业家课程的教学应该更加注重培养想象力和创造力两个方面的平衡。

想象力和创造力必须应用到商业环境中才有生命力。否则，想象力就会成为白日做梦和漫无目的的思维旅行。

3.3.5 联想思维

从一个事物跳跃地联想到另一个事物以及想象那些并不存在的事物是每个人都具有的潜在能力。然而，随着个人知识水平和经验的增长，人们往往会忽视联想和想象所带来意想不到的可能性。

人们身边不起眼的曲别针、便利贴、滚珠式水笔到笔记本电脑、移动通信设备等，都曾经是了不起的发明。人们可能需要经过无数次的联想和想象，才最终形成了这样一个个新颖、实用的创意解决方案。

尽管有人认为联想思维和想象思维不可捉摸，可能很多时候我们自己都很难弄清楚我们的创意是怎么产生的，是什么时候产生的，但一些基于心理学的研究能够通过扫描大脑的神经网络，将人思考的瞬间记录下来，并测量找到问题答案过程中神经元的兴奋程度。这就能够让人们了解到，联想和想象本身并不是横空出世的魔术戏法，而是在已有的思想之间建立起来的新联系。

在整个创意过程中，联想和想象的作用十分重要，能够帮助人们更好地理解问题的实质，更接近于有待建立联系的问题解决方案。当重要的新发现突然出现，联想和想象思维能够帮助人们很快地在原有知识经验和有待改进发明的事物之间建立有效联系。然而，联想和想象思维的充分运用绝非创意过程的终点，仍需要花费很多时间和精力，来对初步设想和设计方案进行改进和优化。

案例 3-2：纸巾与新型清洁工具

宝洁公司的一个设计团队正在试图解决一个关于新型清洁工具的问题。有一天，团队中的成员恰好观察到一个老太太在清洁地板上的咖啡污渍。只见她手拿扫把先仔细地清扫地板，并把垃圾扫到簸箕里，在清扫完地板之后，她弄湿了一块纸巾，并用它擦拭洒在地毯上的咖啡污渍。尽管这个设计团队的每个人以前都做过无数次同样的事情，但这块脏纸巾却给他们带来了意想不到的创意。他们想到利用一根细长的塑料杆连着一个矩形的尼龙搭扣，尼龙搭扣用来固定一次性的静电纸巾，这款产品还被设计了可以喷水的功能。这样，人们在清洁地板之前，可以先用温和型的洗涤液把地板弄湿，再进行清洁。

联想思维就是根据当前感知到的事物、概念或现象，想到与之相关的事物、概念或想象的一种思考活动。更具体地说，联想就是根据输入的信息，在大脑的记忆库中搜寻与之相关的信息，或者利用大脑记忆库中的一些信息，形成与之相关的新信息的过程。搜寻的结果主要是再现，但形成的新信息则是创造。

人们运用联想思维可以很快地从记忆里搜寻出需要的信息，构成一条链，通过事物的接近、对比、同化等条件，把许多事物联系起来思考，开阔思路，加深对事物之间联系的认识，并由此形成创意和方案。在创新过程中，运用概念的语义、属性的衍生、意义的相似性来激发创意思考的方法，是打开沉睡在头脑深处记忆的最简便和最适宜的钥匙。

有一种说法："如果大风刮起来，木桶店就会赚钱。"这两者是怎么联系起来的呢？原来，它经历了下面的思考过程：当大风吹起来的时候，砂石就会满天飞舞，这会导致视力障碍的人增加；从而盲人琵琶乐师会增多，越来越多的人会以猫的毛来制作琵琶弦，因而猫会减少，结果老鼠的数量就会大大增加；由于老鼠会咬破木桶，所以木桶店就会赚钱了。虽然这看起来像一个笑话，但其中蕴含了不同事物之间的必然联系，这也就给人们的强制联想的发挥创造了空间。

不仅事物之间存在联系的可能性，不同的词语和概念之间也可以通过强制联想建立起联系。例如，前苏联心理学家哥洛万认为，任何两个概念（词语）都可以经过四五个阶段建立起相关联想的联系。

例如，"木质"和"皮球"是两个差距很远的概念。但是，只要经过四步中间联想（每个联想都是很自然的），就可以从"木质"联想到"皮球"。其过程是：木质—树林，树林—田野，田野—足球场，足球场—皮球。

又如，"天空"和"茶"的联想：天空—土地，土地—水，水—喝，喝—茶。多做这样的练习，就可以提高相关联想的能力。

找到事物的相似点，往往就能够把不同的事物组合起来。相似联想的运用，通常使整个事物具有了新的性质和功能，也会给人们带来耳目一新的感觉。例如，把爆破与治疗肾结石联想到一起，可谓是一个伟大的创举。目前的定向爆破技术能将一幢高层建筑炸成粉末，同时又不影响旁边的其他建筑物。医学家由此联想到医治病人的肾结石。他们经过精确的计算，让炸药的分量小到恰好能炸碎病人肾脏里的结石，而又不影响病人的肾脏本身。这种在医学上被称为微爆破技术的治疗手段，帮助众多肾结石病人消除了病痛。

案例 3-3：雨衣的发明

苏格兰有一家用橡胶生产橡皮擦的工厂。一天，一个名叫马辛托斯的工人端起一大盆橡胶汁往模型里倒，一不小心，脚被绊了一下，橡胶汁淌了出来，浇到了马辛托斯的衣服上。下班后，马辛托斯穿着这件被橡胶汁涂满了一大块的衣服回家，正巧路上遇到了大雨。回家换衣服时，马辛托斯惊奇地发现，衣服上被橡胶汁浇过的地方，竟没有渗入半点雨水。善于联想的马辛托斯立即想到，如果把衣服全部浇上橡胶汁，那不就变成了一件防雨衣吗？雨衣也就应运而生了。

案例 3–4：新式刀具

一个公司职员对刀特别感兴趣，他一直想发明一种价格低廉而又能保持锋利的刀具。他的设想非常好，但要想把它变成现实却并不容易，每次用刀时他都在认真琢磨这件事。

有一次，他看到有人用玻璃片刮木板上的油漆，当玻璃片刮钝以后就敲断一节，然后又用新的玻璃片接着刮。这使他联想到刀刃：如果刀刃钝了不去打磨，而是把钝的部分折断丢掉，接着用新刀刃，刀具就能保持锋利。于是，他设计在薄薄的长刀片上留下刻痕，刀刃用钝了就照刻痕折下一段丢掉，这样便又有了新的锋利的刀刃。这位职员从用玻璃片刮木板联想到刀刃，从而发明了前所未有的可连续使用的刀具，后来他创立了一家专门生产这种新式刀具的工厂，走上了成功之路。

思 考 题

1. 请运用强制联想，通过3～5个中介词语将以下词语联系起来。

飞鸟_____ _____ _____ _____ _____烟囱

足球_____ _____ _____ _____ _____讲台

黑板_____ _____ _____ _____ _____原子弹

2. 如果你有一个衣架、一个挂衣钩和一个又细又长的夹子，现在需要利用上述三个物品其中的一个，把三枚硬币从一个窄口深玻璃杯中取出，你会选择哪个作为工具?

3.4 创造性思考方法

3.4.1 设问型创意思考方法

创新源于实践，始于问题。设问型创意思考方法简称设问法，主要是围绕现有的事物，以书面或口头形式提出各种问题。通过提问，发现现有事物存在的问题与不足，从而找到需要革新的方面，产生新的创意。具体地讲，就是通过有序地提出一些问题，使问题具体化，缩小需要探索和创新的范围，启发灵感，从而产生创意方案。运用设问法，就如同开出一张提问的清单，通过各种提问寻找解决问题的途径。

创意思考过程是一个不断提出问题并寻求新创意的过程。在具体过程中，提出问题的深度在一定程度上决定了创意的新颖程度，所提问题涉及的不同领域引导着创新者的思路，提出问题的方式又决定了创新者想象力的发挥程度。在人们工作、学习的过程中，如果说兴趣是最好的老师，那么问题则称得上是最好的服务者。设问法正是紧紧抓住了这一点，以提问的形式来启发创新思路。

爱因斯坦曾经说过：“提出一个问题往往比解决一个问题更重要……而提出新的问题、新的可能性，从新的角度去看旧的问题，都需要有创造性的想象力。”“问题”正是创造的起点和源泉，是激发思想火花的导火线。对一个问题刨根问底，有可能发现新的知识和疑问。所以，从根本上来说，要进行创意思考，首先要学会设问，也要善于设问。

最典型的设问法是奥斯本检核表法，由美国发明家奥斯本于1939年提出。它开始只是作为智力激励法的辅助工具，供会议主持人引导发言用。后来，人们在创造发明的实践中发现，检核表方法不仅能够作为怎样提问的示范，而且还能启发和产生大量的创造性设想，从而演变为一种创造技法。

奥斯本检核表主要是从九个方面设问入手，主要包括能否他用、能否借用、能否扩大、能否缩小、能否改变、能否替代、能否调整、能否颠倒以及能否组合。其基本内容如表3-4所示。

表 3-4　奥斯本检核表

序号	检核类别	检核内容
1	能否他用	有无其他用途？有无其他使用方式？
2	能否借用	有无类似的物品？可否模仿？能否超越？
3	能否扩大	可否扩大？可否增加什么？可否加倍？可否放大？
4	能否缩小	可否减少些什么？可否微型化、缩短、变窄、减轻等？
5	能否改变	可否改变功能、颜色、形状、运动、气味、声音等？
6	能否替代	可否代替？用什么代替？有没有其他的排列、成分、材料、过程、能源、音响、颜色、照明等？

（续）

序号	检核类别	检核内容
7	能否调整	可否变换？有无互换的成分？可否变换模式、布置顺序、操作工序、因果关系、速度或频率、工作规范等
8	能否颠倒	可否颠倒？可否颠倒正反、头尾、上下、位置、作用等
9	能否组合	可否重新组合？可否混合、合成、配合、协调、配套？可否把物体组合、目的组合、特性组合、观念组合等

奥斯本检核表的实质就是从这九个方面进行设问，每一类问题又可以看作是对发散思维的运用，在大量问题的启发下，可以促使人们产生更多的新设想，为产生更好的创造性设想提供更多的可能。下面是一个应用奥斯本检核表对3D打印机提出新设想的案例，如表3-5所示。

表3-5　3D打印机的创新检核表

序号	检核类别	新设想名称	新设想概述
1	能否他用	定制面膜	根据使用者的脸型打印全贴合面膜
2	能否借用	3D食品打印机	将打印机机头加热，直接处理分子料理
3	能否扩大	飞机打印	在空中直接打印，节省地面空间
4	能否缩小	便携式3D打印	缩小打印机机体，与手机连接，实现手机直接打印
5	能否改变	3D复印机	将已有产品直接复制
6	能否替代	液体蛋白质打印机	用液体蛋白质代替塑料进行打印
7	能否调整	扫描打印机	直接通过打印机自带镜头输入物体，经过参数分析，扫描后直接打印
8	能否颠倒	3D分解机	消化自身已打印产品材料，供下次使用
9	能否组合	组合式打印机	原件模块化，根据打印产品的大小改变打印机大小

3.4.2 列举型创意思考方法

当提出问题后，就要试着提出解决方案，但是方案的提出并不是随意的，而需要借助相应的策略促使方案更加完善。在这一阶段，有很多策略可供选择使用，其中使用较多的便是列举型创意思考方法。

列举型创意思考方法简称列举法，是一种借助对具体事物的特定方面（例如特点、优缺点等）从逻辑上进行分析，并将其本质内容全面地一一罗列出来，再针对列出的项目一一提出改进的创意思考方法。

列举法的主要作用是帮助人们克服感知不足，使人们带着一种新奇感将事物的细节统统列举出来；使人们能时时处处思考一个熟悉事物的各种缺陷，以及尽量想到所要达到的具体目的和指标。这样比较容易捕捉到所需要的目标，从而进行发明创造。

在对某一事物进行创新创造时，如果能详细地列举出它的特征或者对其某些特性提出具体的疑问或希望，也就是把总目标尽可能地分解为各个小目标，就可能引发出某些发明创造的灵感，或者至少可以改善某些特性。因此，对创造发明目标属性的列举会使人们更加深入地理解创造发明的目标，从而对产生创造发明的构想起一种引发作用。

列举法简单实用、较为直接，为创造性解决问题提供了方向和思路。列举法主要包括属性列举、缺点列举、希望点列举和综合列举等类型。其中，综合列举是指综合运用属性列举、缺点列举和希望点列举，设计出尽可能多的思路，然后再筛选出最佳方案的创意思考方法。表3-6所示是新型智能手环的创意列举方案。

表 3-6　新型智能手环的创意列举方案

属性 列举法	结构特性	材质特性	外观特性	功能特性
属性列举	液晶显示屏、表环、集成电路电池板	塑料材质、金属硅芯片、锂电池、玻璃	环状、圆滑、不耐磨	导航、运动的脉搏和血压等记录、卡路里消耗记录、听音乐、上网、分享动态等
缺点列举	液晶显示屏小、电池不耐用、内存过小、CPU易发热	玻璃易碎、塑料不耐磨、金属增加重量	外观不够时尚、样式单调、不方便	人体测量不准确、定位不准确、音质差、上网速度慢

（续）

列举法 \ 属性	结构特性	材质特性	外观特性	功能特性
希望点列举	增大液晶显示屏、增大电池容量、处理好散热问题、增大内存	多使用合成材料使其变轻、增加耐磨和防滑材料的使用	造型多样、涉及多种外观和大小、便于操作使用	人体测量更为准确、改善硬件、给广大的用户带来更好的上网和音乐体验
综合列举方案	①运动智能手环；②音乐智能手环；③减肥智能手环；④购物智能手环；⑤多卡合一智能手环			

列举法的目的不在于一般性列举，而在于从所列举的项目中挖掘出发明创造的主题和启发出创造性的设想。例如缺点列举，不像人们一般所想象的那样：“就是把缺点列举出来，加以改进。”其实，有时发扬缺点反倒会产生奇迹般的创造。除了上述内容以外，列举法还具有如下一些特点：①采用了系统分析的方法，重视需求的分析，使创造过程系统化、程序化；②运用了分解分析的方法，在详尽分析的基础上进行列举；③列举法不仅是创意思考的重要方法之一，而且为创意方案和创造性问题的解决提供了方向和思路。列举法简单实用，是一种较为直接的创意思考方法，特别适用于新产品开发、旧产品改造的创造性过程。

案例 3–5：新型狮王牙刷的发明

日本狮王牙刷公司的职员加藤信三某天一大清早就起床，感觉睡眠不足、头晕目眩。但是，为了赶上班，他闭着眼睛匆匆忙忙地洗脸、刷牙，可是一刷牙，牙龈就出血，令他感到万分不快。发明和创意，往往是伴随着不满或愤怒而来的。他想了许多种解决牙龈出血的方法：牙刷改为较柔软的毛；多用一些牙膏；慢慢刷牙……可是，这些方法仍不管用。后来，加藤信三又想，是不是因为牙刷毛的顶端像针一样尖，所以才导致牙龈出血。他用放大镜认真观察了一番，发现与他的估计居然相反：毛的顶端是四角形的。他想，如果把毛的顶端磨成圆形，那么用起来就不会再出血了吧。他把自己的不满意变成一项相当有价值的创意，试验结果相当理想。于是，他把新创意向公司提出来，公司欣然采用。改善后的狮王牌牙刷销路极佳，经久不衰。

案例 3-6：香草冰淇淋过敏的通用汽车

美国通用汽车公司的庞帝雅克（Pontiac）部门曾收到一封用户抱怨信。用户发现当他去购买香草冰淇淋时，他从店里出来后车子就发动不起来，但如果他买其他口味的冰淇凌就没有问题。公司仔细研究之后发现，问题出在汽车发动机的那个小小的散热装置上。原来，因为香草冰淇淋销量最好，被放在柜台前端，购买时间短，发动机没有足够的时间散热，在密闭管路中油跟油之间会出现一段气体，阻塞了油路，人们通常把它叫作“气阻”，发动机所吸收的燃料就会断断续续，从而不能正常发动，汽车当然就是香草冰淇淋“过敏”了。对此，设计部门迅速进行了技术改进，弥补了散热装置的缺陷，解决了气阻现象。不久，随时能重新发动发动机的散热装置应运而生。

思考题

1. 用奥斯本检核表策略对智能可穿戴设备进行创意提案。
2. 用综合列举法对平板电脑设计进行创意提案。

3.4.3 头脑风暴法

所谓头脑风暴（Brainstorming），最早是精神病理学上的术语，是指精神病患者的一种胡思乱想的思维状态。创造学中将其转化为无限制的自由联想和讨论，目的在于产生新观念或激发创意思考。头脑风暴法又称智力激励法、畅谈法、集思法等。

早在古希腊时期，哲学家、思想家苏格拉底就非常重视集体对话的作用，他经常通过集体思考来获得自己个人难以接近的思想认识。头脑风暴法是由美国创造学家亚历克斯·奥斯本于1939年首次提出、1953年正式发表的一种激发创意思考的方法。在群体决策中，由于群体成员的心理相互影响，易于屈服权威和大多数人意见，因而会形成所谓的“群体思维”。群体思维削弱了群体的批判精神和创造力，损害了决策的质量。奥斯本认为，人类在长期解决问题的过程中总企图走捷径，遇到问题时习惯于本能地过早进行评判。但这种评判的依据又是什么呢？它经常是依据以前经验而形成的定式，所以评判的结果总是指向与原先行为相同的思路和方式，这样就无法突破定式，无法创造性地解决问题。因此，在创造发明过程中，要控制这种评判，采用群体对话的方式集思广益。这种集体对话的基本原则是“自由阐述”“不争论”“不打断”和“仔细倾听”。

由于头脑风暴法没有拘束，人们能够更自由地思考，从而产生了很多新观点和解决问题的方法。当参加者有了新观点和想法时，他们就大声提出来，也可以在他人提出的观点之上建立新观点。所有观点被记录下来，但暂时不进行评判。只有当头脑风暴会议结束的时候，才对这些观点和想法进行评估。头脑风暴法在具体使用时，应遵循延迟评判和以量求质的原则。

延迟评判就是在群体成员提出想法时，其他任何人不得对发言者的观点进行质疑，不得批判和反驳，直到会议结束再对各种方案进行评价和筛选。这是为了保证发言者能够畅所欲言，提出更多的设想，以防被评价后不敢继续发表自己的观点。

以量求质是指在头脑风暴中首先要保证提出足够多的方案，这样才能增加选出优质方案的可能性。

头脑风暴应用策略的具体实施步骤如下：

（1）明确议题阶段。头脑风暴策略的应用是围绕中心议题展开的，所以在会议召开之前，首要做的就是明确会议主要解决的问题是什么，选题要清晰明确、可操作性强。

（2）准备阶段。根据议题确定参会人员，明确会议分工；通知会议参加者时间、地点及任务；提前布置好会议环境。

（3）热身阶段。这一阶段的主要目的是营造比较宽松的氛围，在会议正式开始前，寻找一些有趣的话题活跃现场气氛，使会议参加者能更快、更好地参与到讨论中来。

（4）自由发言阶段。这是头脑风暴策略应用的主要阶段，主持人宣读议题和规则后，引导大家进入讨论，参加者自由发挥、互相启发、畅所欲言，记录员做好详细记录。

（5）筛选阶段。会议结束后，对会议记录进行整理，再交由专家组筛选，经过多次反复比较、优中择优，确定最佳方案。

头脑风暴会议的目标是获得尽可能多的设想，追求创意数量的积累是它的首要任务。参加会议的每个人都要抓紧时间多思考，尽可能多地提出设想。至于设想的质量如何，可留到会后的设想处理阶段再解决。在这个过程中，与会者相互启发、相互影响、取长补短，更容易形成创意的“思维共振”。

尽可能提供一个有助于把注意力高度集中于所讨论问题的环境，鼓励参与者对他人已经提出的设想进行补充、改进和综合，发展出新的设想，形成一系列创意设想的连锁反应。

不过，头脑风暴法在创意提案阶段的实施过程中仍有一些需要注意的地方。切忌让头脑风暴会议演变为漫无目的、没有计划、任意发挥的讨论。在这种情况下，就可能出现想法越来越多，但目标却越来越不明确；创意数量越来越多，但越来越偏离头脑风暴会议初衷的情况。只有在有明确的目标和一定导向的前提下，头脑风暴会议才有可能达到预期的效果。此外，头脑风暴会议中的主持人通常只是起到引导会议方向作用的角色，而并非会议中的权威角色或领导角色。如果不明确这一点，就会使原本观点平等的会议出现一家之言的情况。因此，在头脑风暴法的具体实施过程中，需要明确头脑风暴的创意主题方向，有明确的阶段性目标，避免漫无目的和所谓的权威角色的出现。

3.5 方案的评估和选择

创意在产生过程中的一个主要原则是：不分析、不评论、凭直觉。但是，创意也许只是不着边际的想法，还不是产品。一系列创意产生之后，则需要进行初步评估并选择出一个或几个解决方案（Proposals），为产品开发、专利检索、市场调查和产品设计以及系统的创业机会评估做好准备。例如，一个创业团队试图解决男士没有时间理发的问题，经过准备和酝酿，利用创意方法得到以下四个方案：

（1）开发一种简便的家庭式自助理发工具。

（2）提供O2O上门理发服务。

（3）开发街边一条龙理发设备，投币自助服务，类似自助洗衣店的概念。

（4）邻居组织理发互助协会。

应该选择哪个方案呢？这就需要进行初步的方案评估和选择。关于创业方案选择有一句话很有道理：宁可选择三流的创业方案和一流的实施方案，也不选择一流的创业方案和三流的实施方案。这就是说，一个方案能否实施更重要。因此，方案的评估需要更多地考虑可行性。解决方案能够满足创业机会的条件是：必须包含一项独立、完整的用户期待的产品或服务，不仅要考虑产品新颖性，更要考虑技术可行性，而且要有潜在的经济收入。即便是社会公益创业，也应这样考虑。主要包含以下几个要素：

（1）方案与问题的匹配程度（Customer Desirability）。

（2）方案的原创性（Idea Originality）。

（3）方案的技术可行性（Technical Feasibility）。

（4）方案的商业可行性（Business Viability）。

用DOFV（Desirability，Originality，Feasibility，Viability）方案评估选择表来帮助团队做初步的评估和选择，如表3-7所示。将每个方案带入方案评估选择表中，逐项打分，最终汇总项目的总体评分，对项目进行排序，从而从众多方案中进行选择。

表 3-7 DOFV 方案评估选择表

指标评分 / 评价指标	1	2	3	4	5	6	7	8	9	10
方案与问题的匹配程度（Desirability）	1	2	3	4	5	6	7	8	9	10
方案的原创性（Originality）	1	2	3	4	5	6	7	8	9	10
方案的技术可行性（Feasibility）	1	2	3	4	5	6	7	8	9	10
方案的商业可行性（Viability）	1	2	3	4	5	6	7	8	9	10
总分										

3.6 突破传统思维障碍

3.6.1 常见思维障碍

1. 习惯性思维障碍

人们习惯于沿着前人已经开辟的思维道路和自己习惯的思路去思考问题，这种沿着固定方式去思考问题的现象称为习惯性思维，又称“定式思维”。习惯性思维比较普遍，人们在平时思考问题时几乎都遇到过。在处理与之前相同问题的情况下，习惯性思维能够帮助人们方便、快速地解决问题。但是，人们遇到的问题不可能都与之前的相同或相似，当处理复杂或不同的新问题时，习惯性思维反而会阻碍问题的解决。一旦当新问题的内容和形式突破了旧问题的界限，原有的习惯性思维就无法对这些内容和形式加以有效整合与思考。人类世界以及人的自身都是不断发展的，而且发展速度越快，所迸发出来的新问题以及产生的新事物就越多，这就要求人们不断突破原有的知识界限、思维框架，以创造性思维去适应发展的节奏。在新的世界、新的人生以及新的事物面前，如果固守于固定的思维习惯，那么就如同带上了枷锁，严重阻碍和束缚自身创造思维的发展。

2. 直线型思维障碍

直线型思维是一种直线的、单向的、单维的、缺乏变化的思维方式。这种思维方式有两个基本特点：一是把多元的问题变成一元的，“一条道走到黑”，排除其他道路的可能；二是非此即彼，非对即错，不考虑其他方案的可能性，简单地进行二选一。用直线型思维处理具有非此即彼的答案的问题时，能很快得出正确答案。但是，如果在处理复杂问题时也按部就班地依照直线型思维行事，便无法切中问题要点。直线型思维因过于简单且缺乏可逆性，对复杂问题的前提和可能的结果往往缺乏灵活、全面的考察，用这种直接、草率的方式处理问题，往往会导致没有回旋的余地。

3. 从众型思维障碍

从众型思维是一种个体缺乏自身判断、容易受外界环境影响的思维。在这种思维导向下，个体往往会缺乏怀疑精神和自主判断的能力；受外界影响较大，在决策时，即使外界判断错误，也会迫于外界压力同意错误的判断。例如，“股市的从众心理”就可以看作是一种典型的从众型思维现象。概而言之，人们之所以依照从众型思维行事，一方面是由于在认识论层面上缺乏批判的精神和勇气，另一方面往往是由于怀着节约行事、思考成本甚至是逃避责任的心理。在封闭、僵化并缺乏安全感的社会环境中，比较容易滋生从众型思维。从众型思维的滋生和流行容易造成社会人格的平均化、平庸化趋向。在这种思维的主导下，显然不利于创造思维的发展。

4. 书本式思维障碍

“书读百遍，其义自见。”人们从学习知识的那一天起，似乎就对书本产生了一种崇拜之情，也相应地产生了某些依赖。生活中经常有人这么说：“书上就是这么写的。”这种对书中的内容不假思索与质疑就全盘接受的现象就是书本式思维。相关知识的积淀是发展创造思维，进行创造性活动的基础。在对书本知识进行学习的同时，不仅要接受书本知识理论的指导，更要防止对书本内容的全部无条件接受，要敢于质疑、活学活用。正如古人所言："尽信书不如无书。"在不断发展变化的现实世界中，虽然人们经常碰到与书本中相同的问题，但是由于问题所处的情景、产生问题的前提以及问题所指向的对象发生了变化，问题本身的解答也就发生了变化。如果不考虑已经变化的因素，依然按照书本式思维去求索问题，可能会走很多弯路甚至是错路。

5. 权威型思维障碍

在日常生活、学习与工作中，很多人会把自己的长辈、老师、领导、专家或名人等当作权威人物，并以他们的观点与思想作为自己为人处世、学习与工作的信条。权威人物具有自身优越性，一般情况下他们确实拥有比其他人更多的成功经验与声望，对相关问题也更具发言权，更能够使他人信服。但是，权威人物的观点与思想并不一定完全正确，也并不一定适合每一个人。所以，自己要具有足够的分辨能力，不能将其全部奉为信条。

6. 经验型思维障碍

一般来说，丰富的经验是宝贵的，是人们处理问题时的好帮手，但是，如果过分相信与依赖以往的经验，反而不利于问题的解决。在实际解决问题的过程中，并不是像学习中解决一道算术题那么简单，只需要把适合的公式代入即可，还要根据环境、主体、对象以及问题本身的变化来适当地发挥经验型思维的作用。有时，类似的问题解决途径也是不一样的，这就需要在深入考察的基础上确定解决问题的途径。如果缺乏实际考察就盲目运用以往的经验来解决问题，往往会导致错误的结果。

7. 局限型思维障碍

局限型思维是在忽略问题之间、问题环节或要素之间的关联性和整体性的情况下，偏重或局限于个别方面去思考解决问题的思维方式。由于对问题之间普遍联系特征的忽略，局限型思维往往不能敏锐地把握问题的发展，以致在实际解决问题时造成停滞不前或者耽误时机的后果。在现实层面上，由于每个人的知识经验背景都有一定的特殊性和既定性，在思考问题时难免有相应的局限性，但是，人们应该学会辩证地看待问题，不断锻炼自己从联系和发展的角度去思考问题。

在日常生活中，当人们遇到难题时，总会抓住甚至反复纠结于那些羁绊自己的环节不放，试图突破难点，但最后反过来看，当初的很多努力都成了无用功。其实，可以试着换一个角度思考，不只拘泥于这一个部分，或许把它放在整体之中，当其他问题解决时，这一难点也会相应解决或找到解决办法。

8. 循规蹈矩型思维障碍

循规蹈矩型思维安于现状，不愿意进行深入思考，不积极进行创新，是一种惰性思维。如果人们长期受这种思维的影响，就会像被驯化的动物一样，不再主动开动脑筋，而只是机械性地操作。创造性活动是积极进行创新、开拓新知识的活动，而循规蹈矩型思维方式会严重阻碍创造性活动的开展。在思维方式上存在这种惰性的人，很难能获得创造性成果。

9. 太极型思维障碍

太极型思维是指缺乏选择能力、缺乏主见，不知该如何取舍，“模棱两可”的思维方式。具有这种思维特征的个体往往缺乏决断力，在解决问题时没有自己的主见，犹豫不决。在很多情况下，由于不能确定解决问题的方案，很多解决问题的最佳时机就会被错过。人生中有很多机会是来之不易的，所以要勇于面对抉择，敢于付诸行动，切莫在犹豫不决中失去。

3.6.2 突破思维障碍

思维障碍阻碍了人们的创造思维，抑制了人们的创意发展。因此，突破思维障碍是提高创造力、发展创造思维的关键。

创造思维关注从多视角出发来看待问题，是一种开放的、搜索空间很大的思维方式，鼓励人们从多种不同角度研究同一问题，观察同一现象，思考同一对象，从而有许多新发现、新创意。其实，生活中常见的“为了一件事，公说公有理，婆说婆有理，各说各的理，因为各有各的理”就是视角不同引起的。视角可分为过去视角、现在视角和未来视角，肯定视角和否定视角，纵向视角和横向视角，功利视角和道德视角等。

思维视角是指人们思维活动开始时的切入视角。切入的视角不同，会直接影响人们后续采用何种思维方式去思考问题。拓宽思维视角的途径可以简单分为三种：改变思考顺序、改变思考角度以及改变思维方式。

1. 改变思考顺序

一般情况下，人们习惯的思考方向都是正向的。顺应事物发展的方向在很多时候确实可以顺利解决问题，但客观事物的发展是千变万化的，凡事都顺着想未必能真实地反映事物的客观规律，有时一直执着于正向思考，反而找不到有效的解决办法。在这种情况下，可以尝试从相反的方向入手，巧妙地解决问题。

改变思考顺序的实质，就是借助逆向思维改变以往的思维局限。逆向思考是一种辩证思维，有时候会把事物的不利方面向有利的对立面转化，出奇制胜地解决问题。

2. 改变思考角度

看待问题的角度不同，处理问题的方式就会不同，所带来的结果也会不一样。在解决问题时，只有思路开阔，多角度、全方位地思考，才能提出更多解决问题的可能性，在众多设想方案中找出最优方案。发散思维和收敛思维都可以算是多角度解决问题的思维方式，在具体解决问题时，可以综合运用发散思维与收敛思维。

3. 改变思维方式

事物呈现给人们的是一幅普遍联系的景象，万事万物都处在联系与转化的动态过程中。因此，在解决很多问题时，如果能改变思维方式，巧妙转化，会得到许多意想不到的结果。在解决比较困难的问题时，可以将直接问题转化为间接问题，迂回式前进；在解决比较复杂的问题时，可以将复杂转化为简单，渐进式前进；在遇到未曾接触过的问题时，可以将陌生转化为熟悉，轻松解决；即使遇到了看上去不可能解决的问题，也可以将不可能转化为可能，例如“南水北调”就是把“远水解不了近渴”这一不可能性事件转变成了可能。

思 考 题

分析你的思维方式有哪些障碍，怎样超越。

参考文献

［1］M D Mumford. Where Have We Been，Where Are We Going? Taking Stock in Creativity Research［J］. Creativity Research Journal，2003（15）：107-120.

［2］Robert J Sternberg.“Creativity”. Cognitive Psychology［M］. 6th ed. CA: Cengage Learning，2011：479.

［3］Paul Torrance. Verbal Tests. Forms A and B-Figural Tests，Forms A and B［M］. New Jersey: Personnel Press，1974.

［4］James C Kaufman，Ronald A Beghetto.“Beyond Big and Little: The Four C Model of Creativity”［J］. Review of General Psychology，2009，13（1）：1-12.

［5］Graham Wallis. The Art of Thought［M］. NY: Harcourt，Brace，1926.

[6] Robert J Sternberg. The Nature of Creativity [J]. Creativity Research Journal，2006，18（1）：87-98.

[7] J D Couger. Creative Problem Solving and Opportunity Finding [M]. San Franciso: Boyd & Fraser Publishing Company，1995.

[8] J P Guilford. The Nature of Human Intelligence [M]. New York: McGraw-Hill，1967.

[9] L J Filion. Ten Steps to Entrepreneurial Teaching [J]. Journal of Small Business & Entrepreneurship，1994，11（3）：68-78.

[10] J Dacey，K Lennon. Understanding Creativity: The Interplay of Biological，Psychological，and Social Factors [M]. CA: Jossey-Bass，1998.

[11] M Greene. Releasing the Imagination: Essays on Education，the Arts，and Social Change [M]. San Francisco: Jossey-Bass，Inc，1995.

第4章

怎样开发新产品？

产品设计不仅是外表，更重要的是产品的功能如何运作，好不好用。

——史蒂夫·乔布斯

学习目标

1. 发明和创新有什么不同?
2. 新产品开发的流程是什么?
3. 开发新产品之前为什么要做专利检索?
4. 产品开发为什么要做市场调查?
5. 产品设计和工业设计有什么区别?
6. 什么是最简可行产品?
7. 产品有哪些表现形式?
8. 如何保护新产品?

4.1 发明与产品创新

一家企业所提供的产品要想差异化，避免成为“大路货”，就必须要创新。创新已经成为产生竞争优势的源泉。下面首先对发明和产品创新等基本概念进行简要界定。

4.1.1 发明

发明是指一种新产品或新方法首度出现。发明可以分为产品发明和方法发明；而发明亦不限于有形的产品和技术，无形的产品和方法，例如计算机程序、虚拟创作、在线预订等也包括在内，虽然有些无形发明不能注册和申请保护。爱迪生的电灯泡、莱特兄弟的飞机、戴尔的直接交货方式、亚马逊的网上售货都是发明。发明可能是个人研究的产物，也可能是团队合作的结果。

发明在满足人类日益增长的消费需求和挑战极限、超越自我的欲望方面发挥了重要的作用。但是，发明往往关注技术维度，追求技术的可实现性和可行性。这是具有专业技术背景的创业者在创业初期经常容易掉入的“技术陷阱”。他们常常因为掌握某项高端专利技术而满怀信心地踏上创业之路，而现实往往是残酷的，有时他们的技术根本找不到愿意付费的消费者。专利的市场转化率极低，绝大部分专利只是保存在专利库中。

据教育部《中国高校知识产权报告（2010）》统计，中国高校的专利转化率普遍低于5%。2013年年底，时任国家发改委副主任的张晓强在“中国经济年会”上透露，我国的科技成果转化率仅为10%左右。2013年国内发明专利申请量达82.5万件，但同年的授权量仅为20.8万多件，只占申请量的约1/4。国内有效发明专利中，维持年限在5年以下的占55.3%，有效期超过10年的只占5.5%，远低于国外26.1%的占比[6]。

对于理工科背景的学生来说，这可能是一个灾难性的消息。但是，我们并不是质疑和否定发明探索的价值。只是在讨论产品商业化和创业的时候，我们必须认识到产品创新和产品发明的本质区别。按照政治经济学家约瑟夫·熊彼特（Joseph Schumpeter）的说法[1]，发明虽然可能在专利局备案，但是依然停留在纸面上，而创新是一项被实际投入使用的发明。发明与发现也不同。发现是指经过研究、探索等，看到或找到前人没有看到的事物或规律，即使那些事物或规律已在世上存在了几千年，甚至在人类出现以前。典型的代表是科学发现，即发现已经存在的自然规律或者社会规律。

4.1.2 产品创新

约瑟夫·熊彼特将创新定义为把一种新的生产要素和生产条件引入生产体系。它包括五种情况：引入一种新产品；引入一种新的生产方法；开辟一个新的市场；获得原材料或半成品的一种新的供应来源；新的组织形式。创新并不仅仅局限于生产制造过程，其概念包含的范围很广，既涉及技术性变化的产品创新，也包括非技术性变化的组织创新[1]。

本章所指的产品创新，既包括企业提供某种新产品或新服务，也包括企业生产和传输产品或服务的新形式（部分研究将前者定义为产品或服务创新，将后者定义为工艺创新）[2]。我们认为，产品创新是把任何一种新的生产要素或者生产条件引入生产系统，使产品的核心价值、形式或者附加价值发生了改变，为企业创造了新的市场需求的过程。

产品创新可以分为渐进式创新和突破式创新两类。渐进式创新是指基于现有技术、生产能力、现有市场和用户，对现有技术的改进所引起的渐进的、连续的创新[3]。突破性技术创新是指基于突破性技术的创新，使产品、工艺或服务具有前所未有的性能特征，或者具有相似的特征但是性能和成本都有巨大的提高，或者创造出一种新的产品[4]。突破性创新并不是按照企业主流用户的需求进行改进的创新，可能是暂时还不能满足企业主流用户需求的创新[5]。突破性创新是基于工程和科学原理上的突破性技术而产生的创新，此类创新往往导致产品性能主要指标发生跃迁，导致市场规则、竞争态势，甚至整个产业发生变革。尽管突破性创新的最初提出以及后来更多地反映在诸如产品、技术层面，其实质是“采用破坏性方法和力量产生突破性创新和思想的一种方法”。

从创业的角度来看，产品创新是受用户驱动和市场检验的，而不是受发明驱动和专家检验的。产品创新是对用户需求和愿望的综合回应，一款成功的产品需要将技术作为可以被使用、被渴望并且有用的产品或服务，完整地传递给用户。因此，对于试图创业的人来说，面临的挑战不是急于开发某项技术进而带入市场，而是提供更加完整的解决方案以满足用户的需求，提供更能够对社会环境、经济和技术变化及时响应的产品或服务。要达到这个目的，不仅仅需要发明，还需要一个从想法、设计、开发到市场的过程，这就是产品开发过程。

4.1.3 产品开发过程

产品开发有着科学、系统的流程。最早提出的产品开发流程模型是BAH模型，包括七个步骤：新产品策略、创意产生、筛选及评估、商业分析、开发、测试和商业化[7]。本节介绍的产品开发过程不是依据BAH模型构建的企业内部研发新产品的过程，而是适用于初创企业的新产品从无到有的产品原型开发过程，如图4-1所示。

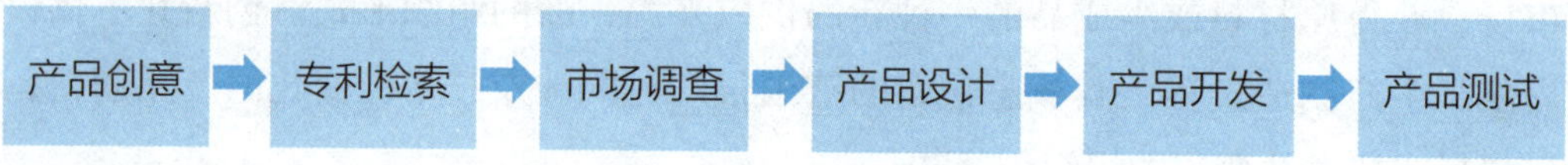

图 4-1　新产品开发过程

研发过程是由多个环节组成的，在初创企业中，这些环节往往是交叉重叠和循环往复的。在研发初始，首先需提出产品创意（这个创意可能是技术推动而来，也可能是市场拉动或产品驱动而来）；经过专利检索和市场调查，进一步评估产品的创新性和市场的适应性；依据专利检索和市场调查的结果对产品创意进行完善，对其功能进行系统的设计；然后，依据设计方案对产品进行开发；最后，对开发出的新产品进行测试。在产品的商业化过程中，生产行为主体将技术成果转化为新产品，并进行批量生产。精益创业则告诫创业者可以采用迭代创新的方法，先设计出最简可行产品（MVP），然后通过不断地试验和学习，以最小的成本和有效的方式验证产品是否符合用户需求，灵活调整方向。如果产品不符合市场需求，最好能“快速地失败，廉价地失败”，而不要“昂贵地失败”；如果产品被用户认可，也应该不断学习，挖掘用户需求，迭代优化产品[8]。

总的来看，产品开发的基本流程是：通过需求分析产生产品创意，对产品创意的创新性和可行性进行检验；然后充分应用创造思维在功能或结构等层面对创意方案进行重新设计；再将方案付诸实践进行新产品开发；最后将开发出的新产品在小范围内进行测试。

在产品开发过程中，并非仅仅经历一次流程就可以实现。由于市场需求变化多端，产品创新是永无止境的。产品研发流程的运行可能往复多次，甚至呈现螺旋状上升状态，每一次或若干次的循环往复都进入技术和管理水平的更高阶段。产品开发过程循环往复，不断实践和重复着这一过程，使产品能更有效地满足消费者的需求。

4.2 产品创意

产品创意（Product Idea）是指企业可以为市场提供的某种可能的商品的想法。对于新产品开发而言，产品创意并未涉及具体的产品设计流程，而是对产品的功能和质量的概念的构想。这种构想是基于解决用户问题的目标而产生的，并且它也是整个新产品开发过程的开始。产品创意来源和产生在前面的第2章和第3章已经进行了充分讲解。本部分主要介绍为了实现这种构想需要做的基础工作，也就是对产品的可行性、创新性和市场接受度进行论证。在技术、财务和运行可行性等方面能够得到验证的创意，才能进入下一步的研发流程——专利检索。在确定了新产品所采用的技术不侵犯知识产权之后，下一步要做的就是市场调查。

4.2.1 可行性分析

在确立了进行何种创新之后，首先要对产品创意的技术可行性进行验证。技术可行性是指论证所确定的概念在技术方面可以实现的过程。在现今很多行业当中，尤其是高科技产业中，对于任何创新项目而言，技术方面的可行性是必不可少的。工程师及技术人员应对创新项目展开研究，并撰写可行性研究报告（简称可研报告）。大部分企业的技术可行性研究报告包含以下部分：

1）材料。

2）劳动力。

3）运输/物流。

4）地理位置。

5）技术内容。

在材料部分，需要列明所需哪些材料，以及从哪里采购。在生产和制造的过程中，劳动力所需的技能及其成本也是一项重要的内容。对于一项突破性创新的产品而言，所需的技术是全新的，因而对技术人员、工程师以及工人而言可能都是极具挑战性的。现有员工能否完成目标任务，或者是否有足够的预算支付聘请高技能员工的工资，都需要在报告中详细论述。在运输或物流方面，原材料的供应链和物流能力是需要重点考虑的，包括原材料是否充足、特殊天气条件下物流能否得到保证、运输成本以及备选物流公司等内容。另外，地理位置是指生产、制造产品的厂房或提供服务的场所。这方面涉及的不仅是租赁或购买场地的成本问题，也涉及原材料和成品的运输或者用户到店体验消费的便捷程度问题。地价过高或者交通不便的场所往往会成为导致创新项目失败的因素之一。最后一部分是技术内容，这也是整个技术可行性研究报告的核心内容，其内容应包含对现有技术的分析、现有技术的改进、其他备选技术以及已选技术的检验操作要求等。此外，对于可能出现的问题或风险（如技术的危险性及其对环境的危害），所选技术也需要有足够的能力去应对和监控。当然，创新项目所需的技术绝对不能超过企业的技术实力，否则，整个创新项目就只能纸上谈兵。

论证技术可行性通常需要对产品或服务建立可运作的模型（Working Model），但该模型不必具有最终成品所具备的完善的功能或特性。通过技术可行性论证，产品或服务是否可运作以及生产、制造方面是否存在障碍便可以得到确认。从某种程度来说，技术可行性研究对日后的产品进化以及产品推向市场的过程都大有裨益。

正规的可行性研究报告还应在开始的部分写明该技术项目的背景、名词（术语）的定义和参考资料；同时，报告的结尾要得出相应的结论。一般而言，可行性研究报告的结论可能有如下几种情况：该技术项目在技术上是可行的；该技术项目欠缺一定的条件（如技术不完备、员工数量或技能不足、设备不符合要求等），待其完善后便可以进行；需要对初始目标进行一定的修改才可行；该技术项目在技术上是不可行的。

当然，在产品创意阶段的可行性研究不用这么复杂，只需要创业者参照上面列出的可行性分析的因素，对照自己的创意能否满足最基本的要求，如果不满足，能否想到办法来解决。在开始设计和开发产品前，应对产品开发的基本条件有所了解，以避免半途发现条件不满足而放弃。当然，随着产品开发过程的循环往复，这个过程也是不断调整和修改的。

4.2.2 专利检索

专利是指经过申请的，并由政府签发的文件，其中涵盖对该发明的描述及其在正常情况下使用应遵守哪些法律。发明是指通过技术手段对特定问题的解决方案。一项发明可能是一个产品，也可能是一个流程。可以申请专利的发明必须具备如下三个特性：新颖性、实用性、非显而易见性。我国专利法规定可以申请保护的专利包含以下三种：

1）发明专利。发明是指对产品、方法或其改进所提出的新的技术方案。

2）实用新型专利。实用新型是指对产品的形状、构造或者其结合所提出的适于实用的新的技术方案。

3）外观设计专利。外观设计是指工业品的外观，包括形状、色彩、图案或三者结合的新设计。

发明专利权的期限是20年，实用新型专利权和外观设计专利权的期限是10年。但有两种情况会导致专利权提前终止：未按照规定缴纳年费或专利人正式声明放弃其专利权。

因为节约成本的关系，在产品开发过程当中，专利检索是必不可少的。通过专利检索，申请人可以得知自己的想法是否已经被实现，从而提高新产品不侵权以及申请新专利成功的可能性。同时，也可以通过专利检索检验产品创意的创新性；借鉴相似或雷同产品的功能，对产品创意方案进行改进和完善。所以，专利检索虽然不是产品开发过程中最重要、最繁杂的一步，但却是必不可少的一步。

专利检索可以通过专利文献的方式来进行，但是由于效率低下，现在很少有人使用这种方式进行检索。软件搜索的效率非常高，但是随着专利数量日益增长，这种方式不能确保时效性。基于网络技术的网上检索能够有效避免以上两种方法的缺点，成为现在进行专利检索最普遍的方式。

1. 国内的专利检索网站

- 中国国家知识产权局网站：http://cpquery.sipo.gov.cn/
  http://www.sipo.gov.cn/zljsfl/
- 中国专利信息网：http://www.patent.com.cn/
- 中国知识产权网：http://www.cnipr.com/
- SooPAT专利搜索：http://www.soopat.com/
- 佰腾专利网：http://www.baiten.cn/

2. 国外较知名的专利检索网站

- 欧洲专利局网站：http://www.epo.org/searching-for-patents/technical/espacenet.html
- Patent Inspiration：http://www.patentinspiration.com/

4.2.3 市场调查

市场调查是从用户那里收集信息或收集到关于用户信息的行为。当创业者面对一个有难度、有风险的抉择的时候，如果他收集到的关于用户的信息能够让他更好地做出决策，那么，他就需要做市场调查[9]。本部分介绍的市场调查主要是对用户对产品创意的认可度、产品的市场趋势和现有市场的产品进行简单的了解。由于处于产品创意阶段，没有成型产品可以让用户进行体验，因此，本阶段的市场调查只是粗略的市场信息的收集和分析。主要的市场信息收集方法有观察法、调查法和二手资料收集法等。

1. 观察法

观察法是调查人员到活动现场或借助一定设备对调查对象进行观察并如实记录的方法。这种方法既可以用来收集用户信息，也可以了解竞争对手。其主要应用包括：①消费环境。在开发新产品前，了解消费环境可以提高产品的适应性。②商品使用情况。使用情况不仅反映用户对商品的态度、消费习惯（用量、次数），而且有助于发现产品的新用途，对于企业改进产品、宣传产品都有帮助。③用户需求和购买习惯。调查人员跟踪和记录用户的购买过程，用户的性别、年龄、观察商品的顺序、停留时间、行进路线等。这有助于企业改进服务，如了解用户的特征、关注点等。

2. 调查法

通过与调查对象进行直接交流来获取信息的方法称为调查法。该方法主要用于了解观念性或概念性的信息。根据交流方式的不同，调查法可以分为访谈调查和问卷调查两大类。

（1）访谈调查。访谈调查是与调查对象进行口头交流来获取信息。这种方法有利于得到更多信息，所得信息便于处理，被拒绝的可能性小，反馈及时。但是，访谈调查需要大量的人员投入，调查费用高，调查范围有限；受调查人员的主观因素影响大，不同调查人员的提问技巧和理解能力存在差异，从而影响回答的客观性。访谈调查主要用于收集需要深入了解的信息，调查对象应该是能提供较多信息的权威人士或有代表性的人物。

（2）问卷调查。问卷调查是通过让被调查者填写问卷的方式来收集信息。这种方法程序简单，对调查人员的要求不高。其主要的优点包括：成本低，调查范围广，方便信息处理。问卷调查的主要缺点是：①回答的真实性相对较差；②拒答率较高。所以，问卷调查适合了解对问题的看法、态度，对已知答案的选择，对问题的简单建议或要求，尤其适合用大量数据进行比较分析的定量研究。

3. 二手资料收集法

二手资料收集法也可以称为现有材料收集法，是调查人员通过购买、搜索、整理等手段收集已有资料的方法。这种方法人员投入少，费用低，速度快，资料完善。例如，每年各个行业的行业协会、政府统计机构和一些职业咨询机构会对特定行业或特定产品发布专业的统计分析报告，报告内容相对系统完善，是十分有效的资料收集途径。另外，也可以通过对互联网上的各种行业数据、新闻报道、行业访谈等信息进行收集和整理，自行分析。这种方法的缺点是所有的资料和数据都不是一手数据，资料数据的准确性无法验证，受统计人员的主观影响较大，无法亲自了解用户的意愿、看法和态度。这种方法适合对行业整体情况、发展前景等宏观信息的研究。

市场调查的目的是帮助企业管理层根据调查结果和当前形势做出正确的发展决策，确定企业的发展方向。初创企业可以单独使用一种市场调查方法，也可以将几种方法结合使用，通过决策来把握企业的方向，通过差异化来打造自身的核心竞争力，进而打造出独特的产品概念，完善产品开发流程。

4.3 产品设计

产品设计（Product Design）并不仅仅是产品外观的设计。确切地说，产品的外观设计应称作工业设计（Industrial Design）。一些人认为，产品要实用，因此，设计产品首先是功能，其次才是形状；而另一些人认为，设计应是丰富多彩的、异想天开的和使人感到有趣的。实际上，产品设计过程是一系列的技术和经济决策过程，需要全面确定整个产品的概念、外观、结构和功能，具有“牵一发而动全身”的重要意义。一项成功的产品设计应满足多方面的要求，包括市场和用户的要求，既有产品功能、质量和效益方面的要求，也有制造工艺的要求。如果一个产品的设计缺乏生产观点，那么生产时就将耗费大量费用来调整和更换设备、物料和劳动力。相反，好的产品设计，不仅表现为功能上的优越性，而且便于制造，生产成本低，从而使产品的综合竞争力得以增强。成功的企业都十分注意产品设计的细节，以便设计出造价低而又具有独特功能的产品。产品设计既要赢得用户的接受，又要为企业带来效益，对企业具有重大的战略意义。

4.3.1 产品概念

人们对产品概念的认识是一个不断发展的过程。人们最早认为产品就是商品本身，对产品的完全物化理解是从用户的角度来认识和理解产品，仅仅反映了用户对产品需求最表面和最初始的形态。营销界广泛认同的是产品三层结构，分为核心产品（使用价值或效用）、有形产品（包括质量、特点、式样、品牌、名称及包装）和附加产品（附加服务或利益）[10]。产品三层次结构是基于生产者在产品价值和利益形成过程中的主体地位构建的，引导生产者和销售者根据用户的需求提供产品和服务。

（1）核心产品是基础。能够满足用户需求的产品才能被用户接受，这样的产品才有价值的。满足用户基本需求的功能应该至少在最低限度上让用户所接受，如果产品的核心价值根本不能满足用户需求，不被用户接受，即使产品的形式和附加的服务再好也于事无补，也是本末倒置。

（2）核心产品不能脱离有形产品而存在，核心产品的改进需要通过有形产品的变化才能实现，而有形产品的某些改变（例如包装、颜色）则不会影响产品核心价值，具有独立性。

（3）附加产品在现代营销中发挥着更大的作用。表面上看，附加产品似乎不是必要的，但实际上，它决定了核心产品受欢迎的程度。它的提高是无止境的，其改进的独立性更大，甚至可以在一定程度上独立于核心产品和有形产品提供给用户。当然，在营销中根据核心产品和有形产品的特点来开发和安排附加产品效果更好。

用户购买产品不仅是购买产品的物质形态，而且是购买该产品所提供的总体价值，必须树立产品的整体概念，以满足用户需求为出发点，塑造准确的“核心产品”、合理的“有形产品”和有效的“附加产品”。只有对三者的关系有清晰而深刻的认识，才能更好地满足用户需求。

4.3.2 产品设计阶段

开发过程的设计环节中，具体的设计方法是多种多样的，但各种设计流程都需要设计团队来完成，如技术人员、专家和工程师等。在流程中，设计团队要根据产品创意来找出解决问题的具体方案，制作产品原型或模型等，最终实现产品制造。然而，设计流程往往不是一次成功的，需要循环往复或者利用迭代的方法不断进行。随着3D打印等新技术的出现，近年来产品设计流程进步飞速。设计流程主要分为以下三步[11]：

1. 分析阶段（Analysis）

（1）项目承接：设计团队承接设计项目并找出问题所在，然后利用自身资源找到最优解决方案。

（2）分析：设计团队进行研究，收集材料，然后从中寻找解决问题的办法。材料包括数据、调查问卷、文章以及其他来源的材料。

2. 概念阶段（Concept）

概念阶段是确定主要解决问题的阶段。之前提出的问题在这个阶段变成了主要解决对象，而设计要求的限制条件就成为新产品开发过程中的边界。

3. 整合阶段（Synthesis）

（1）创意形成：设计团队为解决问题而提出不同的想法和方案，这些想法和方案不能带有任何偏见，并且必须是原创的。

（2）选择：设计团队筛选解决方案，选出可以成功的方案并据此编写产品设计纲要。

（3）实施：该阶段需要制作产品原型，实现上一阶段的设计纲要以及实现产品制造。

（4）评估：这个阶段需要做产品测试，并根据测试结果改善产品。然而，这个阶段并非产品设计的最后一个环节，产品原型也许未能达到预期效果，所以，产品开发过程是不断循环的。

4.3.3 最简可行产品

最简可行产品（Minimum Viable Product，MVP）又称最小化可行产品，是指在产品设计和开发当中只具备最基本功能的产品，而这些最基本的功能又能够为产品及其后续开发提供足够且有效的研究基础[12]。最简可行产品的概念最早由弗兰克·罗宾逊（Frank Robinson）提出，旨在解决产品开发，尤其是产品的初次发布中的问题。在很多产业中，减少产品功能会让开发、测试和生产成本大幅降低，因此，将产品功能简化会让投入和产出的比例更加合理。但是，产品功能过少，自然会导致其日后投向市场的失败；而产品功能过于繁杂，则会导致收益回报率降低，甚至有亏损的风险。所谓的“最简”到底需要简化到什么程度，也是需要开发团队仔细斟酌和把握的。在这里需要指出的是，最简可行产品可以是制作和销售产品的策略，也可以是在创意产生阶段、产品原型阶段、产品演示阶段或产品展示阶段等方面运用的概念。换句话说，与本章后面介绍的产品原型不同，最简可行产品不是用于回答技术难题的，而是用于验证商业假设能否达到盈利目标的。

在产品开发阶段，一个最简可行产品可以让技术人员或工程师用最短的时间、花费最小的精力完成技术突破和成型优化。因此，从这个角度看，最简可行产品似乎让开发阶段变得更加容易，而实际上它要求开发者在其他阶段投入更多的精力。例如，在产品测试阶段，产品原型不仅需要开发者进行内部测试，也需要早期忠实用户进行测试。早期忠实用户（Earlyvangelist）即忠于购买未开发所有功能的产品的用户，并且他们还会向亲友推荐这些产品。有些书中称之为“天使用户”[13]或“早期使用者”。

案例 4-1：公寓里走出的 Airbnb[14]

据估计，世界知名住宿租赁服务网站Airbnb到2020年市值将达到100亿美元。2014年，该公司创造了9亿美元的利润。2007年，在乔·杰比亚（Joe Gebbia）和布莱恩·切斯基（Brian Chesky）刚刚搬到旧金山不久之后，当地正好要召开一个设计师会议，二人便产生了将公寓以较低价格出租给与会人员的想法。二人拍摄了自己的公寓的照片，并将照片放在了网上，不久就找到了愿意入住的房客。房屋内提供充气床垫和自制早餐，而这也正是“Airbnb”这个名字由来，即“AirBed & Breakfast”（气床与早餐）。对于最简可行产品而言，这个例子非常具有代表性。在他们刚刚开始创立这种经营模式的时候，他们仅仅用到了照片和普通的网站，所有的工作都是个人动手完成的。在公司创立的初始阶段，他们将重点放在较高规格的会议上，因为大型会议期间，旧金山的酒店往往非常紧缺。通过最简可行产品，杰比亚和切斯基找到了潜在用户需要的基本服务。

思考题

1. Airbnb所选择的早期忠实用户是哪些人群？是如何做出这一选择的？

2. Airbnb在针对早期忠实用户的需求时，是如何考虑他们最基本的需求以确定产品的基本功能的？

运用最简可行产品这一概念的目的是降低成本和节约资源，因而其核心概念包括两个方面：①最简可行产品只需要最基本的功能，以便将每一分钱的效用发挥到最大；②它是针对早期忠实用户的。

那么，在产品开发阶段应如何确定最基本的功能呢？领英公司（Linkedin）创始人里德·霍夫曼（Reid Hoffman）对初创企业有一个非常有趣的建议：“你从悬崖上跳下来，在跌落的过程中组装飞机[15]。”在确定最基本功能的时候，首先要了解用户最基本的需求，也就是鉴别用户痛点。在此基础上，有针对性地决定开发哪些功能，但同时也要警惕是否有可以进一步精简或剔除的功能。在决定开发哪些功能时，“冒烟测试”（Smoke Test）是一项非常简单的方法[16]。“冒烟测试”常常是一个网页，上面对产品进行描述并要求访问者填写邮箱地址。通过改变产品或特性来进行快速迭代，能够快速地掌握用户的兴趣所在。而在服务方面，“礼宾测试”（Concierge Test）是一项行之有效的方法。通常创业者是向挑选过的用户服务，而且这种服务是高度定制化的，是人工进行的。上述两个例子都是将“最简”做到了极致的方法，大学生在创业的过程中，也可采用如下方法：用户访问（Customer Interviews）、着陆页（Landing Page）、A/B测试（A/B Tests）、广告宣传（Ad Campaigns）、资金募集（Fundraising）、产品解说视频（Explainer Video）、逐件拼装MVP（Piecemeal MVP）、SaaS & PaaS（软件即服务和平台即服务）、博客（Blog）、手动优先MVP（Manual-first MVP，又名Wizard of Oz）、数字化原型（Digital Prototype）、纸质产品原型（Paper Prototype）、单一功能MVP（Single-feature MVP）和预订页（Pre-order Page）等[17]。

在开发最简可行产品的时候，迭代和认知的过程是加速的，所以这个过程中投入的时间和精力其实并不少。这也就是需要减少不必要的功能从而做到“最简”的原因。在验证商业假设的时候，创业者可以考虑多种方法并用的方式来达到目的。对于不同的商业模式和市场，所选的验证方法也有所区别。

4.4 产品开发

4.4.1 产品方案

在多数人的印象当中，产品方案（Proposal）是由很多文字堆砌而成的，所以很难将其与产品开发联系起来。其实，产品方案中对产品性能的描述是应用较为普遍的一种产品开发方式。例如，在一个建造项目中，产品方案能够直观地反映建造过程的输入和最终成品的产出，因而投资者能够很快得出是否值得投资的结论；或者一个创业项目在争取政府支持的时候，专业而又详尽的产品方案能让评估人员有效地鉴别该项目能否达到相应政策的要求。

4.4.2 产品模型

模型（Mockup）是指等比缩放的产品或等体积的结构样例、设备样例。一般情况下，模型的外观、形状和颜色等特性与最终成品是很接近的。与产品原型类似，模型也是为了从用户那里获得反馈的，目的也是对产品设计进行修改。模型的存在不仅仅是为了收集用户对外观的意见，同时也可以发现产品外形是否有缺陷，从而避免影响其使用、操作、放置和搬运等。

相对产品原型而言，模型的制作速度较快，而且成本较低。模型在以下产品中的使用较为广泛：

（1）汽车、飞行器及高速列车。此类行业中的风洞试验分为实物试验和模型试验。为了降低成本及节省时间，开发人员需要利用模型来进行试验。

（2）消费品。此类模型主要用于展示产品外观，并从用户或投资人方面获得他们对外观的修改意见。例如，相机、饮水机以及抽油烟机等。

（3）家居装潢。此类模型主要用于家具市场的展示和楼盘样板间等。

（4）建筑。例如，售楼处的小区模型。

（5）餐饮业。例如，餐厅门口的菜品模型。

（6）系统工程和软件工程。模型与产品原型经常被混淆。在这些领域中，模型是在纸上或者计算机图片中设计的用户界面，而且往往是静态的。

4.4.3 产品原型

产品原型（Prototype）是指早期用来测试一个概念或流程的样品，而制作产品原型是为了之后的生产和制造，或者从中进行认知和迭代，以便对产品设计进行修改和完善[18]。制作产品原型是将产品制造要求清晰化的过程。本书中的产品原型与产品模型（Mockup）不同，后者比最终成品的真实度低，通常与成品的尺寸相同，但不具备操作功能。制作模型使用的材料多种多样，例如塑料和硬纸板。模型展示是让人观察并了解产品的外形、颜色、尺寸甚至质量等的手段，而且这种方式较为廉价。产品原型是产品设计过程中的早期样品，且往往和成品的尺寸相同，内含真实的组件，也具有操作功能[19]。其作用是让设计人员直观地了解产品的运行情况，从而得知各项功能运行正常与否。另一方面，产品原型也在吸引投资方面有着非常重要的作用。

在产品设计过程中，有些失误和不足是难以直接发现的，所以制作产品原型目的之一就是让这些缺点充分暴露出来。但是，这并不意味着设计人员进行一次修改后就能让产品的功能达到设计预期。根据以往的经验，产品原型需要多次制作后才能完成设计过程。随着计算机科学的发展，计算机建模技术越来越成熟，这让一部分实体的产品原型不再那么重要，但顺应这个潮流，数字化的产品原型也出现了。下面分别介绍实体产品原型和数字化原型。

1. 实体产品原型

实体产品原型（Physical Prototype）就是将一个设计概念实现并制作出一个实体的过程。制作实体产品原型的材料可以跟最终成品的材料一样，也可以用较为廉价的相似材料代替。制作产品原型的方法与生产和制造产品的方法类似，这里介绍其中的一种——3D打印。

3D打印又称叠层制造或增材制造（Additive Manufacturing），是通过将材料一层又一层地“打印”并叠加的方式最终制作出一个成品。这种打印机的打印技术是基于激光打印或者更先进的技术来完成的。相比传统的制造技术而言，它具备很多优势。例如，一些较为复杂的结构是传统制造业很难实现的，而运用3D打印可以轻松地实现。另一方面，传统制造业需要将不同的部件组装到一起，这对产品的功能和质量都会有所限制，而3D打印则可以突破组装的限制，因此能降低制造难度。再者，传统制造方式会产生边角料的浪费，但3D打印技术能够精准制造，这也令边角料的问题得到了解决。

针对产品原型而言，3D打印技术能够实现快速成型。早期的3D打印技术用于制造产品模型，而现在3D打印技术更多地被应用于航空航天器、医学以及汽车制造等行业。

2. 数字化原型

数字化原型（Digital Prototype）是指利用3D建模技术将产品的设计转化成数字化的产品原型。数字化原型在设计过程中的一大优势就是它可以允许不同部门、不同职责的设计人员建模，让各方的设计数据实时更新和快速修改，保证了各设计人员之间数据传输的准确性，进而提高了设计的效率。由于存在上述优点，数字化原型的出现让实体产品原型的重要性大大降低，但很多行业中还是将数字化原型作为辅助方式，与实体产品原型共同展示产品的功能。

除了设计的便捷性，数字化原型的另一个优点是能迅速将设计内容可视化。

为了降低成本，实体产品原型的材料与最终成品的外观有时是不一致的，而数字化原型可以做到外观与设计意图保持一致，且无须增加成本。

此外，数字化原型与实体产品原型一样，可以测试产品的性能，但数字化原型的开发时间常常比实体产品原型的制造时间短。因此，数字化原型能够为产品开发的迭代过程节省大量的时间。

目前可以进行数字化原型设计的工具包括Autodesk公司开发的数字原型工具以及UXPin等。Autodesk在2D设计时代是全球最大的工程软件设计公司。进入3D设计时代以后，Autodesk也推出了一些功能较强的3D设计软件。UXPin是一个具备较多功能的网站，其中包括数字化原型的设计，且操作较为方便。

不过，产品原型也有其局限性的一面。例如，由于开发人员的精力投入在开发产品原型上，最终成品的某些功能可能会被忽略。站在用户的角度看，他们很可能认为产品原型已经和最终成品一样，或非常接近最终成品。如果成品的功能跟产品原型有所区别，那么双方之间就有可能产生冲突。站在开发人员的角度看，由于产品原型的开发过程消耗大量时间并且较为艰难，开发人员很可能会因此坚守着眼前的产品原型，即使设计概念存在缺陷也不愿意舍弃。这对于产品开发来说也是很不利的一点。而开发人员如果将产品原型设计得过于复杂，那么开发过程的收益反而有可能小于投入，这样就得不偿失了。快速制造（例如利用最简可行产品这一概念）是产品原型的关键点之一，但上述两种情况都是违背这个原则的。另外，对于初创企业而言，制作产品原型是比较昂贵的[20]。在创业阶段，选择怎样的产品原型，产品原型需达到怎样的复杂程度，这些问题都是需要创业者仔细斟酌的。

4.5 用户体验

用户体验是指用户对产品、系统或服务的使用或预期使用的认识及反应。用户体验包括用户在使用前后及使用中的情感、信念、选择倾向、认识、心理和对产品实体的选择以及行为。影响用户体验的因素有三个，分别为系统性质、用户状态及其经历和使用环境[21]。

4.5.1 产品展示

产品展示是指向用户或投资者详细介绍产品规格、款式和性能等方面的工作。需要指出的是，这里介绍的产品展示是广义的产品展示，是包括服务展示的。产品展示的最终的目的只有一个——吸引潜在用户来购买。产品展示的方式多种多样，一些方法跟最简可行产品和营销不无重合部分。

1. 产品演示

产品演示是在新品发布会、产品展会以及路演等当中运用得最多的一种展示方式。近年来，越来越多的科技产品在新品发布的时候会用多媒体的方式进行演示，其中运用最多的就是PowerPoint和视频。这种演示常常会成为用户对该企业或产品的第一印象。产品演示具有很强的灵活性，当演示对象不同的时候，产品演示的内容可以做出相应的调整，以吸引演示对象。所以，事先了解演示对象的兴趣和喜好是产品演示成功的基础。在进行产品演示的时候，需要特别注意以下几点：①产品演示的目的；②目标受众；③演示导向；④演示人员。

准备产品演示的过程不是一次成型的，而是根据上述几点不断修改的。不仅要在目标受众不同时进行修改，如果演示人员不同，也要在每次演示之前调整内容。在现场进行演示时，一个成功的产品演示是易于理解的、让人印象深刻的以及有感染力的[22]。

所谓的易于理解，是指在演示中要减少或者不去使用较为深奥的行业术语和晦涩的表达方式。由于微博等社交网络的出现，现在人们对长篇大论越来越缺乏耐心。因此，简洁而全面的语言在演示中是最有效的沟通方式。例如，苹果公司在发布iPhone 6时，中文的广告语是“岂止于大”，相应的英文的广告语是“Bigger and bigger”。简短而直白的一句话直接指出了这款新手机的最大优势。这也是苹果公司为了让传媒在新品发布会后准确报道新手机性能的策略之一。由于中文非常精练，有些人认为在描述产品性能的时候，用短短的几十个字就足够了。

另一方面，产品演示要给人留下深刻的印象。如果演示的受众无法记住产品的特性，那么无论演示的水准多么高，都不能算是成功的。在介绍产品功能的时候，字数精简的同时，还要做到条理清晰。心理学家认为，人脑在接收信息时，7条信息和8条信息有着本质区别。一旦信息超过7条，人脑就很难将其整理并记忆。也就是说，当产品具备较多功能的时候，应选取其中最重要或最吸引眼球的功能进行演示，并且尽量保证功能不超过7条。

最后，要理解“理性”展示和“感性”渲染的重要性。在新品发布会或产品展会上，理性的分析对于介绍产品功能是至关重要的。然而，能够打动人也是成功的产品演示必不可少的一部分。产品介绍中往往会使用一些事例来引入某一话题，或者说明一些问题。在叙述这些事例的时候，有必要用感性的方式来进行渲染，让受众感同身受，进而对产品功能产生好感。

2. 产品解说视频

产品解说视频（Explainer Video）是一段很短的动画，其长度一般为1～3分钟，目的是介绍一个项目、企业、网站或产品。现在，产品解说视频基本都是动画形式的，而且可能没有旁白。产品解说视频之所以很短，一方面是因为展示方希望用户能够迅速掌握产品的功能特性，另一方面这也是控制产品展示成本的需要。

产品解说视频最成功的案例之一是Dropbox。Dropbox是全世界最早提供云存储的服务商之一。在Dropbox刚刚推出的时候，当时产品首页只有一个产品解说视频，而且没有其他链接。仅仅凭借着这个视频的成功，Dropbox的用户增加到500万名，同时市值增长到40亿美元。

产品解说视频为什么能起到这么大的作用呢？首先，Dropbox的功能并不复杂，仅仅需要1～2分钟的视频就能解释清楚；其次，产品解说视频是经过精心编排和制作的，因而能够在最短的时间内将大量的信息清晰而简洁地传递给用户；此外，产品解说视频是同步地通过视觉和听觉传递信息的，所以大脑接收的效率较高。根据福布斯于2010年进行的一项调查，59%的执行官认为，在同时提供文字和视频的时候，他们更愿意通过观看视频来获取信息。在制作产品解说视频的时候，有一些原则需要注意：

（1）不应做“网络爆红”式的视频。爆红的视频能在短时间吸引很多人关注，并且在微博等社交网络上被大量转发。但是，转发的人往往并不会关注所介绍的产品，而且视频能否爆红也难以预测。

（2）介绍产品的内容要生动活泼。目前，较为成功的产品解说视频当属Dropbox和Airbnb发布的。它们的共同特点是形式不呆板、内容很简洁。这样的视频更能在短时间内激起用户的兴趣，并让用户快速掌握产品的性能。

（3）视频时间最好不要超过3分钟。过长的视频会让用户疲倦，也让他们无法捕捉到视频的关键；但视频也切忌过短，以免用户认为它是一个产品广告。

（4）视频最后要指引用户的下一步行动。例如，如果希望用户了解产品或企业的详细情况，应注明咨询电话或邮箱地址。

（5）要注重视频质量。质量较高的视频无疑对解说是有利的，而如果视频制作较为粗糙，会令用户对该企业的专业性产生怀疑。

3. 着陆页

着陆页（Landing page）是指点击PPC（Pay Per Click，点击付费广告）或搜索结果链接时出现的网页。着陆页不仅指网站的首页，因为网站的其他页面也有可能成为搜索引擎上的链接。着陆页的目的往往是获得用户的联络信息来完成营销。从这个层面上讲，着陆页是一种营销手段。可是，为了吸引用户来填写联络信息，着陆页上需要对产品的功能做出最简洁而又最吸引人的介绍。所以，着陆页也与产品展示有着紧密联系。

在着陆页的制作技巧当中，很重要的一条就是推广“好处”而非推广“性能”。例如，在云存储服务的着陆页上，如果在页面上写“××云有高达2048GB的存储空间”，那么这就是推广“性能”；如果在页面上写“××云可存储约500部高清电影”，那么这就是推广“好处”。这能让那些对技术不熟悉的用户非常直观地了解该产品能够做到什么，所以这种理念对产品展示有着非常正面的作用。制作着陆页需要注意如下几点：

（1）网页设计要简洁。在产品展示中，强调最多的一个词就是“简洁”，过于复杂的网页内容会让用户失去耐心。

（2）正确及合适的展示内容。着陆页绝对不等同于广告，所以着陆页的任务更多的是展示产品，而不需要较多的营销内容。

（3）逐步攻破用户的心理防线。着陆页的最终目的是吸引用户提供他们的个人信息，以便日后使用，所以需要使用一定的技巧，才能让用户心甘情愿地提交电话号码和邮箱地址等个人信息。

（4）明显的注册表单，且注册内容简单。繁杂的注册表单会让用户不耐烦，所以很多着陆页的注册内容只有用户名和邮箱或手机号。

4.5.2 概念体验

概念体验是指对产品或服务的概念进行体验的过程，是没有实物的。产品展示方式中的产品演示、产品解说视频等都是让用户对产品概念进行体验的方式。很多概念体验都是在产品开发过程中进行的，也就是让用户在没有产品实物的前提下就对产品或服务的情况有深入的了解。这种概念体验对用户体验分析非常有帮助，因为可以通过体验反馈来进行产品修改。概念体验需要特别注意以下几个方面：

（1）用户需求。通过概念体验，观察用户对产品的哪些功能较满意，以及需要增加哪些功能。

（2）产品使用便捷性。一些产品展示方式，例如产品解说视频，会直接向用户介绍产品的使用方法，因而能通过用户反馈得知他们认为该产品是否便于使用。

（3）产品长期反馈分析。通过长期对用户反馈的观察，了解市场动向。

现在较多的概念体验是通过网站来实现的，而提高用户体验的方法也比较多，例如，提高网页的美观度和操作的便捷性，简明扼要的标题和产品描述，以及保证网站服务器的稳定等。

相对于实物体验而言，概念体验较为便捷，成本也比较低，而且在有些情况下不受地域和时间的限制。所以，概念体验很适合为企业的研究型分析提供支撑数据。研究型分析是指企业对用户体验所做的总体研究，对用户群特征、用户心理和用户对产品功能的喜爱程度等内容进行系统性分析，最终为实物体验和产品开发提供用户方面的数据。

4.5.3 实物体验

与概念体验不同，实物体验是指用户对产品或服务的模型、产品原型或成品等实物进行使用体验的过程。产品设计的表现如果仅仅用视觉和听觉的方式让用户进行体验，有时无法满足用户对产品的了解，因而实物体验能够使得产品与用户进行直接的沟通，并让企业人员直接了解到用户的情感和心理。实物体验可以在产品开发过程中进行，也可以在产品投向市场的时候进行。实物体验较多地受到时间和地域的限制，它具有如下特征：

（1）情境性。体验效果与体验情境有关，当情境有利时，体验效果也会提升。

（2）差异化。对于同一个产品，体验效果因人而异。

（3）辅助性。体验效果的好坏，可能受辅助手段的影响。

实物体验的基础就是从用户的生活感受和情境当中找到出发点，让用户从自身感受中找到共鸣并认可所体验的产品，通过亲自参与体验过程，产生一些印象深刻的回忆。实物体验的最高境界便是让用户觉得拥有这款商品能够让自己的生活更有意义。所以，实物体验要挖掘用户的心理需求和生活形态，并据此对体验过程加以设计和完善，最终令用户认为该产品能够满足其生活或工作中的需求。此外，如果实物体验所表达的概念是用户不曾接触过的，但经过体验后用户改变了自身看法或行为模式，那么这种体验便引领了一种新的生活方式。因此，实物体验能够打破传统需求的模式，创造新的需求，使整个产品研发达到一个全新的层次。

4.6 知识产权

4.6.1 知识产权的概念

知识产权，其原意为“知识（财产）所有权”或者“智慧（财产）所有权”。知识产权是指公民或法人依据法律规定，对其在科学、技术、文学、艺术等领域从事智力活动创造的知识产品所享有的权利，以及从事生产经营活动的公民和法人依法对其标记所有的权利的总称[23]。知识产权是一种无形财产权，它与房屋等有形财产一样，都受到国家法律的保护。有学者考证，该词最早于17世纪中叶由法国学者卡普佐夫（Capzov）提出，后为比利时著名法学家皮卡第（Picard）所发展。皮卡第将之定义为“一切来自知识活动的权利”。1967年《成立世界知识产权组织公约》签订后，知识产权这一概念得到世界上大多数国家和众多国际组织的承认。1986年《中华人民共和国民法通则》颁布后，开始正式采用“知识产权”的称谓。知识产权的出现为保障智力成果提供了法律保障，调动了从事科学技术研究和文学艺术作品创作的积极性和创造性，有助于智力成果转化为生产力并产生巨大的经济效益和社会效益，促进了人类文明进步。

随着知识产权在世界经济和科技发展中的作用日益凸显，越来越多的国家认识到未来全球竞争的关键就是经济的竞争，经济竞争的实质是科学技术的竞争，而科学技术的竞争归根结底就是知识产权的竞争。因此，许多国家，尤其是发达国家，已把知识产权保护提升到国家大政方针和发展战略的宏观高度，把加强知识产权保护作为其在科技、经济领域夺取和保持国际竞争优势的一项重要战略措施。科技创新需要激发全社会的创新活力，营造创新的社会氛围，而知识产权保护正是为创新撑起了一把保护伞。提高知识产权的保护意识，普及知识产权保护方面的知识，需要学会用法律程序申请知识产权保护。

4.6.2 知识产权的分类

随着新技术、新知识的不断涌现，知识产权的新类别相继出现，现代知识产权的保护范围已从传统的专利、商标、版权扩展到包括计算机软件、集成电路、植物品种、商业秘密、生物技术等在内的多元对象。知识产权保护的国际标准——WTO的《与贸易有关的知识产权协议》（简称TRIPS）中界定知识产权的范围主要包括著作权及其相关权利、商标权、地理标志权、工业品外观设计权、专利权、集成电路布图设计（拓扑图）、对未公开信息的保护权、对许可合同中限制竞争行为的控制[24]。我国的知识产权种类，如表4-1所示。

表 4-1 知识产权种类

种类	内容	保护期限	申请 / 管理部门	法律依据
专利权	依法授予发明创造者或单位对发明创造成果独占、使用、处分的权利。主要包括：发明专利，是指对产品、方法或其改进所提出的新的技术方案；实用新型专利，是指对产品形状及构造等或者将其与其他发明结合，用于解决问题的新的技术方案；外观设计专利，是指工业品的外观，包括形状、色彩、图案或三者结合的新设计	发明专利权的期限为20年；实用新型专利权和外观设计专利权的期限为10年	国家知识产权局	《专利法》
商标权	商标主管机关依法授予商标所有人对其注册商标受国家法律保护的专有权。商标是用以区别商品和服务不同来源的商业性标志，由文字、图形、字母、数字、三维标志、颜色组合、声音或者上述要素的组合构成	10年	国家工商行政管理总局	《商标法》
著作权	也称版权，是公民、法人或非法人单位按照法律享有的对自己文学、艺术、自然科学、工程技术等作品的专有权。主要包括：文字作品；口述作品；音乐、戏剧、曲艺、舞蹈、杂技艺术作品；美术、建筑作品；摄影作品；电影作品和以类似摄制电影的方法创作的作品；工程设计图、产品设计图、地图、示意图等图形作品和模型作品；计算机软件以及法律、行政法规规定的其他作品	作者的署名权、修改权、保护作品完整权的保护期不受限制；发表权、著作财产权的保护期为作者终生及其死亡后50年	国家版权局	《著作权法》
未披露过的信息专有权	未披露过的信息是指不为公众所知悉、能为权利人带来经济利益、具有实用性并经权利人采取保密措施的技术信息和经营信息。在我国通常称之为商业秘密权，即民事主体对属于商业秘密的技术信息或经营信息依法享有的专有权利	无	工商行政管理部门	《反不正当竞争法》

（续）

种类	内容	保护期限	申请/管理部门	法律依据
植物新品种权	植物新品种是指经过人工培育的或者对发现的野生植物加以开发，具备新颖性、特异性、一致性和稳定性并有适当的命名的植物品种。植物新品种权是指完成育种的单位或个人对其授权的品种依法享有的排他使用权	15～20年	国家林业局、农业部	《专利法》
集成电路布图设计权	集成电路布图设计权是一项独立的知识产权，是权利持有人对其布图设计进行复制和商业利用的专有权利	10年	国家知识产权局	《集成电路布图设计保护条例》
商号权	商号权是指商业主体对其注册取得的商业名称依法享有的专有使用权。商号权具有人身权属性，与特定的商业主体的人格与身份密切联系，与主体资格同生同灭，具有精神财产权属性	一般而言，商号权没有明确的时间段，而是由企业的经营年限所决定的	国家工商行政管理总局	《商标法》《企业名称登记管理规定》

目前，还有一部分存在争议的知识产权保护范围，主要有：药品的授予专利与受到特别限制的问题；计算机程序受不受到保护的问题；工程基因产品是否可取得专利的问题；角色销售权保护问题；对计算机软件的保护权应限于制定的密码设计，还是应该扩大计算机程序的“外形和感觉”方面；制止不正当竞争的内容范围等。

4.6.3 知识产权保护

知识产权保护，在政府层次是指政府进行知识产权立法、确权、审查授权、防止侵权和打击侵权等执法的全过程；在企事业层次是指权利人根据相关法律法规防止自己的知识产权被侵权，以及被侵权后采用行政或司法手段进行维权和获取经济补偿等行为。例如，保护专利权，首先要明确专利的权属，其次要对专利申请进行审查和授权，最后是防止侵权和打击侵权[25]。专利申请流程如图4-2所示。

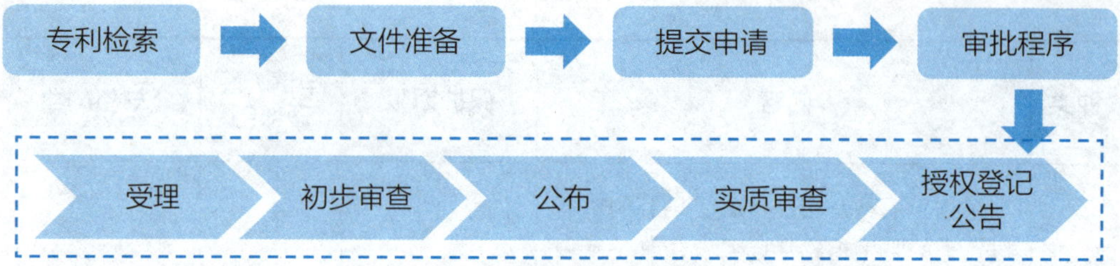

图 4-2　专利申请流程

申请专利前需进行相应的专利检索，确保无雷同的专利，一般专利检索平台可选用中国国家知识产权局专利检索；准备的申请文件应当包括发明专利请求书、说明书（说明书有附图的，应当提交说明书附图）、权利要求书、摘要（必要时应当有摘要附图）；将申请文件直接提交或寄交国家知识产权局专利局受理处，也可以提交或寄交设在地方的国家知识产权局专利局代办处，并按规定缴纳费用；依据专利法，发明专利申请的审批程序包括受理、初步审查、公布、实质审查以及授权五个阶段，实用新型或者外观设计专利申请在审批中不进行公布和实质审查，只有受理、初步审查和授权三个阶段。各种专利的审查时间和保护时间也存在差别：发明专利审查时间为1.5～5年，保护时间为20年（自申请日起）；实用新型专利审查时间为9～11个月，保护时间10年（自申请日起）；外观设计专利审查时间为5～7个月，保护时间10年（自申请日起）。因此，申请日、公开日和授权公告日是专利申请的重点时间节点。目前，国家知识产权局已经开通了中国专利电子申请网（www.cponline.gov.cn），可进行专利电子申请，丰富了专利申请途径。

案例 4-2：NewBalance 和新百伦的 9800 万元侵权案[26]

一个是被誉为“慢跑鞋之王”的美国知名运动鞋品牌NewBalance，一个是主打商务男鞋的广州本土品牌“新百伦”，一场关于名字和声誉的商标权之争近日落下帷幕。2015年4月24日，广州市中级人民法院做出了该院有史以来侵权额度最高的判罚：9800万元。而要付出这笔巨额赔偿的，正是美国NewBalance和它在中国的关联公司——新百伦贸易有限公司。这一次蚂蚁和大象之争，蚂蚁成功逆袭！

周某伦是“百伦”和“新百伦”两个注册商标的专用权人。1996年8月，他获准注册“百伦”品牌；2008年1月，又获准注册“百伦”的联合商标“新百伦”。这两个商标的男式皮鞋，在大型的商场都有销售专柜。2006年，知名美国品牌NewBalance在上海成立新公司，负责运动鞋的中国销售，此后使用“新百伦”作为产品的中文名，网店以“新百伦NewBalance”来标识，专卖店的小票上也写着“感谢您购买新百伦产品”。于是，同一个名字，一个卖皮鞋，另一个却卖运动鞋。NewBalance的这个中文名，不仅让周某伦痛苦不堪，也让他的企业因此陷入了困境。

2011—2012年，有些用户开始询问，新百伦怎么也出皮鞋啊？不是出运动鞋的吗？2012年，周某伦申请淘宝网店，直接被拒绝了，说新百伦已经被申请了，京东商城和天猫也同样被申请了。商标和产品名称的问题严重影响了企业的发展。因此，他向法院提起了侵权诉讼。

4.6.4 知识产权运用

总之，因为知识产权能够帮助确定和保护品牌，对于企业而言，全方位的知识产权保护策略已经成为重要的战略组成部分。创业企业从一开始就要树立知识产权保护的意识。一方面，创业企业要学会利用功能性专利保护技术创新、设计专利保护产品的风格创新，利用版权、商标等保护产品的颜色、包装和整体形象等重要特征，这些知识产权保护的内容共同定义和区别产品的品牌标识；另一方面，创业企业要注意不要侵犯到其他企业或个人的知识产权，一旦掉以轻心，则可能在企业的经营过程中埋下造成灾难性后果的“地雷”。

最后，知识产权归根结底本质是财产，财产只有加以运用，才能产生经济效益和社会价值，知识产权的运用主体是知识产权权利人。运用的内容包括知识产权的实施和经营，如专利技术的产业化、转让、许可使用、抵押贷款等；还包括企业运用知识产权作为竞争工具，构筑专利网，例如有些企业申请专利的目的是阻止他人使用这项技术，或者为了以此作为交换，换取他人的技术等。运用知识产权的模式和方法也随着企业的发展而不断演进和更新。

案例 4-3：IP 赢家，5 年身价暴涨数 10 亿元[27]

2015年《琅琊榜》火了，《芈月传》也火了。很难想象，这两部在2015年红透了中国，又被日本和韩国引进的作品竟出自同一家公司。更让人没有想到的是，这家公司的创始人柯利明，竟然是一个投行出身的“80后”的金融研究生。该公司创立5年，目前估值已达27亿元。

1982年出生的柯利明曾在中国香港一家对冲基金管理公司任职高级分析师。刚刚进入影视行业的柯利明没有资源，没有人脉，也没有钱。作为一个影视剧产业的“三无人员”，柯利明选择了当时最受“80后”喜爱的网络小说进行改编。而那时国内大部分影视剧制片人的版权意识不强，于是，他成立了“儒意图书”公司，专门购买了大量畅销书的版权。柯利明此举算是奠定了后来的基础，如今购买畅销书版权已成行业共识，价格相比几年前翻了近百倍。谁能想到，当时柯利明购买一部热门作品的影视改编权不过5万元而已。

除了《琅琊榜》和《芈月传》外，柯利明还参与了赵薇导演的《致青春》、老男孩导演的《老男孩之猛龙过江》、郭敬明导演的《小时代》系列，与阿里影业联合出品了《三生三世十里桃花》，目前正在筹备与派拉蒙合作3D魔幻片《敢问路在何方》。

案例 4-4：小伙注册“芈月”商标，多人想买[28]

王超是一个文学爱好者，尤其喜欢看小说。2013年，他偶然间读到蒋胜男的《芈月传》这本小说，觉得非常精彩。

“第一次读到‘芈’字感到很生僻，也很特别，当时就觉得这个名字好。没想到小说后来被拍成了电视剧，谁能想到这么火？”

王超说：“我那时特别想开一家蛋糕店或者干果店，觉得‘芈’字读音跟食品相近，‘芈月’二字听起来更像是一种很精致、特别的月饼之类的糕点，就琢磨着以后开一家蛋糕店就用这个名字。”2014年6月，他注册了关于“芈月”的两个品类的商标。

2015年，随着电视剧《芈月传》的热播，王超突然接到来自多地的许多陌生电话，问他卖不卖“芈月”的商标，他这才想起注册商标的事情。一个上海从事食品行业的老板想购买该商标，开出60万元的高价。

思考题

1. 产品创新与产品发明的核心区别是什么？
2. 如何了解新的产品是否满足市场需求？

3. 小易同学获得了漂浮在游泳池中进行污水净化装置的实用新型专利，但是，他不知道如何运用，请你给出建议。

参考文献

[1] 约瑟夫·熊彼特. 熊彼特：经济发展理论［M］. 邹建平，译. 北京：中国画报出版社，2012.

[2] 蒂德，贝赞特. 创新管理——技术变革、市场变革和组织变革的整合［M］. 陈劲，译. 4版. 北京：中国人民大学出版社，2012.

[3] 张创新. 现代管理学概论［M］. 北京：清华大学出版社，2005.

[4] 秦辉，傅梅烂. 渐进性创新与突破性创新：科技型中小企业的选择策略［J］. 软科学，2005（1）：78-80.

[5] 陈劲. 突破性创新及其识别［J］. 科技管理研究，2002（05）：22-28.

[6] 陈汉辞. 中国专利国际化中的“转化率”瓶颈［N/OL］. 第一财经日报，［2014-11-12］. http://www.yicai.com/news/2014/11/4039263.html.

[7] Booz，Allen & Hamilton. New Products Management for the 1980s［M］. New York: Booz，Allen & Hamilton，1982.

[8] 埃里克莱斯. 精益创业初创企业的成长思维［M］. 吴彤，译. 北京：中信出版社，2014.

[9] Edward F. McQuarrie. The Market Research Toolbox: A Concise Guide for Beginners［M］. Fourth edition. Los Angeles: SAGE，2016.

[10] 菲利普·科特勒. 市场营销管理：分析、计划、执行与控制［M］. 9版. 北京：清华大学出版社，1999.

[11] J Koberg，J Bagnell. The Universal Traveler: A Soft Systems Guide to Creativity，Problem-solving and the Process of Reaching Goals［M］. Los Altos: W. Kaufmann，1991.

[12] Eric Ries，Minimum Viable Product: A Guide［M/OL］. ［2009-08-03］. http://www.startuplessonslearned.com/2009/08/minimum-viable-product-guide.html.

[13] 龚炎. 精益创业方法论——初创企业的成长模式［M］. 北京：机械工业出版社，2014.

[14] Andrei Klubnikin. 5 Great Examples of Minimum Viable Product in App Development［EB/OL］. ［2016-02-28］. http://www.business2community.com/mobile-apps/5-great-examples-minimum-viable-product-app-development-

01464934#2DkQKmv2ojmyoGvl.97.

［15］Anonymity. 'Fail fast' Advises LinkedIn Founder and Tech Investor Reid Hoffman［N/OL］.［2011-01-11］. http://www.bbc.com/news/business-12151752.

［16］克莱顿·克里斯坦森. 创新者的窘境［M］. 胡建桥，译. 北京：中信出版社，2015.

［17］Christopher Bank. 15 Ways to Test Your Minimum Viable Product［EB/OL］.［2014-11-12］. http://thenextweb.com/dd/2014/11/12/15-ways-test-minimum-viable-product/#gref.

［18］A H Blackwell，E Manar. UXL Encyclopedia of Science［M］. U·X·L，2015.

［19］Margaret L Loper. Modeling and Simulation in the Systems Engineering Life Cycle: Core Concepts and Accompanying Lectures［M］. Berlin: Springer，2015.

［20］Javed Nehal. Advantages & Disadvantage of Prototyping Process［EB/OL］.［2009-11-24］. http://www.iotap.com/blog/entryid/124/advantages-disadvantage-of-prototyping-process-model.

［21］M Hassenzahl，N Tractinsky. User Experience – a Research Agenda［J］. Behaviour and Information Technology，2006.

［22］Carmine Gallo. The Three Basic Secrets of All Successful Presentations［EB/OL］.［2013-02-22］. http://www.forbes.com/sites/carminegallo/2013/02/22/the-three-basic-secrets-of-all-successful-presentations/#5f75fc102138

［23］甄玉金. 世界贸易组织法律实用词典［M］. 北京：中国商业出版社，2003.

［24］国家知识产权局.与贸易有关的知识产权协议［EB/OL］.［2009-1-13］. http://www.sipo.gov.cn/sipo2008/zcfg/flfg/qt/gjty/200804/t20080403_369216.html.

［25］刘驰. 基于产业集群的知识产权管理研究［D］. 长春：吉林大学出版社，2009.

［26］NewBalance侵权新百伦被判9800万元高额罚款［N/OL］. 人民政协网.［2015-04-30］. http://www.rmzxb.com.cn/c/2015-04-30/492273.shtml.

［27］芈月传背后大赢家：柯利明5年身价暴涨数十亿［N/OL］. 新华网 .［2015-12-04］. http://ent.news.cn/2015-12/04/c_128499051.htm.

［28］小伙注册“芈月”商标有人出价60万购买［N/OL］. 腾讯娱乐.［2015-12-27］. http://ent.qq.com/a/20151227/000602.htm.

第 5 章

你的想法可以创业吗？

抓住时机并快速决策是现代企业成功的关键。

——艾森·哈特

学习目标

1. 你的想法可以创业吗？
2. 有了想法应立刻实践，还是应该不断评估和调整？
3. 创业机会在创业过程中的作用是什么？
4. 如何获取创业机会评估所需信息？
5. 创业机会识别和评价的过程是怎样的？
6. 如何评价创业机会？
7. 创业将会面对哪些潜在的风险？

5.1 创业机会评估：从经验验证到科学方法

当你有了一个创业想法之后，也许会遇到两种截然不同的建议。第一种建议是经验派（实战派）：不管三七二十一，只要直觉是个机会，只要有一份创业的激情，就应该马上付诸实践，不要等，也不要听别人的意见，实践是检验机会的唯一标准。不要害怕失败，失败是光荣的，只有经历过失败，才会取得成功。秉持这种观点的创业导师和创业名人为数还不少。在学校中，受这种观点的鼓励，一部分热血青年就会义无反顾地投入创业活动，甚至盲目地开始创业。加速的创业环境没有时间让年轻人去认真思考。在当前的文化环境下，这种趋势很明显。第二种建议是过去几年在美国逐渐形成，也被教育界慢慢认可和采纳的创业教育的假设、验证和评估的理论和方法，秉承了精益创业的核心理念。这个理念建议创业者把任何想法都当作一个假设，必须用证据（Evidence）来验证。证据来自实践和用户，但是不一定全部是自己亲身创业的实践，有很多科学方法可以收集所需要的实证证据，这就是本章要介绍的机会评估方法。机会评估可以减少低级错误的发生，避免没有必要的损失；机会评估可以不断调整创业的方向，不断完善创业机会的内涵；机会评估可以减少时间和资源的浪费，提高创业的整体效率。越来越多的学者和企业家认识到，虽然创业需要实践和经验，但是创业也是有规律、有方法、有理论指导的，这就是科学创业（Evidence-based Entrepreneurship）的理念，科学的主要特征就是依靠证据来验证假设。评估就是用科学的方法搜集证据、检验假设的过程，这一点对于没有资金积累的年轻学生尤为重要。科学创业理念在知识经济时代和创新创业时代扮演着重要的角色。未来的创业者不仅仅依靠经验，也要依靠理论、知识和科学方法。

5.1.1 机会评估的重要性

创业是一种思考、推理和行动的方法，是一个不断试验、循环往复的过程。它不仅受创业机会的制约，还要求创业者有完善缜密的实施方法和高度平衡的领导艺术。创业机会的识别和评价是整个创业过程中的关键环节，随后才是创业者对创业机会的行动，根据创业机会需求进行资源整合和开发。

创业机会是创业过程的核心，在风起云涌的创业大潮中，越来越多的人认为一个好的产品、好的创意就是一个好的创业机会，应快速地投入创业实践中，殊不知这样有着极大的风险和失败的可能。成功的创业者和投资家都知道，一个好的产品、好的创意并不一定是一个好的创业机会。实际上，以商业计划书或商业提案形式提供给投资者的每100个创意中，只有2～4个成为投资对象。在这些被否定的创意中，有80%在最初的几个小时内就被淘汰了；另外的10%～15%是在投资者仔细阅读过创业计划书之后被否定的。因此，只有不到10%的创意能够吸引投资者的注意，对其进行仔细的阅读和研究，通常要经历几周到几个月，而且获得投资的几乎微乎其微。创业者可能会花大量的时间来寻找创意，而到头来这些创意可能根本毫无价值[1]。因此，无论对投资者还是创业者来说，学会如何快速评估什么样的创意具有真正的商业潜力，以及应该在这个创意上投入多少时间和资源，是尤为重要的一项技能。

5.1.2 机会评估漏斗

创业机会的最初来源是用户的未解决问题（即市场需求），如何从这些问题中筛选出真正具有商业潜力的创业机会，是创业者必备的一项重要技能。创业机会是整个创业过程的起点和核心，因此，对创业机会的识别和评价直接决定了创业过程能否顺利开展以及创业活动的成功与否。换而言之，如果没有筛选出一个具有高市场潜力的创业机会，那么你可以考虑放弃成为一名创业者，或者开始重新寻找创业机会并对其进行评价，直到找到一个可以通过评价的机会，再开始你的创业行动，这一过程被称为持续的回归过程（Persistence Back）。只有创业机会通过了最终评估，再进行商业模式设计和商业计划书的撰写才是有意义的。创业过程本身就是一个反复评价、不断回归的过程，只有这样才可以防止创业者因考虑不周，盲目开展创业活动而导致的失败[2]。创业机会的识别和评价对于整个创业过程的重要性不言而喻。那么，创业机会的识别和评价是否遵循一定的过程，具有一定的方法呢？本书从问题导向出发，依据漏斗理论，将创业机会的识别和评估过程分为四个不同的阶段，如图5-1所示。

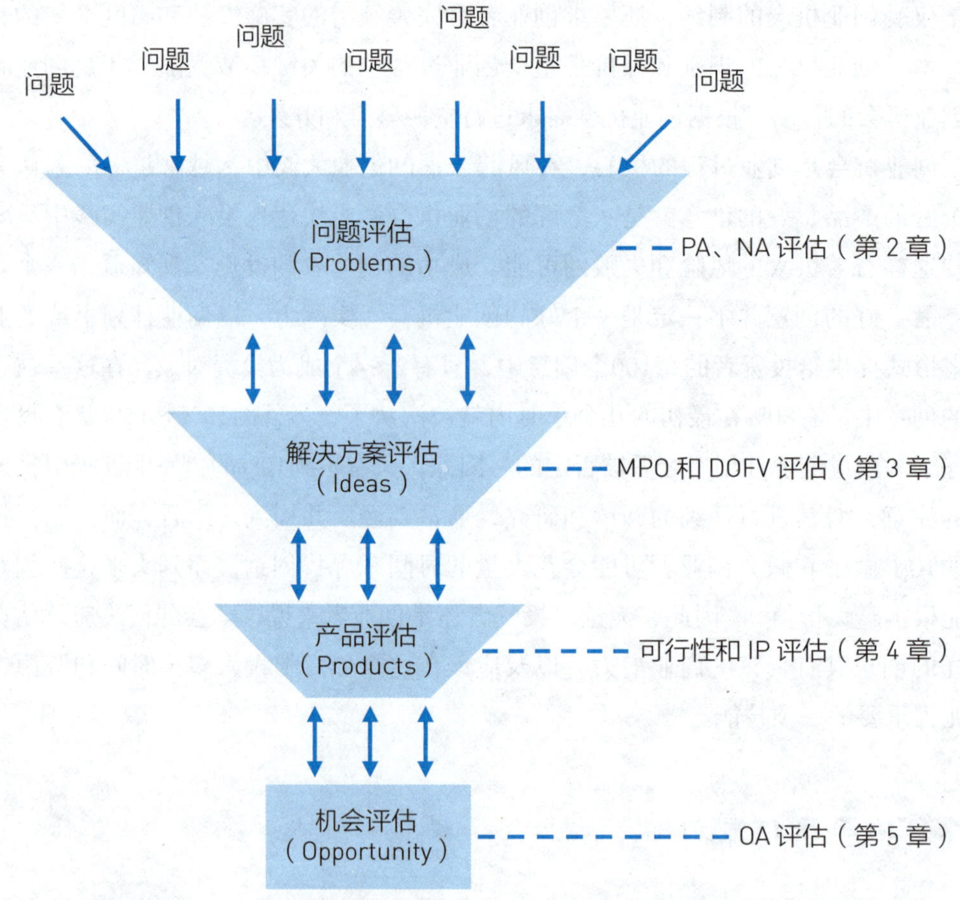

图 5-1　创业机会的逐级评估过程

第一阶段：从一般问题到创业问题阶段——问题评估

发现问题是识别和评价创业机会的第一步。对于没有任何工作经验和学科背景的年轻创业者而言，从问题中寻找创业机会往往是最简单、最容易操作的。在日常生活中，人们身边存在着各种各样的问题，但是这些问题都具有真正的市场需求吗？都可以成为创业机会吗？在从一般问题到创业问题阶段，首先需要对发现的问题进行重新定义、梳理和筛选。依据在第2章中介绍过的PA、NA评估方法，从众多问题中排除干扰问题，初步筛选出具有一定市场潜力的创业问题。创业问题详细的筛选过程已经在第2章进行介绍，此处不再赘述。

第二阶段：从创业问题到解决方案阶段——解决方案评估

在筛选出创业问题之后，需要创业者依据其创造能力提出具有独特创意的产品（服务），并据此制订可行的解决方案。解决方案的制订，一方面可以帮助创业者更好地认识和理解创业问题，也是对创业问题的再一次识别和评价；另一方面也是为潜在创业机会的筛选做准备。筛选出的创业问题并不是唯一的，针对创业问题制订的解决方案也不是唯一的，本阶段需要对不同创业问题的不同解决方案进行评价，从而筛选出具有高可行性和市场潜力的创业解决方案，即创意。本阶段通过DOFV评估，对方案与用户问题的匹配程度（Customer Desirability）、方案的原创性（Idea Originality）、方案的技术可行性（Technical Feasibility）和方案的商业可行性（Business Viability）进行评估。经过解决方案评估的项目，就可以进入到下一阶段，即对产品（服务）进行原型设计。

第三阶段：从解决方案到产品设计阶段——产品评估

通过上一阶段解决方案评估筛选的项目，说明该项目具有良好的原创性和一定的市场潜力。本阶段主要是依据解决方案对产品原型或初始服务模式进行设计，并对技术可行性进行验证。本阶段的评估不仅包含对产品技术可行性的评估，也包含产品市场可行性的评估，主要从产品技术的可实现性及产品与市场需求、行业趋势的匹配度以及行业竞争的激烈程度和自身的盈利机会几个方面对解决方案进行评估。经过产品评估阶段的项目，可以初步确定为技术可行、市场前景较好的潜在创业机会。

第四阶段：从潜在创业机会到创业机会阶段——机会评估

创业机会是整个创业过程的核心，是创业活动的起点，在创业过程中起着至关重要的作用。从潜在创业机会到创业机会阶段的筛选和评估，在上述三个阶段对问题、解决方案和产品评估的基础之上，应用OA量表对潜在创业机会从用户问题、产品创意、市场需求、可盈利性、行业趋势和行业竞争等几个方面进行评估。除此之外，还会涉及更多关于产品、运营、营销、推广、盈利模式等方面的细节性评估；更深层次地考察产品（服务）与市场、行业的匹配程度及产品（服务）的可盈利性，进而从中最终确定将实践的创业机会。

创业机会的识别和评估并不是一个单线条的直线过程，而是一个逐级评价、不断回归的过程。如图5-1所示，整个识别和评估的过程就像一个个漏斗，每个漏斗设有粗细不等的过滤网，越往下过滤网的网眼越细，漏斗的容量也越小。这代表着在逐级筛选的过程中，评估标准会越来越严格，可以通过评估的机会越来越小。同时，在每个漏斗的底端都有一个返回的箭头，这就意味着未经过评估的机会可能需要经过调整后，再次进行本阶段或上一个或几个阶段的评估；也可能意味着这个机会完全不符合评估标准，需要完全放弃，从问题开始重新开始评估流程。创业机会的识别和评估是逐级评估、不断回归、从无序到有序的过程。如图5-2所示，开始的众多产品（服务）在市场环境中与杂乱的市场需求进行碰撞与磨合，通过不断地评估和筛选，实现产品（服务）与市场需求的高度耦合匹配，并可以在行业及市场环境中实现高速运转。

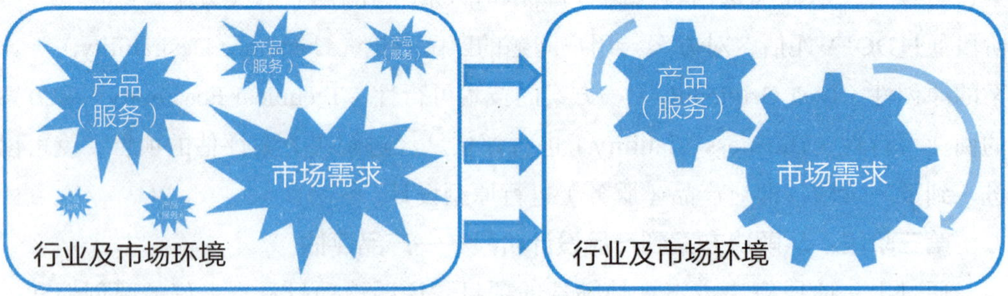

图 5-2 创业机会评估目的：产品（服务）与市场需求的匹配

在整个创业过程中，虽然创业机会是起点和核心，起着至关重要的作用。但是，对于创业活动的开展而言，创业者、创业团队以及创业资源同样是不可或缺的。如果没有创业团队和创业资源，所谓的创业机会仅仅是一个创意、解决方案；是没有办法实现的空中楼阁，而并不能转化成真正满足用户市场需求的产品（服务）。本章侧重对创业机会的评估，介绍如何从一般生活中的众多问题中发现并筛选出创业机会；在第6～9章将详细讲述创业团队的组建和管理、创业资源的整合和匹配以及如何设计商业模式和撰写商业计划书等内容，阐述创业机会、创业团队和创业资源的有效匹配和高速运转。

5.2 市场调查和分析

机会评估是建立在对机会全面了解的基础之上的。要想全面了解创业机会，就需要从市场、行业、用户、竞争者等各方面收集充分的信息，并对信息进行分析。那么如何获取这些信息，如何对信息进行分析呢?

5.2.1 制订市场调查计划

在机会评估过程中，需要了解的信息很多，需对信息进行有效的收集和利用。首先，对评估机会进行分析，确定信息收集对象；然后，依据不同的项目确定不同的信息收集方式和方法，选取或制定不同的收集工具；最后，制定信息收集进度表，对信息进行收集。在问题评估、解决方案评估和产品评估阶段，已经对产品（服务）对人们生活的影响和重要程度以及产品（服务）的创新性和可行性进行了评估。在制订机会评估信息收集计划的过程中，应更加注重对用户对产品（服务）的认可度和接受程度以及产品（服务）的行业前景和竞争力的信息收集。机会评估的信息收集过程如图5-3所示。

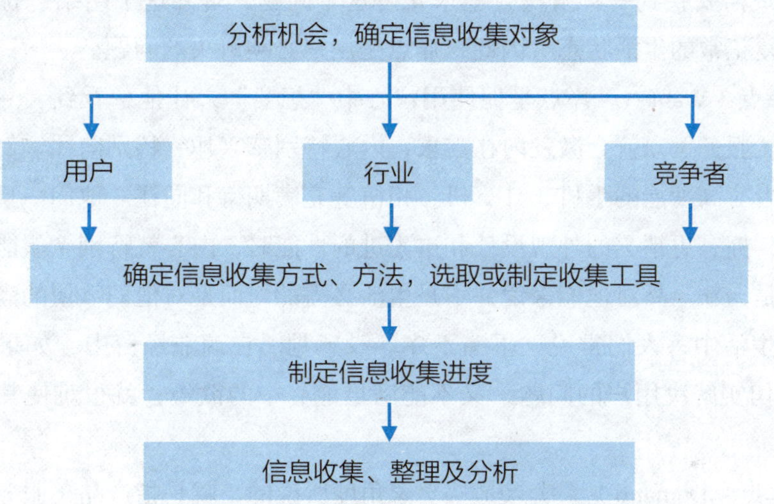

图 5-3　机会评估的信息收集过程

5.2.2 信息收集的主要方法

市场信息收集是一项非常值得花精力去做的重要工作，是一切评估依据的来源，也是了解市场和用户，提高产品（服务）适应性的重要过程。常用的市场信息收集方法主要有观察法、调查法和二手资料收集法等。这些方法在第4章产品创意的市场调查中已进行了详细介绍，在此不再赘述。

5.2.3 市场调查的主要内容

1. 用户满意度调查

产品（服务）是企业经营的核心价值，如果产品（服务）不具有可行性，那么企业就无法正常运行。因此，一个初创企业应关注的重点是产品（服务）是否被用户所接受、所喜欢，有多少人愿意为该产品（服务）付费。用户对产品（服务）是否满意的信息收集主要分为两个部分：用户需求调查和购买意向调查。

（1）用户需求调查。在商业领域，痛点（Need）、痒点（Want）和卖点（Demand）三个关键词可谓经久不衰，更是一切产品（服务）的策动点。如果一个产品（服务）的核心价值没有指向任何一个关键词，就很难获得真正意义上的成功。

1）痛点（Need）。痛点就是用户在生活当中所担心的、纠结的、不方便的问题。用户需要找到一种解决方案来化解这个问题、解开这个纠结、抚平这个抱怨，以恢复正常的生活状态。因此，痛点是用户必须解决的问题。

2）痒点（Want）。痒点是促使用户心中"想要"，让他一看到、一听说有这样的产品（服务），就会激发内在需求，内心特别感兴趣、特别向往。例如，电子产品爱好者对高性能的手机、计算机、相机等充满期待和向往。他们一旦发现有新产品发布，拥有更精美的外观设计和更先进的性能时，内心就特别希望能够拥有新产品。但是，新产品对他们来说并不是生活必需的，而是对他们欲望的满足。

日常生活中，人们常说"不痛不痒"没感觉。在商业经营中，如果产品（服务）不能切实解决用户的问题，又不能满足他心中的欲望，就很难使其产生购买的想法。

3）卖点（Demand）。卖点是从卖家角度所说的，就是指产品（服务）自身的特色，但这个特色用户不一定能发现，而等商家一说出来，用户会突然对产品的特色有怦然心动之感。如此，卖家所塑造的卖点就成功了，真正有"杀伤力"的卖点能在瞬间打动人心。

真正有潜力的创业机会，能够从以上三点出发，分别满足用户的不同需求。即使不能同时满足三个方面的要求，至少也要从一个方面满足用户需求，否则构建的产品（服务）很难得到市场认可。

（2）购买意向调查。将用户对产品（服务）有期待吗？用户对产品（服务）是真正有需求的吗？他们会真正购买产品（服务）吗？企业的市场定位，往往是识别出目标用户的痛点和痒点，然后更好地满足用户需求。通过对目标用户的研究，更好地满足他们的需求；通过对竞争者的研究，构建企业自身的竞争优势。

产品（服务）市场定位是否准确，是否满足用户需求，更进一步的检验是对用户的购买意向调查。通过几个简单的问题，了解用户对产品（服务）更加真实的看法，进一步了解产品（服务）是否可以盈利。购买意向调查表的调研对象是产品（服务）的目标用户，问题设计要尽量短小、简单、容易回答，如表5-1所示。

表 5-1　× × 产品（服务）购买意向调查表

× × 产品（服务）购买意向调查
您好！我是 × × 公司的调查员，我们正在进行一项有关 × × 产品（服务）可行性的研究，希望占用您几分钟的时间，了解一下您对 × × 产品（服务）的看法和意见。您的意见对我们的产品（或服务）的完善十分重要，希望得到您的支持，谢谢！ 1. 这个产品（服务）是否满足您对产品功能的期望？ A.满足　B.比较满足　C.部分满足　D.不满足　E.非常不满足 2. 这个产品（服务）相比现有同类产品，是否能更好地满足您的需求？ A.满足　B.比较满足　C.部分满足　D.不满足　E.非常不满足 3. 您愿意购买这个产品（服务）吗？ A.非常愿意　B.愿意　C.可能愿意　D.不愿意　E.非常不愿意
4. 你期望在哪里找到这类产品（服务）？
5. 您愿意为此产品（服务）支付多少钱？
6. 您认为这个产品（服务）存在哪些不足之处？
再次感谢您对本次调研活动的支持，谢谢！

调查可以通过电子邮件、电话或者面对面的方式进行。调研对象应该尽量避免朋友和家人，尽量确保选择真实有效的目标用户以便得到有效答案。以电子邮件方式调研，开始应该有一段具体的产品（服务）描述，然后再让用户回答填写问题。以电话方式调研，也要提前对产品（服务）进行描述和说明，之后再进行咨询提问。由于每一个产品（服务）的具体功能和性质都不尽相同，调查表只有根据不同产品（服务）的具体内容做出相应调整，才能更好地了解用户的需求。

在调查中还有两个非常重要的问题要注意。第一，应该做多少份调查？这是一个没有准确答案的问题。它基于你的目标市场的总人数，越多的调研数量预示着越高的准确性。10%的样本容量是很不错的选择，但是1%或者更少的容量或许对创业者来说实现起来会更加现实。相关专家认为，做统计分析需要至少25～30个个体。第二，去哪里寻找目标人群进行调研？对于面对面交流调研，可以直接去目标用户群经常出现的场合进行。对这些调查数据进行收集和简单的分析，创业者可以对自己的产品和服务有更加清晰的判断。

2. 行业前景调查

市场和行业是企业生存和发展最为基本的环境。市场的规模、行业的结构和成长性都是影响企业发展的重要因素，也是对创业机会评估的重要因素。为了在机会评估中对市场和行业有更加清晰的了解和认识，将市场和行业再次细分成如表5-2所示的11个方面进行数据收集和调查，为机会评估提供更为确切可信的资料支撑。这些数据可以通过对同行业企业家或行业专家进行访谈获得，也可以通过对第二手数据的收集和分析得出。

表 5-2　市场和行业调查表 [3]

市场及行业情况	专业分析	结论
行业的成长和所处阶段	新兴的、迅速增长、平稳的、成熟的、衰退的	
行业目前的整体规模	整个行业的年销售额能达到多少	
行业在衰退情况下是否容易受影响	是否存在新兴行业的威胁	
这是一个好的行业吗	行业快速增长，有新的发展机会：你能否从中占有市场份额	
这是一个不好的行业吗	行业不景气，在衰退；具有强劲的竞争对手；难以渗透	
是否具备良好的竞争优势	为什么买家会和你做生意，你是独一无二的吗	
买家的本质	是不是买方市场，他们是如何掌控的	
供应方的能力	是否被供货商控制行业，他们是如何掌控的	
谁是替代品	是否存在你没有考虑到的等效替代品	
谁是潜在竞争者	还有谁会进入这个行业，破坏现有的平衡	
你能够占取销售和市场份额吗	如果在行业增长的情况下你都不能抓住用户，那么这个行业或许不适合你，或者你的产品缺乏竞争力	

3. 市场竞争调查

企业在行业中的竞争优势在一定程度上决定了企业所在行业的吸引力，也表明了创业机会的发展潜力。因此，对创业机会行业竞争优势的分析也是机会评估中要考察的一个重要因素，需要大量收集资料，才能对竞争态势有全面的把握。

迈克尔·波特（Michael Porter）的五力模型将大量不同的因素汇集于一个简单的模型中，以此分析一个行业的基本竞争态势。五力模型确定了竞争的五种主要来源，即供应商和购买者的议价能力，潜在进入者（新的竞争对手）的威胁，替代品的威胁，以及来自同行业的竞争。其中，同行业的竞争和潜在进入者是分析的关键。可以运用表5-3对行业的竞争情况进行调查，每个问题都基于行业的吸引力。竞争战略从一定意义上讲源于企业对具体产业吸引力的竞争规律的深刻理解。任何产业，无论是国内的或国际的，无论生产产品的或提供服务的，竞争规律都将体现在这五种竞争的作用力上。通过对波特五力模型的分析，可以发现企业在行业竞争中的优势和劣势，为企业制定竞争和经营策略提供依据。

表 5-3　行业竞争优势评价表

<table>
<tr><th colspan="4">行业竞争优势评价表</th></tr>
<tr><td colspan="4">定义你所要评价的行业并列出最主要的竞争对手
所处行业：
竞争对手（最少三个）：</td></tr>
<tr><td>评价对象</td><td>同意</td><td>可能是这样</td><td>不同意</td></tr>
<tr><td colspan="4">1. 同行业的竞争</td></tr>
<tr><td>我的产品（服务）与竞争者的竞争不是非常严重</td><td></td><td></td><td></td></tr>
<tr><td>竞争企业的规模和竞争力均不相同</td><td></td><td></td><td></td></tr>
<tr><td>我的产品（服务）在处于产品生命周期的增长期</td><td></td><td></td><td></td></tr>
<tr><td>我的产品（服务）独特，让我拥有核心竞争力</td><td></td><td></td><td></td></tr>
<tr><td>我的企业可以在这个行业中成功</td><td></td><td></td><td></td></tr>
<tr><td colspan="4">2. 替代品的威胁</td></tr>
<tr><td>这个价格区间没有替代品</td><td></td><td></td><td></td></tr>
<tr><td>从便捷程度来看没有替代品</td><td></td><td></td><td></td></tr>
<tr><td>我的产品（服务）的用户很难找到替代品，除非花费更多的钱</td><td></td><td></td><td></td></tr>
</table>

（续）

评价对象	同意	可能是这样	不同意
没有比我的产品（服务）更好的替代品			
3. 购买者的议价能力			
我的产品（服务）拥有强大的潜在用户群			
我的产品（服务）具有绝对优势，用户都是忠实“粉丝”			
用户的行为对我的商业影响很小			
4. 供应商的议价能力			
我的产品（服务）有很多可选的供应商			
供应商提供的产品（服务）没有竞争优势			
供应商对我的企业影响很小			
5. 潜在进入者的威胁			
新企业进入行业需要花费很大成本			
新企业很难提供大量且便宜的产品			
用户对产品（服务）的品牌忠诚度很高			
产品的核心竞争力很难被模仿			
新企业很难进入这个行业并带走我的用户			

5.2.4 市场分析的主要方法

市场分析是对市场的规模、位置、性质、特点、容量及吸引范围等调查资料所进行的经济分析，是对市场情况和用户需求的研究。市场分析可以帮助创业者发现并评价市场机会，为企业的发展创造条件。创业者想要开辟一个新的业务，除了需要了解市场情况、用户需求外，还需要对竞争对手进行系统的分析。这些工作都通过市场调查和分析完成。此外，只有通过细致的市场调查和分析，企业才有可能对自己的营销策略做出正确的决策，就这点而言，企业的规模越大，市场分析工作也就越显得重要。市场调查和分析对企业创建和经营的每一个阶段都发挥着至关重要的作用。

市场调查与分析是一个系统、客观的信息收集和决策分析过程。市场调查和分析是一个严谨的系统过程，必须运用科学的方法，按照预定的计划和要求去收集和分析有关材料。市场分析应向决策者提供信息，而非资料。资料是通过营销调研活动所收集到的各种未经处理的事实和数据，它们是形成信息的原料。信息是通过对资料的分析而获得的认识和结论，是对资料进行处理和加工后的产物。市场分析是为决策服务的管理工具。市场分析有很多方法，例如PEST（Political、Economic、Sociological、Technological）分析法、STEER（Sociological、Technological、Economic、Ecological、Regulatory Factors）分析法、MOST（Mission、Objectives、Strategies、Tactics）分析法、SWOT（Strengths、Weakness、Opportunities、Threats）分析法、波特五力模型等。本部分主要对市场调查和分析比较常用的PEST分析法、波特五力模型和SWOT分析法进行简要介绍。

1. PEST分析法

PEST分析法是分析总结企业外部宏观环境的一种方法。宏观环境又称一般环境，是指影响一切行业和企业的各种宏观力量。对宏观环境因素做分析，不同行业和企业根据自身特点和经营需要，分析的具体内容会有差异，但一般都应对政治环境（Political）、经济环境（Economic）、社会环境（Sociological）和技术环境（Technological）这四大类影响企业的主要外部环境因素进行分析，简称PEST分析法，如表5-4所示。不同的行业对宏观环境分析的详略程度不同，PEST 也有基本的扩展，包括扩展到 STEEP 与 PESTLE，其中 STEEP 为 STEP 加上自然环境（Environment），PESTLE 为 STEP 加上法律环境（Legal）与道德规范（Ethical）等。在对创业机会或企业宏观环境进行分析时，可根据创业机会类型或企业行业特点选择分析的详略程度。

表 5-4　PEST 分析表

政治环境（Political）	经济环境（Economic）
• 经济体制 • 政府体制 • 各种法律要求 • 产业政策 • 投资政策 • 政府补贴水平 ⋮	• 贷款的可获得性 • 利率、通货膨胀率 • 货币与财政政策 • 居民可支配收入水平 • 居民消费（储蓄）倾向 • 消费模式 • 不同地区和消费群体间的收入差别 • 价格波动 ⋮

（续）

社会环境（Sociological）	技术环境（Technological）
• 居民受教育程度 • 宗教信仰 • 风俗习惯 • 地域语言 • 审美观点 • 价值观念 ⋮	• 同领域的新技术和发明 • 新技术的发展趋势和应用背景 • 新技术带来的改变（成本降低、便利性增强、质量提高等） • 国家对科技开发的投资和支持重点 • 技术发展动态和研究开发费用 • 技术更新速度与生命周期 • 信息、互联网与移动技术的变革 • 专利及其保护情况 ⋮

（1）政治环境。政治环境包括一个国家的社会制度，以及政府的方针、政策、法令等。不同的国家有着不同的社会性质，不同的社会制度对组织活动有着不同的限制和要求。即使社会制度不变的同一国家，在不同时期，政府的方针特点、政策倾向等对组织活动的影响也是不断变化的。

（2）经济环境。经济环境主要包括宏观和微观两个方面的内容。宏观经济环境主要是指一个国家的人口数量及其增长趋势，国民收入、国民生产总值及其变化情况以及通过这些指标能够反映的国民经济发展水平和发展速度。微观经济环境主要是指企业所在地区或所服务地区的消费者的收入水平、消费偏好、储蓄情况、就业程度等因素。这些因素直接决定着企业目前及未来的市场大小。

（3）社会文化环境。社会文化环境包括一个国家或地区的居民受教育程度、宗教信仰、风俗习惯、审美观点、价值观念等。受教育程度会影响居民的需求层次；宗教信仰和风俗习惯会禁止或抵制某些活动的进行；价值观念会影响居民对组织目标、组织活动以及组织存在本身的认可与否；审美观点则会影响人们对组织活动内容、活动方式以及活动成果的态度。

（4）技术环境。技术环境除了要考察与企业所处领域的活动直接相关的技术手段的发展变化外，还应及时了解：国家对科技开发的投资和支持重点、该领域技术发展动态和研究开发费用、技术转移和技术商品化速度、专利及其保护情况等。

2. 波特五力模型

波特五力模型是迈克尔·波特于1979年提出的，其用途是定义出一个市场吸引力的高低程度。波特认为，影响市场吸引力的五种力量是个体经济学层面的，而非一般认为的总体经济学层面。五力模型将大量不同的因素汇集在一个简单的模型中，以此分析一个行业的基本竞争态势。五力模型确定了竞争的五种主要来源，即供应商的议价能力、购买者的议价能力、潜在进入者的威胁、替代品的威胁，以及来自同行业的竞争。任何力量的改变都可能吸引企业退出或进入市场。不同力量的特性和重要性因行业和企业的不同而变化，如图5-4所示。在5.2.3节市场调查的主要内容中，行业竞争优势评价表（见表5-3）就是依据波特五力模型进行设计的。将表5-3的调查结果带入本模型中，分析创业机会在行业中的竞争优势和劣势以及存在的机会和威胁，从而进一步为后面的创业机会评估做好准备。

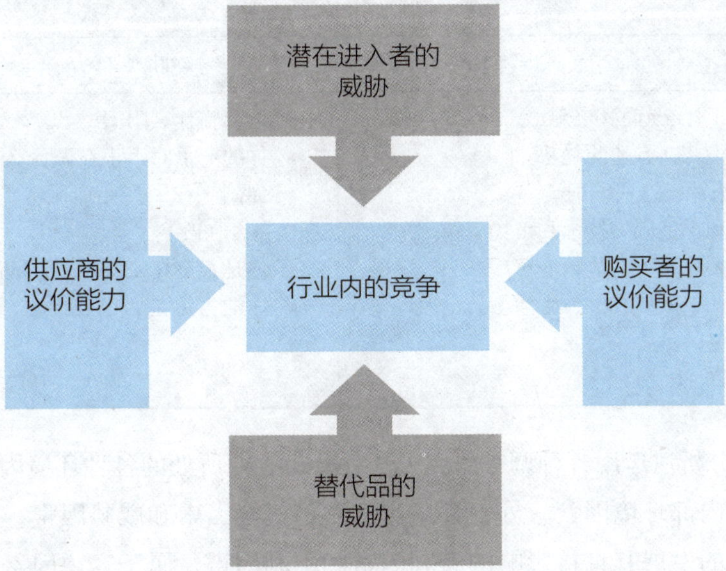

图 5-4　波特五力模型

3. SWOT分析法

SWOT分析法是基于内外部竞争环境和竞争条件的态势分析，就是将与研究对象密切相关的各种主要内部优势和劣势及外部机会和威胁等，通过调查列举出来，并依照矩阵形式排列，然后运用系统分析的方法，把各种因素相互匹配起来加以分析，从中得出一系列相应的结论，而结论通常带有一定的决策性。运用这种方法，可以对研究对象所处的情景进行全面、系统、准确的研究，从而根据研究结果制定相应的发展战略、计划以及对策等。SWOT分析法中，S（Strengths）是优势、W（Weaknesses）是劣势，O（Opportunities）是机会、T（Threats）是威胁，如表5-5所示。

表 5-5　SWOT 分析表

优势（Strengths）	劣势（Weaknesses）
• 你的组织有什么优点 • 你有什么是比其他竞争对手更好的 • 有什么独特的或低价格的资源是只有你能获得的 • 市场中人们认为你的优势是什么 • 什么因素使你可以获得订单 • 你有什么独特的市场定位 ⋮	• 有什么是你需要提高的 • 有什么是需要你避免的 • 市场中人们认为可能是你的劣势的是什么 • 是什么导致你失去订单 ⋮
机会（Opportunities）	**威胁（Threats）**
• 你发现了什么好的机会 • 你发现了什么有趣的趋势 机会可能来源于这些方面： • 大规模和小范围的技术和市场变革 • 与你的领域相关的政策变革 • 社交方式、人口规模、生活方式的改变等 • 本地事件的发生 ⋮	• 你面临什么阻碍 • 你的竞争对手正在做什么 • 你的工作、产品或服务的质量标准或规格是否在改变 • 你是否有坏账或现金流问题 • 你的劣势是否已经严重威胁到业务的发展了 ⋮

SWOT分析法运用各种调查研究方法，分析企业所处的各种环境因素，即外部环境因素和内部环境因素。外部环境因素包括机会因素和威胁因素，它们是外部环境对企业的发展有直接影响的有利因素和不利因素，属于客观因素；内部环境因素包括优势因素和劣势因素，它们是公司在其发展中自身存在的积极因素和消极因素，属于主观因素，在调查分析这些因素时，不仅要考虑到历史与现状，更要考虑未来发展问题。

（1）优势。优势是组织机构的内部因素，具体包括：有利的竞争态势、充足的财政来源、良好的企业形象、技术力量、规模经济、产品质量、市场份额、成本优势、广告攻势等。

（2）劣势。劣势也是组织机构的内部因素，具体包括：设备老化、管理混乱、缺少关键技术、研究开发落后、资金短缺、经营不善、产品积压、竞争力差等。

（3）机会。机会是组织机构的外部因素，具体包括：新产品、新市场、新需求、外国市场壁垒消除、竞争对手失误等。

（4）威胁。威胁也是组织机构的外部因素，具体包括：新的竞争对手、替代品增多、市场紧缩、行业政策变化、经济衰退、用户偏好改变、突发事件等。

SWOT分析法的优点在于考虑问题全面，是一种系统思维，而且可以把对问题的“诊断”和“开处方”紧密结合在一起，条理清楚，便于检验。SWOT分析法是了解企业自身优势和劣势，识别机会和威胁的市场分析方法。这种方法不仅可以用来对商业机会进行分析，也可以对个人的自身能力进行分析从而制订职业发展计划。SWOT分析法是一个非常强大的工具，它可以协助识别创业机会，了解企业的弱点，应对并消除企业面临的威胁，以免企业陷入困境。除此之外，通过SWOT模型还可以帮助企业准确地认清竞争对手，并制定出与竞争对手差异化的战略，以保持市场竞争优势。

5.3 创业机会评估工具

罗伯特 D. 赫里斯（Robert D.Hisrich）认为，创业机会评估并不是创业计划，相比创业计划而言，创业机会评估应该更加简短，聚焦于机会本身而非创建企业，是创业者决定选择这个机会而不是等待其他机会的主要依据[4]。他认为创业机会的评估有四个部分，包括两个主要部分和两个非主要部分，共四类22项。两个主要部分：一是开发产品（服务）的想法、竞争对手的产品和企业的分析以及创意的独特性；二是市场的规模、趋势、特性及增长率。两个非主要部分：一是创业者和创业团队的背景、受教育程度、技能和行业经验等；二是将想法转变成企业的时间规划[5]。威廉姆 D. 拜格列夫（William D. Bygrave）设计的创业机会评估列表认为，创业机会的评估应从用户的可识别性和消费心理、市场的发展趋势、市场规模、市场增长、消费的价格和频次、市场竞争、关键成功要素、供应商、政府规定、国际环境11个类别30项细化指标对创业机会进行评价[6]。蒂蒙斯对创业机会的评估主要从行业与市场、经济价值、收获条件、竞争优势、管理团队、致命缺陷、创业者个人标准、理想与现实的战略差异，共8个类别53项细化指标对创业计划进行评价。

我们发现目前学者提出的这些创业机会的评估模型和量表都过于复杂，其使用的对象大多是投资者和有经验的创业者。对于刚刚学习创业、专业知识相对较少、缺乏行业经验的青年学生来说，很难理解机会评估表中各项评价标准的具体含义并对其进行有效评价。为此，我们希望能够在全面考虑学习创业基础教育的一般学生的知识背景前提下，制定一个适合他们使用的创业机会评价量表。通过对现有的创业机会评价模型和量表进行分析和总结发现，创业机会评估一般都会包含对产品（服务）的用户问题、产品创意、市场需求、行业趋势、可盈利性、行业竞争等几个方面的评价。本书将创业机会的评估分为三个阶段，本阶段更注重对创业机会本身的评估，至于创业机会与创业团队和创业资源的匹配性将是下一阶段评价的主要内容，将在本书第7章介绍。对于本阶段机会的评估，我们制定了一个简便的、易于创业初学者使用的创业机会评估量表（OA量表），如表5-6所示。

表 5-6　创业机会评估量表

创业机会评估量表					
请简单地对你的解决方案进行描述： • 用户问题 • 产品创意 • 市场需求 • 行业趋势 • 可盈利性 • 行业竞争					
评价指标	机会评分				
	完全不同意	基本不同意	不确定	基本同意	完全同意
1. 该产品切实解决了用户的迫切问题	0	1	3	5	7
2. 该产品的技术可行性很高	0	1	3	5	7
3. 该产品具有创新性	0	1	3	5	7
4. 该产品的制造成本合理	0	1	3	5	7
5. 用户对该产品有强烈的需求	0	1	3	5	7
6. 该产品的市场需求量很大	0	1	3	5	7
7. 该产品的目标用户选择清晰合理	0	1	3	5	7
8. 该产品所在行业的发展前景很好	0	1	3	5	7
9. 该产品相比竞争对手具有竞争优势	0	1	3	5	7
10. 该产品的获利机会很大	0	1	3	5	7
总计得分：					

对创业机会的评估，更确切地说是对产品（服务）与用户、市场和行业的匹配度的评估。本评估量表从用户问题、产品创意、市场需求、行业趋势、可盈利

性及行业竞争六个方面，下设10个小项对创业机会进行评估。其中，第1项是对用户问题的评估；第2～4项是对产品创意的评估；第5～7项是对市场需求的评估；第8～10 项分别是对行业趋势、行业竞争和可盈利性的评估。一个有潜力的商业机会究竟可以放在一个多高的位置上，通过评价表单中的量化标准，创业者可对创业机会的每一部分都有一个清晰的判断，通过对这些要素的最终汇总，以最终得分来判定创业机会的吸引力指数。依据上述标准对创业机会进行评估，不仅能够判断创业机会的吸引力大小，协助创业机会的筛选，同时还可以帮助创业者更加清晰地认识和了解创业机会，对创业机会进行改进和塑造，使其更具竞争力和吸引力。下面通过案例对每项评估指标做深入的分析和说明。

5.3.1 用户问题

用户面对的困惑或需要解决的问题，表征了用户的内在需求。解决方案是否切实、有效地解决了用户迫切需要解决的问题，决定了该解决方案的实用性和有效性。用户问题是创业机会的来源，同时也是创业机会后续一切考核指标的依据和前提。判定解决方案是否有效解决了用户问题，是创业机会评估的第一步。创业者一般可以选取具有代表性的用户，对其进行简单的访谈和调研，便可做出初始判断。

案例 5–1：小问题中的大商机

在中国的快递行业，有一个人从穷小子变身总裁，连马云都佩服——他就是王卫，管理着顺丰20余万名员工的庞大快递王国。20多年前，22岁的王卫因工作需要，经常往返香港和顺德两地。他经常受朋友所托，从香港将包裹免费运到深圳指定的人手中，并将一些信件带到香港。久而久之，托王卫送包裹的人越来越多，又不好意思每次免费，于是“小打小闹”地塞给他一些红包。王卫想，既然市场需求这么大，能否成立一家公司，专门做运送业务呢?

王卫将他的想法向经常托他送货的人咨询，得到非常爽快的回答：“如果是这样那就太好了，以后运送包裹的业务就全交给你了。”随后，王卫在香港砵兰街开了一小店面，承接业务。1993年，顺丰速运公司（简称顺丰）在广东顺德正式注册成立。一段时间后，顺丰已经局部垄断了深港货运，顺德到香港的陆路通道上，70%的快递件由顺丰承运。

一段时间后王卫发现，用户除了有货物运输的需求，对货物和信件的到达时间也有需求。为解决这一问题，王卫提出用飞机送快递，做一家速度最快的快递公司。最终于2009年年底，获得民航总局批准，顺丰航空公司正式开始运营，直接为顺丰速运提供航空快递运输业务服务。

举一反三

1. 列举你了解的三家企业，分析它们分别都解决了用户的哪些问题。

2. 它们是通过什么方法了解用户问题，以及它们的产品（服务）是否解决了用户问题?

5.3.2 产品创意

产品创意主要是对产品的可行性、创新性和价格的合理性三个指标进行评估。在最初的解决方案中，一般是没有真正运行的概念性产品（服务），因此对其可行性的评估是十分必要的。产品（服务）是整个解决方案或创业机会的价值所在，如果产品（服务）不具有可行性，那么整个解决方案或创业机会无异于纸上谈兵。产品的可行性检验分为实验室的产品原型可行性测试和工厂量产式产品的可行性检测。部分产品在实验室环境进行测试，完全可以生产并实现其设计功能，但是并不能在工厂实现批量化生产，或在非实验室环境下其功能没有办法完全实现。同样，服务的可行性也分为小规模测试和商业运行环境测试。部分服务业务，在小规模、小人群或特定区域测试是完全可以顺畅运行的，但是一旦在真正的商业运营环境中，用户规模变大、区域多样化、时间随机性更强时，实现起来就会出现困难。这些都是在评估产品可行性时应该注意的问题。

只有具有创新性的产品（服务）在市场中才具有竞争力和生命力，才能得到可持续发展。在可行性基础上对创新性的评估，对于创业机会评估是不可或缺的。创新是一个周而复始、循环往复的过程，这个过程包括开拓性创新、模仿性创新和适应性创新三种类型。发现一种原来没有的产品、生产方法、市场、原材料、组织结构等，都属于开拓性创新。开拓性创新一旦成功，必然会占领绝大部分的市场份额，取得超额利润。而对超额利润，必然有人进行模仿性创新；模仿性创新多了，变成了实用性创新，从而必然引发第二轮开拓性创新。如此循环往复、不断创新，推动经济发展。在创业机会评估中，首先，要评定产品（服务）是否具有创新性；其次，要判断如果具有创新性，那么属于哪种创新；最后，要判定这种创新性的产品（服务）是否能被用户所接受，是否存在经济价值。

案例 5-2：火腿肠的故事

在20世纪80年代中期以前，中国市场并没有火腿肠这种产品。火腿肠的出现源于中国人民在生活水平提高之后，一些肉卖不出去了，这时洛阳肉联厂负责人通过到日本考察，引进了中国第一条火腿肠生产线，生产“春都”牌火腿肠，一炮打响，占领了100%的市场。但很快，邻近的漯河肉联厂也引进了“双汇”牌火腿肠生产线。

洛阳肉联厂当然属于开拓性创新，漯河肉联厂则是模仿性创新，而现在众多的火腿肠企业生产出不同种类的火腿肠，都属于适应性创新。从经济效益来说，模仿性创新可以取得最大的经济效益，因为它不需要支付创新成本，更不需要承担创新风险。模仿性创新最适合中小企业赶超行业巨头，但当与行业巨头取得平等地位后，则必须进行开拓性创新，否则企业很难进一步发展。

对制造成本的合理性评估，是考察产品的市场可行性的另一个方面。用户在购买产品（服务）时，主要会从性能和价格两个方面进行考量，在产品性能与同类产品相同或优于同类产品时，价格因素将成为影响消费决策的最为重要的因素。有吸引力的创业机会总是对成本有较强的控制力。在不存在行业领导者、竞争相对分散的市场上，成本的控制可以构成对外竞争的有效壁垒。

思 考 题

1. 你的产品（服务）是否具有商业环境运营的可行性？
2. 你所设计的产品（服务）具有创新性吗？属于哪种创新？
3. 你的产品（服务）相比同类产品具有价格优势吗？为什么？

5.3.3 市场需求

在市场需求方面，将从用户对产品的需求、产品的市场规模和目标用户的选取三个小项对其进行评估。具有高潜力创业机会的产品（服务）是能够解决用户未能解决或有待解决的实际问题，迎合用户的需求，并为用户提供更高附加值的。用户群是可以触及的，他们没有对其他品牌特别忠诚，并且对产品（服务）是有着强烈购买欲的。

高潜力的创业机会应该面向大规模的、成长型的市场销售产品。在大规模市场中，即使获得很小的一块市场份额，也可以产生极大的、持续增长的销售量。例如，在一个有1亿美元需求的市场上，只要抓住1%的市场份额，就能达到100万美元的销售额，也是相当可观的，而且不会威胁到其他竞争对手。除了考虑市场规模外，还要考虑市场类型。高潜力的创业机会一般会选择成长型的市场。例如，一个数十亿美元的市场，规模很大，但是，可能这个市场过于成熟、稳定，已经进入市场发展的成熟期，那么要在这种市场上获得1%的市场份额，几乎意味着要与世界500强公司竞争。

目标用户的选择可以使创业者认知主要的用户群，进而整合资源，更贴近消费者。威廉姆将消费者分为主要目标人群（PTA）、次要目标人群（STA）和边缘目标人群（TTA）三类。在创业初期，创业者应该更加关注主要目标人群，他们是最有可能频繁地在保有利润的价格上进行购买的。要通过观察了解他们的购买频次、偏好、参与的活动，以及年龄、性别、职业、收入等特性，从而训练员工根据目标用户的特点提供适当、高效的用户沟通方式。目标用户定位清晰与否直接影响运营阶段的策略制定[6]。

5.3.4 可盈利性

创业成功与否的一个最为重要的评估指标就是创建的企业能否实现盈利。因此，在创业机会评估阶段，提前对创业项目的可盈利性进行评估，将在一定程度上减少企业运营阶段所要面对的风险。对于初创企业而言，具有高而持续的毛利率的潜力很重要。相比毛利率在20%以下的项目，毛利率在40%～50%的项目能为企业发展提供一个巨大的缓冲。这样的缓冲可以容忍企业犯错，为企业提供更多的适应性，以及从错误中吸取教训。较高和持久的毛利率意味着一个企业可以更早地达到盈亏平衡点。对于那些有吸引力的初创企业而言，必须有可能在两年内达到盈亏平衡并获取正现金流。一旦达到盈亏平衡和获取正现金流的时间超过三年，创业机会的吸引力也会相应减弱。

初创企业实现盈利要有清晰的盈利模式（Profit Model）。所谓盈利模式，是指按照利益相关者划分的企业的收入结构、成本结构以及相应的目标利润。盈利模式是在给定业务系统中各价值链所有权和价值链结构已确定的前提下企业利益相关者之间利益分配格局中企业利益的表现。简单地说，盈利模式就是企业赚钱的渠道，即通过怎样的模式和渠道来赚钱。盈利模式是企业在市场竞争中逐步形成的企业特有的赖以盈利的商务结构及其对应的业务结构。

案例 5-3：如何盈利？ App 创业的难题 [7]

2014年，1990年出生的余佳文带着一款“超级课程表”校园应用软件（App），成功获得第四轮数千万美元天使投资。余佳文本人不仅迅速成为媒体追逐的对象，也被不少“90后”创业者尊称为导师。

长期关注余佳文的人不难发现，这位“90后”创业导师每当被问到盈利模式的问题时，或屡次回避，或用其他话来搪塞提问者。下载“超级课程表”App使用后发现，其用户并不活跃。在社交板块“下课聊”中，除了部分人气用户的留言和大学生互相约会的邀请，剩下多数都是微信、微博和淘宝网等的商品代购信息。

经纬创业投资基金中国区一名相关负责人也表示，盈利模式是App创业者必须解决的一个普遍问题，但显然多数创业者并没有突破天花板。以美图秀秀为代表的数名图片类App创始人，都曾不止一次在公开场合表示，要做中国的Instagram（Facebook旗下手机照片、短视频分享工具）。而截至2014年12月11日Instagram宣布用户数量超过Twitter时，依然没能传出实现盈利的喜讯。另外，以“托词”和“扇贝单词”为代表的单词类App以“动动”“乐动力”为代表的健康健美类手机应用，也都未能找到清晰的盈利模式。

思考题

1. 你认为什么是盈利模式？

2. 举例说明你认为盈利模式清晰的创业企业。

3. 你的创业项目有没有清晰的盈利模式？如果有，是怎样的？

5.3.5 行业趋势

行业发展是遵循一定生命周期的，像一般生命一样，行业也经历着萌芽、发展、成熟和衰退的过程。部分行业看似市场规模很大，但是已经进入了行业发展的成熟期，那么该行业会出现高度集中、完全竞争等特性。这样的行业是缺乏创业潜力的，行业中已经形成了强大的进入壁垒，竞争十分激烈，对资本要求较高，不是初创企业的最好选择。而处于萌芽和发展阶段的行业，没有统一的行业标准，也没有行业巨头，秩序相对混乱，对于初创企业而言，反倒有着良好的发展潜力和强大的吸引力。

案例 5-4：诺基亚的衰落 [8]

2012年4月，IHS iSuppli和Strategy Analytics发布数据称，三星已经超越诺基亚，成为手机销售市场的冠军，结束了诺基亚长达15年的世界最大手机厂商的历史。标准普尔评级公司（Standard & Poor）对诺基亚的信用评级已经降为"垃圾级"BB+/B。

诺基亚是智能手机市场的先锋军。2002年，诺基亚发布了运行Symbian 60系列平台的智能手机。接下来的五年内，Symbian系统的智能手机轻松占据智能手机领域的领军位置。然而到了2007年，苹果公司发布了iPhone手机。有着全触屏界面以及基于应用的操作系统的iPhone改写了智能手机的定义。

但是，诺基亚忽视了用户随之改变的消费需求。随着iOS和Android系统的相继出现，Symbian系统越来越无法跟上时代的步伐，诺基亚却还在Symbian系统上不断地加大科研投入，抱残守缺。一直到业绩开始急剧下滑，诺基亚才舍弃忠诚，转投微软公司的Windows Phone操作系统，但这样做为时已晚。诺基亚神话破灭，在曾经称王的移动通信界，被三星和苹果等公司甩在身后。

思考题

1. 谈谈诺基亚衰落的原因。
2. 你的创业机会所在行业处于行业发展的什么阶段?
3. 你的创业机会将以什么样的角色进入该行业?

用户并非一成不变的，他们会随着社会发展趋势的变化而变化。社会发展趋势会影响用户的购买行为，而购买行为的改变将对行业发展产生更加深远的影响。众多宏观趋势影响到用户对产品（服务）的潜在需求，从而在市场中衍生出新产品（服务）。而在这种不断变化的市场环境中，充满了潜在的创业机会。潜在的创业机会常常隐藏于极为细小的细分市场中，在这些细分市场中常常会出现流行的先驱，而流行通常预示着新兴市场的出现，开启了行业发展的新一轮生命周期。

案例 5-5：共享经济的兴起

提及共享经济，大多数人首先想到的是以优步为代表的打车软件。优步自2009年成立以来，以一个颠覆者的角色在交通领域掀起了一场革命。优步打破了传统由出租车或租赁公司控制的租车领域，通过移动应用，将出租车辆的供给端迅速放大，并提升服务标准，发展出在出租车内为乘客提供矿泉水、充电器等服务，将全球的出租车和租车行业拖入了一轮新的竞争格局。

与优步类似，Airbnb源于两位设计师创始人在艺术展览会期间出租自己床垫的想法。Airbnb旨在帮助用户通过互联网预订有空余房间的住宅（民宿）。同样由于供给端的迅速打开，以及Airbnb所提供的各具特色的民宿，Airbnb在住宿业内异军突起。

根据统计，2014年全球共享经济的市场规模达到150亿美元。到2025年，这一数字将达到3350亿美元，年复合增长率达到36%。事实上，共享概念早已有之。传统社会中，朋友之间共享一条信息、邻里之间互借东西等，都是一种形式的共享。但这种共享受制于空间和关系两大要素，一方面，信息或实物的共享受制于空间，仅限于个人所能触达的空间之内；另一方面，共享需要有双方的信任关系才能达成。

2010年前后，随着优步、Airbnb等一系列实物共享平台的出现，共享开始从纯粹的无偿分享、信息分享，走向以获得一定报酬为主要目的、基于陌生人且存在物品使用权暂时转移的“共享经济”。

思考题

1. 举例说明近10年人们消费习惯的改变。
2. 谈谈你对共享经济的认识。
3. 你认为未来哪些行业会受到共享经济的影响，会产生哪些变化？

5.3.6 行业竞争

我们经常听到一些刚刚创业的创业者说：“我有一个很好的创意，最棒的是它没有竞争对手。”创业者盲目乐观和自信在创业初期是非常常见的，因为他们常常把自己的竞争对手想象得太狭隘，以至于得出没有竞争对手的结论。但是，这样的想法是十分危险的，在任何一个行业的任何细分市场之中，不可能完全没有竞争对手。竞争对手不仅指同行业的竞争对手，还可以是潜在的竞争对手，可替代产品同样也可以是竞争对手。这样分析后会发现，不仅不是没有竞争对手，而且很可能已经有很多同类竞争者了。

竞争对手的设定很重要，如何保有竞争优势则更为重要。创业机会获得或能够获得专利所有权的保护、法律法规或契约的优势（例如市场或分销渠道的排他权）是很有吸引力的。在技术、产品、市场、人员、资源、区域、市场容量方面的领先竞争者也具有很大的潜力。此外，拥有行业顶尖声誉和品牌带来的影响力也是一个巨大的优势，因为这种声誉要花费很长时间才可以建立起来，无法在短时间内一蹴而就。甚至即使在其他因素处于较弱的水平时，这种竞争优势也可以强大到让你占据市场的主导地位。如果一个企业无法把其他竞争者阻挡在行业外，或者自己现在就面临着进入壁垒，那么，这个创业机会是缺乏吸引力的。

通过对上述六个方面的10个小项的评估，可以得出各个解决方案的最终得分，从而为判定其是否是一个有市场潜力的创业机会做出参考。就创业机会评估量表而言，它并不是一个决策工具，而是一个辅助决策工具。在瞬息万变的市场环境中，创业机会的评估是具有时效性、特定性和区域性的。因此，创业机会评估是随环境、时间和人员的变化而变化的，是一个反复循环的过程。评估不仅仅是为了选出创业机会，更是为了辅助创业者更加清晰、全面地认识自己的创业方案，并且有针对性地进行改进，从而为发掘真正有市场潜力、可实际运行的创业机会打下坚实的基础。

举一反三

1. 应用创业机会评估量表对你所选择的创业问题进行评估。

2. 选取评估得分最高的三个创业解决方案，分析方案的优势与不足，并对创业方案进行完善。

5.4 创业风险评估和管理

创业机会评估更多考虑的是机会的正面、需要保障的因素；而创业风险评估是事前考虑创业过程中的负面因素，是更深层的创业机会评估。很多创业机会不能得到投资者的青睐，或者虽然获得投资但最终依然失败，就是因为事先没有考虑创业机会里潜在的风险。一旦这些隐藏在创业过程中的风险暴露出来，再去采取措施应对，可能为时已晚。因此，在创业机会评估阶段就对创业风险进行识别、评估和管理尤为重要。

刚开始创业时，不可避免地要承担风险。当业务开始的时候，创业者内心已经明确做出判断，这是可以承担和应对的风险。很多人都说创业者就是冒险家，他们有着较高的风险偏好。但是，真正的创业者并不喜欢风险，而且会尽量避免风险并把风险降至最低。风险和回报往往是成正比的，风险越高，回报也会越高。创业者在创业开始阶段会对要承担的风险和可能获得的利益进行评估，只有面对的风险是他们所能够承担的，他们才会投入到创业实践中来。投资者在评估创业项目时，一方面是对创业机会本身是否具有潜力进行评估，另一方面也是对创业者识别风险、评估风险，以及解决风险的能力的评估。

5.4.1 风险识别

风险存在于创业的任何阶段。当避免不了风险出现时，其实可以管理风险，或者更准确地识别和量化，从而使风险可控制、可接受。这就包含了对风险的适当控制以及提前监测和预警。如果可以避免风险，便会减少“灭火”的时间。

创业风险的识别要从识别主要可能出现的风险开始。当然，不要期待能预测所有可能发生的事情，但至少要尝试预料可能发生的事情，这样可以带来更多应对风险的计划和选择。风险存在于企业经营的方方面面，以不同的形式出现。风险可能来自：

（1）外部事件：例如洪水、火灾及流行性病毒等，这是很难预测及发生概率较低的事件，但影响可能会比较大，例如失去生命等。这需要采取紧急应对措施。而产业和经济政策的变化、行业与技术的更新、竞争对手的竞争策略变化等也是外部事件，这些事件发生的概率相对较高，可以提前感知和预测，需要提前制定风险防范措施。

（2）内部事件：例如机器故障、产品质量不达标、办公场所租金增加、管理人员流失等，这些都存在于企业的正常经营过程中。除此之外，在企业经营的各个阶段和环节都可能出现各种各样的风险。这些风险出现的概率较高，对企业也有着重要的影响。这些风险在企业经营过程中很容易被识别，有针对性地进行防范就可以大大减少其对企业产生的影响和损失。

案例 5-6：Amp'd Mobile 的危机

移动运营商 Amp'd Mobile 进行过五轮融资，共获投资 3.5 亿美元，其中第三轮融资额和第五轮融资额分别高达 1.5 亿美元和 1.07 亿美元。然而，破产前 Amp'd Mobile 负债已超过 1 亿美元，公司自身全部资产不足 1 亿美元，所以不得不申请破产保护。

Amp'd Mobile专注于年轻人市场，用户群体的收入并不高，许多年轻人的手机还与种种家庭计划套餐绑在一起，由父母支付费用。据统计，在该公司的 17.5 万名用户中，有 8 万人无法支付账单，同时，其他运营商的付款周期为 30 天，而Amp'd Mobile 则是 90 天。持续增加的债务问题压倒了 Amp'd Mobile，使其一步步走向破产。

案例 5-7：从宠儿到弃儿

Webvan 曾是美国一时风光无限的网上杂货零售商，初期就吸引了包括红杉、Benchmark、软银、高盛、雅虎在内高达 1.2 亿美元的风险投资。在短短 18 个月的时间里，Webvan 成功上市融资 3.75 亿美元，市场范围从旧金山海岸地区扩张到美国 8 个城市，并从零开始建立起了一套巨大的配套基础设施（其中包括耗资 10 亿美元购入一片高科技园区的仓库）。

1999 年 11 月上市后，公司最高市值一度达到 76 亿美元，然而疯狂的“烧钱”策略让它未能扛过 2000 年网络泡沫破灭的灾难，短短两年就宣布破产。两年时间内Webvan总计亏损超过 12 亿美元，平均每单亏损 130 美元。2001 年 7 月，Webvan 倒闭，2000 多名员工失业。

“他们为基础设施建设花了太多钱，尽管这是他们商业模式中的一环，但这个计划中的优势最终却带来了最坏的结果。”证券分析师大卫·卡瑟曼（David Kathman）说，“公司扩张得很快，然而市场需求跟不上，规模大反而成了累赘。”

思考题

1. 上面两个案例中的企业都面临什么风险?
2. 它们面临的风险是什么类型的?

关于风险识别，有一个很好的方法称作情景计划法（Scenario Planning）。它是指按照企业经营的全过程，将经营过程进行情景化描述，在描述情景的同时对企业面对的风险进行识别。表5-7提供了一份刚开始创业可能面临的风险的清单。同时还要注意到，无论采用的方法多么先进，分析得多么彻底，都不要期望可以识别出所有的风险。企业经营过程中有很多不可控因素，因此，创业者要随时做好应对风险的准备

表 5-7　创业风险清单 [9]

法律法规政策：开展业务是否被允许	生产力：是否达到目标
区域文化、风俗：业务是否容易被接受	行政：过程及程序是否运行良好
延迟营业：有什么主要活动引致延迟	品牌识别：是否已成立
竞争者：他们在做什么	知识产权：是否安全
竞争优势：是否已被侵蚀	技术：变化如何影响你
市场：如何变化	投资：需要更多投资吗

（续）

用户价值主张：是否已实行	存货/库存：是否足够或太多
产品/（服务）质量：是否足够好	推销：是否在控制之内
用户服务：他们满意吗	债务人/应收款项：是否在控制之内
现金流量表：是否足够	利率：变化将如何影响你
销售：是否达到目标	兑换率：变化将如何影响你
利润：是否达到目标	管理：团队组织得好吗
运营：主要活动是否受控	

思考题

应用情景计划法分析你的创业机会目前面临什么样的风险。

风险识别只是风险管理过程的开始，并非所有的风险都是一样的，风险的出现是有概率的。如果发生概率十分低，在准备应急预案方面是否会有所忽略？如果风险真的发生了，就会对企业产生非常大的影响。如何降低或避免风险？如何对风险进行检测？有效的风险管理过程主要分为以下四个步骤：

第一步：风险识别（内在风险和外在风险）。

第二步：评估风险出现的概率和影响。

第三步：决定采取什么措施应对风险（避免或降低风险影响）。

第四步：制定什么检测预警信号以辨别风险的出现。

5.4.2 风险评估

风险管理的优先级由风险管理过程的第二步决定。理想的优先级是先处理出现概率高、造成损失最大的风险，而出现概率低、造成损失小的风险是最后处理的。图5-5展现了识别风险的三个维度，分别是风险的影响力、发生概率和可控性。任何风险如果对企业发展造成重大影响都是一件令人不快的事情。一旦风险发生，就可能带来极大的危害，对企业发展是十分不利的。相比之下，影响小又极少出现的风险显示为风险最小。第三个维度是风险的可控性，有些风险可能在你的控制或影响范围之内，而有些风险则完全不受控制。风险的分类不是目的，问题在于如何才可以更好地控制和缓和风险。

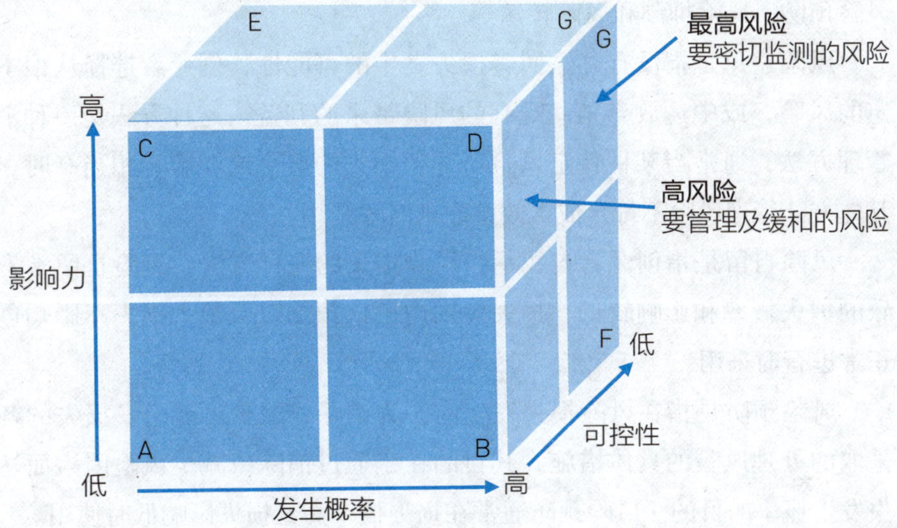

图 5-5　风险的分类

一般来说，越不受控制、影响越大、发生概率越高的风险越危险。应用三个维度对风险的分类就像一个魔方，在魔方中，影响最大、发生概率最大、最不受控制的方块风险最大（见图中G）。这样的风险是很难避免或缓和的，但一定要密切监测。在企业发展中有着重要影响但却可控的风险（见图中D），应该在企业风险管理中集中关注并尽量避免。

通过上面分析，将风险发生概率（P）、风险影响力（I）和风险可控性（C）分成低（1）、中（2）、高（3）三个级别。这三个维度是风险分类最为重要的三个方面，若三个因素组合在一起，风险事件的影响会有倍增的效果。通过对三个因素的评分可以计算出事件的风险指数（RI），计算公式为

$$\mathrm{RI}=\frac{P\times I}{C}$$

风险指数越高，说明该事件对企业构成的风险越大。在风险防范和管理中，要着重监测风险指数高的风险事件，并对其准备好应对措施。

5.4.3 风险应对

风险应对是创业者在风险评估的基础上，选择最佳的风险管理技术，采取及

时有效的方法进行防范和控制，用最经济合理的方法来综合处理风险，以实现最大安全保障的一种科学管理方法。常用的风险应对方法有风险避免、风险自留、风险预防、风险抑制和风险转嫁等。

风险避免是指没有办法回避损失发生的可能性，创业者选择从根本上回避特定的风险，或中途放弃某些既有的风险带来的利益。这种方法是一种消极的风险管理方法，通常当某种特定风险所导致损失的概率或者影响相当高时，或者采用其他方法管理风险不符合成本效益原则时才采用。

风险自留是指创业者自我承担风险损失的一种方法。风险自留常常在风险所致的损失概率和影响较低、损失短期内可以预测以及最大损失不影响创业活动的正常进行时采用。

风险预防是指在风险损失发生前，为消除或减少可能引发损失的各种因素而采取的处理风险的具体措施。其目的在于通过消除或减少风险因素而达到降低损失发生概率的目的。风险预防通常在损失概率高且损失影响低时使用。

风险抑制是指在损失发生时或损失发生后，为减少损失影响而采取的各种应对措施。风险抑制常常在损失影响大且风险又无法避免或转嫁的情况下采用，例如损失发生后的自救和损失处理等。

风险转嫁是指创业者为避免承担风险损失，有意识地将损失或与损失有关的财务后果转嫁给他人承担的一种风险管理方法。具体来说，创业者可采用保险转嫁、转让转嫁和合同转嫁等方式。

创业者或初创企业要针对风险评估的结果和具体的评估环境，选择适合的风险应对方法，采用科学的风险应对策略。例如，对于损失金额小的风险采取风险自留的方式，对于发生概率高、损失金额大的风险采取风险转嫁的方式等。

表 5-8 风险应对策略矩阵 [10]

风险影响力 \ 发生概率	高发生概率	低发生概率
高影响	风险避免 风险抑制 风险转嫁	风险避免 风险抑制
低影响	风险避免 风险预防	风险自留

案例 5-8：优步模式的风险[11]

2009年，加利福尼亚大学洛杉矶分校辍学生特拉维斯·卡兰尼克（Travis Kalanick）和好友加雷特·坎普（Garrett Camp）创立了优步公司（Uber Technologies, Inc.）。目前优步的业务在覆盖了全球范围内的121座城市。2015年优步已经估值500亿美元，预计收益为20亿美元，是2014年的4倍。从市值上看，优步已经是一家大公司。然而，这并不意味着如今的优步就已经高枕无忧了，因为该公司依旧面临着来自诸多竞争对手的威胁以及监管政策的不确定性。

《金融时报》报道，美国法院将优步的驾驶员认定为雇员，而非承包人。尽管该案件仅涉及一名优步驾驶员，但其他类似案件将接踵而至，包括集体诉讼。一系列不利判决可能会打击优步的经营模式。作为承包人，优步的驾驶员自己提供车辆并支付油费和保险费；但作为雇员，其将享有医疗保险、加班费等。

但这并不是优步面临的唯一风险。保险范围是模糊不清的，特别是从驾驶员打开优步软件到接上乘客这段时间的保险很难界定。此外，优步在中国投资超过10亿美元，同时也伴随着地缘政治风险，而且市场上已经有了一个很强的本土竞争者。

优步很具有吸引力，但风险尚未被充分评估。谷歌当年达到同样规模估值时，其盈利比优步要高很多。在硅谷，优步的融资模式几乎取代了传统的IPO（首次公开募股），后者的关键作用在于能够充分评估投资风险。如果是IPO，各种风险因素在招股说明上一目了然，可以想见，优步的投资者就不会像现在这样兴奋了。

思考题

1. 查阅优步的有关资料，分析优步的经营过程中面临哪些风险。
2. 对这些风险进行评估，分析哪些风险的风险指数最高。
3. 针对这些风险，优步公司应该采取什么样的风险应对措施？

5.4.4 风险监测

企业经营的风险分为系统风险和非系统风险。

系统风险是指由某种全局性的共同因素引起的，创业者或初创企业本身控制不了或无法施加影响，并难以采取有效方法消除的风险。因此，系统风险也称为“不可分散风险”。一般来说，环境风险、市场风险等属于系统风险。

创业者应尽可能运用所学知识和所掌握的资源，采用科学的方法来对那些能够预测的风险进行深入分析，通过和团队成员探讨、请教外部专家等方法来预测创业环境的可能变化，以及该变化会对创业企业界带来的影响，对创业的系统风险做到心中有数，并制定应对策略。

由于系统风险的不可分散性，创业者只能根据对系统风险的分析和预测制定合理的应对措施，巧妙规避并尽可能降低系统风险发生后对创业者自身或初创企业的不利影响。例如，若预测到市场利率上升则应尽量筹集长期资金；若预测到未来经济低迷则应尽可能持有较多现金等。

非系统风险是由特定创业者或初创企业自身因素引起的，只对该创业者或初创企业产生影响。因此，创业者和初创企业可以在某程度上对其进行控制，并通过一定的手段予以预防和分散。企业经营的非系统风险主要包括机会选择风险、人力资源风险、技术风险、管理风险、财务风险等。

1. 机会选择风险

机会选择风险是一种潜在风险，是指由于选择创业而失去其他发展机会可能损失的最大收益。因此，创业者在创业准备之初就应该对创业的风险和收益进行全面权衡，将创业目标和目前的职业收益进行比较，结合当下的创业环境、自己的生涯规划进行权衡分析。如果认为创业时机已经成熟，刚好有一个绝佳的创业机会可以转化为创业项目，而且该项目又与自己的生涯规划相吻合，那么就要狠下决心，立即着手创业。否则，就不要急于创业，而应先继续从事目前的工作，边工作边认真观察，学习所在企业高层管理者的管理技巧等；同时，学会利用自己的工作机会建立良好的关系网络，待时机成熟再开始创业。

2. 人力资源风险

人力资源是创业活动中最重要的资源，由此产生的风险对初创企业来说往往也是致命的风险，所以一定要予以充分关注。首先，创业者应不断充实自己，持续提高个人素质，使自己的知识和能力与创业活动相匹配；其次，通过沟通、协调、激励、奖惩、评价、目标设定等多种手段管理创业团队，并在创业团队发展的不同阶段确定相应的管理内容，科学合理地对成员进行绩效评价；最后，招聘具有良好职业道德和团队合作意识、拥有岗位相匹配技能的员工，通过在合同中明确权利义务关系和适当授权，以及畅通的人力资源管理系统，使关键员工的工作管理与非工作管理相结合。

3. 技术风险

技术创新能给拥有者带来丰厚的回报，但掌控不好也可能会使创业者颗粒无收。因此，创业一定要通过加强自身能力建设或建立创新联盟等方式减少技术风险发生的可能性。①应加强对技术创新方案的可行性论证，减少技术开发与技术选择的盲目性，并通过建立灵敏的技术信息预警系统，及时预防技术风险；②可通过组建技术开发体系或建立创新联盟等方式来分散技术创新的风险；③提高初创企业技术系统的活力，降低技术风险发生的可能性；④高度重视专利申请、技术标准申请等保护性措施的采用，通过法律手段降低损失出现的可能性。

4. 管理风险

通过提高管理者的素质，改变管理和决策方式，可以有效应对初创企业的管理风险。具体来说，可以采取以下主要措施：①应努力提高核心创业成员的素质，树立其诚信意识和市场经济观念，并以此为基础搞好领导层的自身建设，建立能适应企业不同发展阶段变革的组织机构；②实行民主决策与集权管理的统一，将企业的执行权合理分配，避免不规范的家族式管理影响企业发展；③明确决策目标，完善决策机制，减少决策失误。

5. 财务风险

筹资困难和资本结构不合理是很多初创企业明显的财务特征和主要的财务风险来源。有效规避财务风险要求做到以下几点：①创业者要对创业所需资金进行合理估计，避免筹资不足影响企业的健康成长和后继发展；②要学会建立和经营创业者自身和初创企业的信用，提高获得资金的概率；③创业者或创业团队一定要学会在企业的长远发展和目前利益之间进行权衡，设置合理的财务结构，从恰当的渠道获得资金；④管好初创企业的现金流，避免出现现金流带来的财务拮据甚至破产清算的局面。

思考题

1. 你现在的创业项目存在哪些风险？分别是什么类型的风险？你打算对其采取怎样的应对措施？

2. 对你的项目未来可能面临的风险，你将采用什么方法对其进行监测和管理?

参考文献

[1] 杰弗·里蒂蒙斯，小斯蒂芬·斯皮内利．创业学［M］．周伟民，吕长春，译．6版．北京：人民邮电出版社，2005.

[2] R N Lussier，J Corman，D C Kimball. Entrepreneurial New Venture Skills［M］. 3rd ed. NY:Routledge，2015.

[3] E G Michael. Entrepreneurship 101: How to Turn Your Idea into a Money Machine［M］. New Jersey: John Wiley & Sons，Inc，2007.

[4] Daniel J Couger. Creative Problem Solving and Opportunity Finding［M］. New York: Boyd & Fraser Pub Co，1995.

[5] D H Robert，P P Michael，A S Dean. Entrepreneurship［M］. 9th ed.New York: McGraw-Hill/Irwin，2013.

[6] William D Bygrave，Andrew Zacharakis. The Portabele MBA in Entrepreneurship［M］. New Jersey: John Wiley & Sons，Inc，2010.

[7] 林永丽．盈利模式不清晰抄袭泛滥 APP创业者遇生存难题［J/OL］．半岛网——半岛都市报．［2014-12-21］. http://news.bandao.cn/news_html/201412/20141221/news_20141221_2485819.shtml.

[8] MK．诺基亚衰落五大原因：反应迟缓．执行力不如三星［J/OL］．搜狐IT.［2012-04-28］. http://it.sohu.com/20120428/n341935245.shtml.

[9] Paul Burns. New Venture Creation-A framework for entrepreneurial start-ups［M］. London: Palgrave Macmillan，2014.

[10] 李家华，等．创业基础［M］．2版．北京：北京师范大学出版社，2014.

[11] 驻英国经商参处．英媒评Uber商业模式存储多风险［N/OL］．环球网.［2015-06-23］. http://china.huanqiu.com/News/mofcom/2015-06/6742741.html.

第6章

怎样寻找创业伙伴？

企业发展就是要发展一批狼。狼有三大特性：一是敏锐的嗅觉；二是不屈不挠、奋不顾身的进攻精神；三是群体奋斗的意识。

——任正非

学习目标

1. 创业团队的领导者是什么样的人?
2. 怎样寻找创业团队成员?
3. 什么是创业团队?
4. 创业团队成员的角色有哪些?
5. 高效创业团队的特点有哪些?
6. 创业团队的类型有哪些?
7. 简述创业团队的变化、冲突和形成过程。
8. 创业团队股权分配受哪些因素影响?

6.1 创业领袖

6.1.1 创业领袖概述

对创业领袖有一个很形象的比喻，就是狼群的头狼。面对不可见目标，唯有头狼才有可能带着团队坚韧追索；面对“半饥饿、拼命跑”的团队，唯有头狼才有可能给予团队持久的信念与信心；面对不确定性很强的长途奔袭，头狼必须保证团队的高度一致，而要保持狼队的高度一致，就需要头狼随时驱离反叛者甚至是迟疑者。

创业领袖是组织一群人来共同实现一个目标，通过他们的勇于创新、敢于冒险、积极利用机会、控制不断变化的环境的创业行为，实现组织利益的最大化。创业领袖在组织中应用科学的方法来识别创业机会从而获得优势，控制环境带来的变化并传递这些优势。在企业管理中，最重要的是有效的管理风险而不是将风险最小化。创业领袖必须具有在模糊和变化的环境中快速学习的能力，从而使环境变得清晰、一致。创业领袖负责安排企业的行动，而且其行动必须具有前瞻性。他们认为可以通过发散的人员和资源，不断实现组织的目标。

团队领袖是为了实现团队关键的一致性目标，为团队其他成员提供指引和领导的人。他为团队设定可衡量的定量化团队目标，既是团队成员也是团队的管理者，在团队中承担着不同的责任，担任着不同的角色。为了团队最终能够实现预定的目标，实现整个团队的成功，团队领袖还要发挥管理艺术，鼓励所有的团队成员，同时让大家共同分享成功的喜悦[1]。

斯库勒（Scouller）认为，团队领袖的主要任务是：①鼓励并领导团队成员实现目标和愿景，并共同分享；②控制团队的行动、过程和结果；③塑造团结的集体和团队精神；④关注每个团队成员[2]。

团队领袖是组织中的重要成员，团队成员可能不会直接向团队领袖进行汇报，但是他们一定会不遗余力地支持团队领袖和其他团队成员实现组织的目标。一个好的团队领袖会客观地倾听团队其他成员、客户、供应商、竞争者等的意见和反馈，并积极做出调整。团队领袖良好的倾听能力会明显提高整个团队的竞争力和产出能力。

真正的领袖能让身边的人清晰地明白：他们自己想做什么，想拥有什么，想成为什么。这样的领袖激发人们未知的动力，帮助他们设定要达到的目标，带领他们战胜内心的懒惰、焦虑、困扰，领导每个人达成自己心底曾憧憬万分，却没敢想象能够真正实现的辉煌目标。这样的领袖是其他人追随的榜样，他坚定、睿智、理智而能够理解他人。在其他人眼中，他是黑夜中炯炯闪烁的冲天火光，是夕阳下向着远方地平线走去的伟岸背影。人们不需要被管理，而需要被这样的领袖领导[3]。

案例 6–1：“PayPal”走出的创业领袖们

创投届的彼得·蒂尔（Peter Thiel）创建的第一个团队被称作“PayPal”，2002年他们以15亿美元出售了PayPal。从此，PayPal解体。但是PayPal成员在分开后，依然相互帮助，开办、投资成功的技术公司，他们还各自另觅合伙人，成为连续创业者。彼得·蒂尔投身创投，与合伙人创办了帕兰提尔公司；埃隆·马斯克（Elon Musk）创办了太空探索技术公司，并与别人合伙创办了特斯拉汽车公司；里德·霍夫曼找到了合伙人，创建了领英公司（LinkedIn）；陈士骏（Steve Chen）、查德·赫尔利（Chod Hurley）和贾维德·卡里姆（Jawed Karim）共同创办了YouTube视频网站；杰瑞米·斯托普尔曼（Jeremy Stoppelman）和拉塞尔·西蒙斯（Russel Simmons）成立了Yelp点评网站；大卫·萨克斯（David Sacks）与其他投资人共创了YAMMER企业社交网络服务公司。如今这7家公司价值都超过10亿美元。这些公司的共同点是，都是团队创业。这应该是对团队创业的最佳阐述。虽然它们并没有刻意营造办公环境，但是整个团队和个人都做得极其出色，这样的文化足以超越很多企业。

6.1.2 领导者与管理者

尽管领导者和管理者十分容易混淆，但是二者还是有明显区别的。团队的领导者更像一个艺术家，倾向于用更具创造性的思维解决问题，也被描述为创业的先贤；而管理者更加关注组织和团队的任务的完成情况。20世纪70年代，哈佛商学院教授、精神分析学家亚伯拉罕·扎莱兹尼克（Abraham Zaleznik）为这种区分赋予了个性特征。他认为，领导者与管理者是不同种类的人，受不同的个性所驱使。领导者利于冒险、考虑长远、不喜欢规矩，他们可以激发追随者强烈的情感——爱与恨、钦佩与怨愤；管理者循规蹈矩，他们追求的是秩序、控制以及快速解决方案。多数公司更偏爱协作，扼杀了“推动领导力的进取精神和主动性”[4]。领导者和管理者在动机、个人历史及想问题和做事情的方式上存在差异。他认为，管理者即使不是以一种消极的态度，也是以一种非个人化的态度面对目标的；领导者则是以一种个人的、积极的态度面对目标的。管理者倾向于把工作视为可以达到的过程，这种过程包括人与观念，两者相互作用就会产生策略和决策；领导者的工作具有高度的冒险性，他们常常倾向于主动寻求冒险，当机遇和奖励很高时尤其如此。管理者根据自己在事件和决策过程中所扮演的角色与他人发生关系；而领导者关心的是观点，以一种更为直觉和移情的方式与他人发生关系[5]。

约翰·科特（John Kotter）重新定义了管理与领导的区别。他将管理与领导视为不同种类的工作，而非不同种类的人。管理旨在通过例行规划、组织和协调确保效率；领导的目的是创造改变，通过设想更美好的未来，找到能够实现这种未来的人，启发他们去实现。科特认为，大多数组织都需要两者的结合，而怎样结合更有效取决于具体情况：情况越复杂，产品涉及地域和机构越多，越需要管理；而组织所处环境越不稳定，越需要领导。领导与管理的区别主要体现在以下三个方面：

（1）领导具有全局性，管理具有局部性。也就是说，领导侧重于战略，管理侧重于战术。领导活动注重对组织内部各个组成部分进行整体性的计划、协调和控制；而管理则是一种技术性较强的工作，其目的在于提高某项工作的效率。

（2）领导具有超前性，管理具有当前性。领导活动致力于整个组织发展方向的规定，这主要体现在决策和目标的制定等方面；而管理则侧重于当前活动的落实。

（3）领导具有超脱性，管理具有操作性。领导要从根本上、宏观上把握活动过程；而管理必须注意细节问题，要通过对人、财、物、时间、信息的安排与配置，使各要素得到合理运用。

领导与管理之间也有一定的联系：领导通过管理实现目标，管理是一种方法、一种程序，领导驾驭在管理之上。管理是领导实现目标、计划、成效的体现，通过管理可以更好地实现生产运作的程序化和效率化。领导就像大脑，通过管理实现各个组织的密切协作配合，完成组织预定的目标。

领导者是决策者，管理者是执行者。任何一个企业都必须既有领导又有管理。只有领导而无管理，领导的意图和目的往往比较难以实现；同样，如果只有管理而无领导，管理的愿望和目的也难以达到。领导者与管理者虽有相同之处，但绝不可以混为一谈，正确认识两者的区别与联系有助于对日常的管理活动进行更好的把握，从而促进组织的发展[5]。

6.1.3 领导者特质

当人们几乎不知道有领导者存在时，这时的领导才是最佳的领导。最佳的领导会在人们无意识的情况下对他们进行领导，直至共同完成工作目标，人们也不会意识到他们曾被领导过。究竟具有什么特质才能成为一名合格的领导者呢？迈克尔·波特把领导者的特质概括为领导远见（Purpose）、热情（Passion）、自我定位（Place）、优先顺序（Priority）、人才经营（People）和领导权力（Power）六个方面，也称为领导者6P特质[6]。

1. 领导远见

领导者必须对未来有明确的发展方向，应该向下属展示自己的梦想，并鼓励成员向梦想前进。一旦下属需要，领导者随时都在身边。就像彼得·德鲁克所说："优秀的经营管理和平凡的经营管理有一个不同，那就是优秀的经营管理能够取得长期和短期的平衡。"在制定领导远见的时候，必须要有领导的目标与之进行配合。优秀的领导者应该是一个方向的制定者。

领导者知道他们的使命是什么，知道自己的组织存在的意义。一个杰出的领导者会有一个深思熟虑的对组织目标的描述（通常是书面的）。目标不是神秘的或抽象的，而是可以描述的、明晰的并且可以理解的。组织里每个员工都应能认同这个使命，并努力实现它[7]。

2. 热情

领导者必须对自己所从事的工作和事业抱有特别的热忱。同时，好的领导者不仅自己对未来充满信心，还要能激发下属的工作热情。一个不能激发下属工作热情的人，或者说不会激励下属的人，是没有资格做领导的。领导热情既没有替代物，也很难量化，但它是企业完成目标和任务的一种催化剂。

人们通常认为钞票给企业家带来了成功。但是，企业家会告诉你，他们是被自己的产品和服务的热情、有机会解决一个问题以及使生活更容易、更美好、更便宜的愿望所驱动的。"我认识的大多数企业家都相信他们将改变世界，"来自大西洋大学和百森商学院、有企业实践经验的商学教授杰伊·弗雷德兰德（Jay Friedlander）说道。"这是一种能使他们在满布荆棘的道路上奋力前行的激励和信念。"[8]

3. 自我定位

领导者应该特别清楚自己扮演的角色以及这个角色所应承担的责任。这些角色包括上司、下属、同事，还包括一个千万不要忘记的角色，那就是自己。他应该知道如何让自己进步，怎么样给自己加压，怎么样去学习新东西。

事实上，企业中很少有领导者拥有所有必要的技巧和能力，以证明其掌握每个必要领域的所有知识。为弥补这一弱点，一个睿智的领导者会召集经验丰富、可靠而又能干的个人组成有力的团队，来弥补其自身的不足。这些能力将领导者和其他人区分开来。但是，领导者必须愿意承认他们缺乏某些能力，并去寻找值得信赖的同事来弥补这些不足。团队建立之后，领导者需要信任这个团队以了解其中的问题，制订解决方案并加以执行[8]。

4. 优先顺序

优秀领导者的一个特点就是能够明确地判断处理事务的优先顺序。领导者要想提高绩效，就必须懂得有所取舍，在有限的时间和资源范围之内，决定到底先做什么，这就是优先顺序的思维方式。领导者应当能决定自己需要什么，而且能决定自己应当放弃什么，这两个决定具有相同的重要性。也许决定放弃什么会比决定要做什么更难，但是领导者需要这种勇气和智慧。

5. 人才经营

领导者应该相信，无论是上司、同事还是下属，都是企业可以依赖的资源，都是企业的绩效伙伴。但是，人员也可能成为企业的负担。领导者需要识别人才并善用人才，充分发挥他们的才干。

通常，员工需要指导、引导和激励。领导者则需要成为这样的人。当然，企业希望人事部门能聘请到能够自我激励的人才。然而，有些时候，很多员工需要领导者在语言和行动上的激励。员工也需要有人尊敬、欣赏并追随他们。即使当产品或者提供的服务看起来一切都进行得很好时，有时领导者也要进一步提出建议或者鼓励，以确保员工以最佳状态完成工作。

6. 领导权力

自古以来，领导和权力就是密切相关的。领导能力包含领导风格因素，也包含权力因素。所谓权力，就是一个人影响他人的能力。权力的关键是依赖性，你对谁有很强的依赖性，反过来他对你就有很大的权力。权力须与领导者的个人魅力结合起来。

上述六个特质是成为一个合格的领导者必不可少的，做到了仅仅是“合格”，而不是“优秀”或者“卓越”。请记住这句话：“真正的领导者不是天生的，是奋斗出来的，而且通常是自己奋斗出来的。领导者造就自己[6]。”

6.2 创业团队

创业团队是由两个或两个以上的人组成的，他们具有共同的财务方面的义务等，对企业的未来和成功承担责任；他们在追求共同目标和成功方面相互依赖；在企业成立前和创办时，他们担负相应的责任；此外，外界及他们自身都将他们视作一个社会团体[9]。

6.2.1 创业团队的组成要素

创业团队对于初创企业的成功非常重要。据针对20世纪60年代的美国高科技企业的一项研究报告，年销售额超过500万美元的高速成长企业当中，由创业团队建立的比例高达83.3%[10]。创业者在创业过程中的压力是来自方方面面的，因而他（她）寻求“联合创始人”或“合伙人”的帮助是有助于提升创业成功概率的。一般而言，创业团队需要具备五个重要的组成要素：

1. 共同价值观

共同价值观是团队的核心和基石，是团队的灵魂，也是维系团队发展的精神支柱；它对创业团队来说更为重要，具有导向、凝聚、约束和激励的作用，会成为创业团队的基因。力求企业长远发展的团队成员很可能在短期内不注重收益，而“以利为先”的团队成员则会将眼前利益放在首位。如此一来，创业团队内便会形成价值观的冲突。与没有共同价值观的人合作，团队内部的关系将充满冲突和不满。尤其是在创业过程中，当遇到困难和麻烦的时候，当利益与原则冲突的时候，这种现象尤其明显。

汤姆·彼得斯（Tom Peters）曾坚定地指出：“共同价值观是组织文化的核心和基石，是组织的灵魂，也是维系组织生存发展的精神支柱。价值观是人们选择行动的判断标准，它能决定管理活动的成效和方向，是组织文化理论的核心概念。大部分公司之所以能够成功，在于员工能够分辨、接受和执行组织的价值观。”例如，日本松下电器公司以“工业报国，光明正大，团结一致，奋发向上，礼貌谦让，改革发展，服务奉献”为松下七大精神；上海银行以“服务社会，辅助工商实业，抵制国际经济侵略”（后改为“促进国际贸易”）为“上银”精神。它们都已成为企业全员的信念。

2. 目标及计划

创业团队应该有一个既定的共同目标，为团队成员导航。没有目标，创业团队就没有存在的价值。目标在初创企业的管理中常以初创企业的远景、战略等形式体现。目标包括总目标以及各种实现总目标的计划。

在初创企业成立和步入成熟期的时候，创业团队的首要任务是通过努力提升企业的技术实力、拓展市场、增强管理、把握企业发展方向以及规划长远发展。为了推动团队最终实现这个目标，需要再将总目标加以分解，即设定若干可行的、阶段性的子目标。这里的目标其实也包含了计划。目标和计划有两层含义：一是实现最终的创业目标，这是需要通过详尽的方案以及后续的实施来实现的；二是保证计划实施的进度，令企业在成长过程中不会因计划的滞后而受到阻碍。由此可见，目标是计划的最终目的，计划是实现目标的过程。

3. 团队成员

我国唐朝著名诗人邵谒有云：“长才靡入用，大厦失巨楹。”可见，发现人才、使用人才在我国古代就引起了广泛重视。孙中山先生也说过，人能尽其才则百事兴。有了人才，不一定有事业；但是没有人才，就一定没有事业。人是构成创业团队最核心的要素。两个及两个以上的人就能形成一个群体，当群体有共同奋斗的目标时就形成了团队。在一个创业团队中，不同的成员通过分工来共同完成创业团队的目标。团队的规模不宜过大，因为冗余人员有可能会令整个团队的高效运转变成一纸空谈。此外，规模过大还会导致团队内产生小团体，这势必会削弱团队的凝聚力。但是，团队的成员也不宜过少，不然团队应有的功能以及优势就无法实现。

4. 团队定位

创业团队的定位包含两层意思：一是创业团队的定位，包括创业团队在初创企业中处于什么位置，创业团队最终应对谁负责等；二是创业团队成员的定位，包括个体作为成员在创业团队中扮演什么角色等。

5. 权限划分

创业团队当中，主导人物的权限大小与其团队的发展阶段和初创企业所处行业相关。创业团队内部的权限需要正确划分。这样做的目的是保证创业计划的顺利进行和各项工作的有效进展。在权限划分当中，创业团队应该明确每个成员在企业运营中所拥有的权力和要承担的职责。所谓的明确，是指权限的划分不能重叠，也不能空缺。一般来说，创业团队越成熟，主导人物所拥有的权限相应越小，在创业团队发展的初期阶段，领导权相对比较集中。对于大学生的初创企业而言，一方面缺乏经验，另一方面经济形势瞬息万变，这有可能让创业团队不断出现人员调整。因此，各成员的权限也应在这个过程中不断地调整。

6.2.2 团队成员的角色划分

企业初创时期团队的人数很少，但必要的分工却不能缺少。创业团队组建时，需根据团队类型及结构物色成员，实行分工协作。一个协作团队只有具备了范围适当、作用平衡的团队角色，才能充分发挥高效的协作优势。

研究显示，创业团队中的角色通常有九种类型，如表6-1所示。在创业团队组建的时候，成员的权限和定位应该根据其自身的优势和劣势来分配，从而实现人尽其才。

表6-1 九种团队角色描述[11]

角色	角色描述	可允许的缺点	不可允许的缺点
创新者	解决难题，富有创造力和想象力，不墨守成规	过度专注思想而忽略现实	当与他人合作会更加有效果时，不愿与他人交流思想
资源探索者	外向、热情、健谈，发掘机会，增进联系	热情很快冷却	不遵循安排而令用户失望
协调者	成熟、自信，是称职的主事人，阐明目标，促使决策的制定，分工合理	如果发现其他人可完成工作，就不愿亲力亲为	完全信赖团队的努力
完美者	激发人的，充满活力，在压力下成长，有克服困难的动力和勇气	易沮丧与动怒	无法以幽默或礼貌的方式平息局面
监控者	冷静，有战略眼光与识别力，对选择进行比较并做出正确选择	有理性的怀疑	失去理性讽刺一切
凝聚者	协作的、温和的、感觉敏锐的、老练的、建设性的，善于倾听，防止摩擦，平息争端	面对重大事项优柔寡断	逃避承担责任
贯彻者	纪律性强、值得信赖、有保守倾向，办事高效，把想法变为实际行动	坚守教条，相信经验	阻止变化
完成者	勤勤恳恳、尽职尽责、积极投入，找出差错与遗漏，准时完成任务	完美主义	过于执著的行为

（续）

角色	角色描述	可允许的缺点	不可允许的缺点
专家	目标专一、自我鞭策、敢于奉献，提供专门的知识与经验	为了学而学	忽略本领域以外的技能

根据各方观点来看，一个优秀的创业团队必须包括带头人和领导者。这样的带头人和领导者其实并不靠资金、技术、专利来决定，而是需要团队成员在共事过程中发自内心的认可。许多创业团队在很短的时间内就解散了，一个很重要的原因在于缺乏一个合格的带头人和领导者。创新意识非常强的战略决策者，决定企业的未来发展方向。具备较强策划能力的成员，要在初创企业中运用SWOT分析法等方法，对企业的优势、劣势、机会和威胁等方面进行分析，对企业未来进行预测，并对企业的管理和远期规划提出意见；擅长发挥执行力的成员则要发挥自己高效的优势，执行企业的具体事务，例如与供应商洽谈、进行员工培训、负责广告宣传等。唯有这样，团队成员才能算是比较合格的。一个成员很可能身兼数职，但是，一个团队中不能出现角色重叠。因为只要出现职能重复或职位重复的情况，那么今后必然会有各种矛盾和冲突出现，甚至最终可能导致整个创业团队解散。类似的案例不胜枚举。

6.2.3 创业团队的类型

创业团队并非一模一样，也不是一成不变的。依据创业团队的地位平等性和成员间依赖性的强弱，创业团队可以划分为不同类型，包括风铃形创业团队、环形创业团队、星形创业团队以及散点形创业团队，如图6-1所示。有些书中也将前三种类型称为领袖型创业团队、伙伴型创业团队和核心型创业团队[12]。

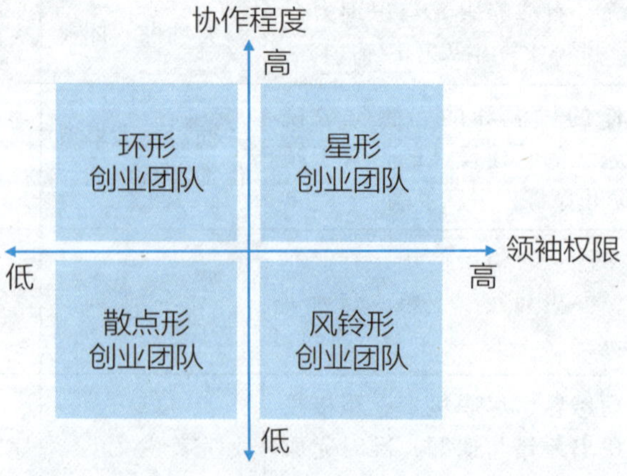

图 6-1　创业团队的类型

1. 风铃形创业团队

风铃形创业团队是指存在一个“领袖”式的主导人物，但成员相互间的独立性较强的团队。团队中的“领袖”往往是掌握了较强的技术或较好的创意之后，寻找合伙人加入该创业团队的人。而在选择合伙人的时候，“领袖”会根据自己的判断选择适合的人作为自己的“支持者”。风铃形创业团队的特点如下：

（1）“领袖”的话语权较大。

（2）做决策速度较快。

（3）权力集中，导致决策失败的可能性增加。

（4）在“领袖”和“支持者”的意见不统一时，“支持者”较为被动；但是，如果“支持者”离开团队，这种冲突对团队的影响相对较小。

（5）不易形成权力重叠。

（6）寻找团队目标的速度较快。

（7）团队的执行力非常强。

2. 环形创业团队

环形创业团队是由怀揣着共同的目标且相互依赖的成员组成的团队。这种创业团队没有一个明确的领导，而且它的形成常常是经过成员的共同协商后，将创业理念厘清，最终组合在一起的。对于初创企业而言，每一个“伙伴”都要找准自己在团队中的定位，并尽到自己作为“协作者”的职责。环形创业团队的特点如下：

（1）团队中各个成员的话语权较平等，没有特定的“领袖”。

（2）在做决策的时候，往往是大家相互讨论，因而做决策的速度较慢。

（3）做出错误决策的可能性较小。

（4）在各“协作者”的意见不统一时，成员倾向于采用协商的态度来解决冲突；不过，一旦冲突升级，有成员离开团队，那么将对整个团队的结构产生很大的影响。

（5）由于团队成员的平等性，团队当中容易形成权力重叠。

（6）寻找团队目标的速度较慢。

（7）团队的执行力较强。

3. 星形创业团队

星形创业团队集合了领导和成员的相互依赖两种特点。这种类型的创业团队中存在一个核心人物，他并不像“领袖”那样有着绝对的权威，而是在做决策的时候要充分地考虑团队成员的意见。另外，团队成员之间是相互依赖的，成员的地位也是平等的。因此，核心人物更多的是负责协调和统筹等内部管理工作。星形创业团队的特点如下：

（1）核心人物的选择多数是由团队成员投票决定的，所以具有令人信服的领导地位。

（2）由于核心人物的存在，团队做决策的速度较快。

（3）由于核心人物考虑成员的意见，决策失误的可能性较小。

（4）当核心人物和普通成员发生意见冲突的时候，普通成员较为被动；且冲突升级的时候，普通成员可能会离队。

（5）不易形成权力重叠。

（6）寻找团队目标的速度比较快。

（7）团队的执行力非常强。

4. 散点形创业团队

散点形创业团队是指团队中不存在权威的领导，同时成员之间相互独立，工作中并不相互依赖的团队。由于缺乏上述两种特点，这种创业团队的内部存在较严格的规则以约束和聚合团队成员。这种类型的创业团队往往出现在创业初期，而且团队中仅仅有一个模糊的创业目标。也就是说，这种团队提出的创业概念是笼统的、有待讨论的。随着理念日渐清晰，散点形创业团队往往会向其他类型发展。一个创业团队如果一直保持着松散的状态，对企业的长期发展是很不利的。散点形创业团队的特点如下：

（1）各成员的话语权较为平等。

（2）团队做决策的速度较慢。

（3）做出错误决策的可能性较小。

（4）成员之间发生意见冲突的时候，往往会平等讨论，通过协商解决问题。

（5）有可能形成权力重叠。

（6）寻找团队目标的速度较慢。

（7）团队的执行力较弱。

创业团队的划分不是绝对的。由于领袖权限和协作程度不同，创业团队在图6-1中的坐标可以落在任何位置。因此，一个创业团队的类型有可能介于两种类型之间。另外，就像散点形创业团队会向其他类型演化一样，其他三种类型的创业团队也有可能互相演变。在企业发展的特定阶段，创业团队在不同类型之间演变对企业来说是非常有利的。例如，在营销中有一种策略是将企业打造成“狼团队”，而有些人将其套用到创业团队当中后发现也同样适用。可是，“狼团队”是星形创业团队。所以，对于初创企业，尤其是大学生创办的企业而言，属于“狼团队”是不利于寻找企业目标的。实际中，大学生在创业时往往会选择风铃形或环形创业团队，待企业越来越成熟，才将团队转变成星形。这个时候，“狼团队”的主动出击和永不言败的优势才能慢慢展现出来。

思考题

1. 从你了解的创业团队中，找出符合上述四种类型的创业团队，并讲述它们的特点和彼此之间的异同。

2. 对比“70后”“80后”“90后”创业团队，找出它们的共性和差异。

6.2.4 创业团队组建过程

创业团队的组建是一个相当复杂的过程，不同类型的创业项目所需的团队不一样，创建步骤也不完全相同。一般创业团队的组建过程如以下六个步骤所示。在创业初期，尤其是大学生创业的过程中，创业团队的组建存在各式各样的情况，可能是先有了团队之后才去创业，也可能是一个人先有了创业的想法然后再组建创业团队等。因此，在创业初期，团队的组建不一定完全遵照这一一般过程；但是，在创业团队逐渐完善和成熟的过程中，大都遵循了这样的过程。也就是说，创业团队组建的起点可能不同，但是到头来遵循的过程还是大体相同的。

1. 明确创业目标

创业团队的总目标就是通过完成创业阶段的技术、市场、规划、组织、管理等各项工作，实现企业的从无到有、从起步到成熟。总目标确定之后，为了推动团队最终实现创业目标，再将总目标加以分解，设定若干可行的、阶段性的子目标。

2. 制订创业计划

在确定了总目标以及阶段性子目标之后，紧接着就要研究如何实现这些目标，这就需要制订周密的创业计划。创业计划是在对创业目标进行具体分解的基础上，以团队为整体来考虑的计划。创业计划确定了在不同的创业阶段需要完成的阶段性任务，通过逐步实现这些阶段性目标，最终实现创业目标。

3. 招募合适的人员

招募合适的人员是创业团队组建最关键的一步。关于创业团队成员的招募，主要应考虑两个方面：一是考虑互补性，即考虑其能否与其他成员在能力或技术上形成互补。这种互补性既有助于强化团队成员之间的彼此合作，又能保证整个团队的战斗力，更好地发挥团队的作用。一般而言，创业团队至少需要管理、技术和营销三个方面的人才。只有这三个方面的人才形成良好的沟通协作关系后，创业团队才可能实现稳定高效。二是考虑适度规模，适度的团队规模是保证团队高效运转的重要条件。团队成员太少则无法实现团队的功能和优势；而过多又可能会产生交流障碍，很可能使团队分裂成许多较小的团体，进而大大削弱团队的凝聚力。

案例 6-2：招不到优秀的员工是因为投入不够

小米公司合伙人的故事非常精彩：公司除7个创始人以外都没有职位，实行超扁平化管理，合伙人各自负责一个业务板块，互不干涉。高效的协作让小米公司的合伙人制度成为人们竞相模仿的对象。

团队是小米公司成功的核心原因：一群聪明人一起共事。雷军为了挖到“聪明人”，不惜一切代价。“如果你招不到人才，实际上是因为你投入的精力不够多。”雷军说，早期他每天都要花费一半以上的时间用来招募人才。对前100名员工，每名员工入职，他都亲自见面并沟通。当时招募优秀的硬件工程师尤其困难。有一次，一个非常资深和出色的硬件工程师被请来小米公司面试，他没有创业的决心，对小米公司的前途也有些怀疑。几个合伙人轮流和他交流，整整12个小时，打动了他。最后这名工程师说：“好吧，我已经体力不支了，还是答应你们算了！”

4. 职权划分

为了保证团队成员执行创业计划、顺利开展各项工作，必须预先在团队内部进行职权划分。创业团队的职权划分就是根据执行创业计划的需要，具体确定每个团队成员所要担负的职责以及相应享有的权限。团队成员之间的职权划分必须明确，既要避免职权的重叠和交叉，也要避免无人承担而造成工作上的疏漏。此外，由于还处于创业过程中，面临的创业环境又是动态、复杂的，会不断出现新的问题，团队成员可能不断更换，因此，创业团队成员的职权也应根据需要不断地进行调整。

5. 构建创业团队制度体系

创业团队制度体系体现了创业团队对成员的控制和激励能力，主要包括团队的各种约束制度和激励制度。一方面，创业团队通过各种约束制度（主要包括纪律条例、组织条例、财务条例、保密条例等），指导其成员避免做出不利于团队发展的行为，对其行为进行有效的约束，保证团队的稳定秩序；另一方面，创业团队要想实现高效运作，要有有效的激励机制（主要包括利益分配方案、奖惩制度、考核标准、激励措施等），使团队成员能看到随着创业目标的实现，其自身利益将会得到怎样的改变，从而达到充分调动成员的积极性、最大限度发挥团队成员作用的目的。要实现有效的激励，必须把成员的收益模式界定清楚，尤其是关于股权、奖惩等与团队成员的利益密切相关的事宜。需要注意的是，创业团队的制度体系应以规范化的书面形式确定下来，以免带来不必要的混乱。

6. 团队的调整融合

完美组合的创业团队并非自创业一开始就能建立起来的，很多是在企业创立一定时间以后，随着企业的发展而逐步形成的。随着团队的运作，团队组建时在人员匹配、制度设计、职权划分等方面的不合理之处会逐渐暴露出来，这时就需要对团队进行调整融合。由于问题的暴露需要一个过程，因此，团队的调整融合也应是一个动态持续的过程。在完成了前面的工作步骤之后，团队的调整融合工作专门针对运行中出现的问题，不断地对前面的步骤进行调整，直至满足实践需要为止。在进行团队调整融合的过程中，最为重要的是要保证团队成员间经常进行有效的沟通与协调，培养和强化团队精神，提升团队士气[13]。

6.3 高效创业团队

6.3.1 高效创业团队的特点

1. 开放

世界是一个开放的系统，创业团队要在社会中生存和发展，没有与外界的信息交流，就是一个封闭小团体，没有活力，没有生机。新团队成员的加入、新技术的引进、新专家的指导，会为企业带来很多的信息和资源，使企业发展的机会更多，发展也更加迅速。创业团队的目的是开创新的局面，这往往意味着开发新的技术、开拓新的市场、应用新的经营管思想、创立新的组织形式等。这种开放性要求创业团队必须是一个具有创新观念和强大能力的集体，而且对创新气氛培养的重视远高于对规章纪律的重视。

2. 平等

创业团队内部往往具有高度的平等性，但这种平等并不是股权和各种权力的绝对平等，而是立足于公正基础上的平等，是建立在团队成员对团队贡献程度基础上的平等，是建立在承担责任和担当义务基础上的平等。对于一个合作机制较强的创业团队来说，“共创、共享、共担”成为合伙人共事的理念。所以，平等性成为团队的重要特征。事实上，无数团队的案例也证明，绝对的平等不仅不利于初创企业的发展，反而会阻碍其发展，原因是权力过于分散，导致决策困难和缓慢，最终导致在运营中无法及时把握机会。所以，能够激励成员发挥特长、出于公心的政策和制度是创业团队急需建立和实现的。此外，公正性也是保证创业团队稳定和长远发展的基础。

3. 互补

一个表现良好的创业团队通常具有良好的团队互补性。某些团队成员可能偏向技术，某些成员则偏向内部经营管理，而某些团队成员可能强于销售渠道的开拓。创业团队成员有可能在思维方式上有所不同：有些人内省，能够很好地思考自身或初创企业发生的问题，思考解决问题的办法；有些人则显得外向，能够很好地拓展企业发展所需要的资源。团队的互补性还体现在团队人口在统计学变量上的差异，例如性别、年龄等因素的不同，也会影响到创业团队的有效性。

4. 协作

相较个人创业来说，创业团队的最大优势就在于它的协作能力。初创企业遇到的风险和困难是多方面的，所以，团队成员的分工协作有利于规避风险和杜绝隐患。从另一个角度讲，团队成员能力的互补性也需要由团队协作来实现。

案例 6-3：3 人小组模式的网状团队

韩都衣舍是起家于淘宝网的互联网品牌，2015年收入超过15亿元。其创始人、CEO赵迎光是从韩国留学回来的大学生，他认为自我裂变、不断进化的小组制是韩都衣舍创业成功的秘籍。

韩都衣舍的小组制是公司的发动机，老板拥有的权力小组全有。韩都衣舍的模式是“以产品小组为核心的单品全程运营体系”，即去中心化的。这个产品小组通常由3个人组成，所有公共资源与服务都围绕着小组去做。3个人中有一个设计师，一个负责产品页面推广，在传统商业叫导购，还有一个货品专员，就是采购的角色，负责供应链的组织。这种小组在韩都衣舍现在有280个。这280个小组没有绝对的中心，而且所有的公共平台都围绕这些小组去服务。

在韩都衣舍，每天早上10点公布前一日所有小组的业绩排名。优秀的小组会拿到较高的奖金。小组内奖金的分配由组长来决定。优秀的组员如果想分得更多钱，可以退出小组，自己组建新的小组。销售排名在后面的小组组员的奖金较其他组少很多，这样的小组组员自然就不想在挣钱少的小组干了，这就促成了小组的分裂。小组分裂后，可以重新自由组合，也可以加入新员工组建的新的小组。

这样，每个小组都是一个竞争因子，几乎就是一个小公司。很多公司都想尝试这种“把公司做小”的理念，而韩都衣舍依托互联网轻装上阵，因而走得更远。

举一反三

1. 列举你认为高效的创业团队，总结它们的特点。
2. 小组讨论影响创业团队运行的主要因素有哪些。

6.3.2 组建高效创业团队的原则

创业者在组建创业团队的时候，都希望自己的创业团队是最好的、最高效的。通过整个创业团队的共同努力，可以快速实现创业的成功。在组建创业团队的过程中要注意哪些事项？本节将介绍创业团队组建的基本原则——MPTRS原则，即理、事、情、补、享原则，如图6-2所示。

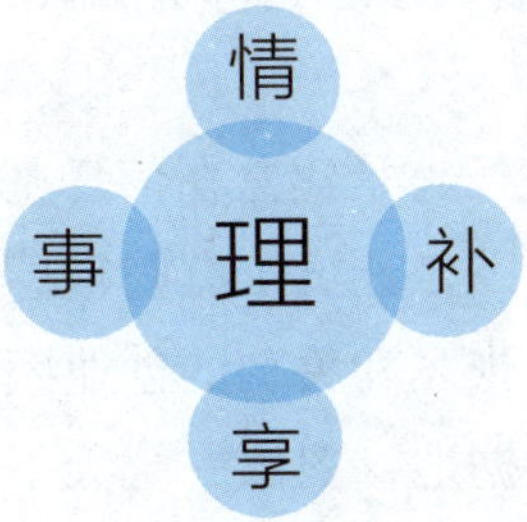

图 6-2　高效创业团队的 MPTRS 原则

1. 理

理（Misson）是建立在共同的理想和价值观基础上的目标，是愿景与期望，是使命感与责任，是超越金钱之外的精神的追求。能够走到一起并组成团队的创业者，都是有着共同的理想和事业愿景的人，而不是追逐眼前利益那么简单。对于创业者而言，更多的是去追寻、去创造一个自己渴望的美好世界，他们也在寻找“同类”，也就是具有共同价值观的人。电子数据系统公司（EDS）和佩罗系统公司（Perot Systems）的创始人罗斯·佩罗（Henry Ross Perot）有一句非常著名的话：“在创建团队的时候，我总是首先寻找乐于胜利的人。如果找不到，那我就去找憎恶失败的人。”有着“中国巴菲特”之称的郭广昌建议创业者：“我觉得在你决定谁可以成为你的合作伙伴的时候，最重要的是要找到一种感觉：关于你人生的基本价值的信条，他跟你一致不一致。从共同点上你可以筛掉一批人，有的人对钱太斤斤计较，你根本就不能要，就不用去考虑。”这当中强调的恰恰就是共同的价值观。最重要的一点在于，创业不是一项朝九晚五的工作，而需要充满热情的执著投入。支撑创业者努力拼搏的就是工作热情，这种热情来源于根植于内心的价值观和信念。

2. 事

事（Process）是实现目标的过程。世间并不存在瞬间实现目标的神通广大的魔法或者灵丹妙药，只有通过不断的艰辛努力，才有可能实现目标。从许多成功的创业团队的经验当中，我们可以发现它们的共性，那就是这些团队都建立起了可执行的团队愿景，使得整个团队凝聚力高、执行力强以及目标明确一致。引导团队走向高效的原则是：目标一致、齐心协力、分担责任。实现和体现这个原则的则是奋斗的点滴的综合，是过程，是经历，是创业团队成员必须经历的患难与共的时光，是铭刻在他们心中的难忘的点点滴滴。或者是共同拼搏的过程，或者是共同出行的愉快，或者是经历失败后的痛哭，或者是取得成功时的欢笑，都是承担责任、齐心协力、共同创造的过程。这些只属于他们的共同的故事、点滴、经历最终逐渐凝结成为一个创业团队的文化与精髓，渗透到每个团队成员的内心。

3. 情

情（Trust）是背靠背的信任，是建立在信任基础上的“共命运，同进退”。创业者必须为员工营造一种氛围，让员工有归宿感。管理学中普遍认为“刘备团队”是一个完美团队。刘备、张飞和关羽的创业团队在得到以诸葛亮为首的文官团队的倾力辅佐后，建立了根据地，图谋一统天下。他们联孙抗曹，巧取荆州，最后建立了与孙权和曹操形成鼎足之势的蜀国。刘备、张飞和关羽这些创业团队成员之间的坚不可摧的情谊让他们克服任何困难，也完美阐述了以义制利的最佳含义。这样的情是创业团队的至高追求和渴慕目标。对于创业团队来说，合作精神也应该是协作精神的精髓。团结的队伍才能实现预设的目标，并营造出富有进取精神的氛围。要形成真正的良好氛围，关键在于成员彼此之间的信任。没有信任就没有尊重，也就没有相互关怀和支持，更没有凝聚力。

4. 补

补（Replenish）是创业团队成员的性格、技能、知识能力等方面的相互补充。根据针对美国波士顿128号公路旁顶级公司的调查，这些迅速崛起并发展壮大的公司当中，有高达70%的公司是由团队而非个人创立的。由此可见，团队的整体素质对于创业成功是至关重要的一点。因此，团队成员之间的性格、技能、知识能力等的相互补充便是提升创业团队素质及帮助创业成功的重要因素。成功的创业团队中，成员各司其职、缺一不可。团队的分工也需要明确，以防出现问题时成员之间互相推诿责任。

5. 享

享（Share）不仅指在团队成员之间的股权分享，还包括荣誉分享。只有患难与共，才能真正诞生奇迹。事实上，分享正成为趋势和潮流。“80后”“90后”的创业者与“50后”“60后”的前辈相比，更具有分享精神。企业内部更加平等、轻松、愉快、简单直接。他们也会更坦率地分享企业发展的故事，包括内部发生的冲突和矛盾。

案例6-4：5位IT巨头的创业团队

史玉柱、马云、陈天桥、马化腾和刘德建这5位IT巨头，其创立的巨人、阿里巴巴、盛大、腾讯、网龙，无疑是中国互联网的骄子企业，任何一家企业的市值都在10亿美元以上。

虽然他们性格迥异，企业发展方向也各自不同，但是其创业成功的密码却有惊人的相似性！巨人、阿里巴巴、盛大、腾讯、网龙的创业团队几乎惊人的一致：其核心成员都是这5位创始人的同事、同学、亲人。史玉柱的巨人团队成员大多是他的大学同学；马云的阿里巴巴团队成员大多是师生、师徒关系；马化腾的腾讯团队成员大多是大学同学、润讯同事；陈天桥的盛大团队成员大多是亲人、同学、同事；网龙创业团队成员则是刘德建和刘路远亲兄弟两人齐上阵。

他们的创业团队组成非常质朴，不是共事多年的同事，就是昔日的大学同学，或者是家人齐上阵；团队成员的背景更称不上华丽，和现在很多新公司高管们十分华丽炫目的高层从业背景形成了鲜明的对比。然而，这样的创业团队组成，似乎在企业遭遇困难之时，凝聚力要更强，而且默契度也更高，企业的战略决策高度统一，在企业取得成功后，也获得了超额回报。

举一反三

1. 什么样的人会是创业团队成员的最佳选择？请找出三种。
2. 寻找三个成功的创业团队，看看它们的成员组成。
3. 列举三种找到创业团队成员的方法。

6.4 创业团队管理

6.4.1 创业团队的成长

从创业团队的生命周期来看，团队发展到追逐权力的阶段，团队冲突增加，矛盾加剧，团队效率也会降低，部分核心成员选择离开团队，许多团队在“争权夺利”这个阶段就停止了发展。对于初创企业来说，此时的生存和发展可能面临着重大危机。如何突破这个瓶颈，实现团队自我超越，是创业团队建设应考虑的关键问题。

事实上，在创业过程中，创业团队的成员构成和组织架构都经常变动。创业团队的变动性从短期看，更多的是会增加创业风险，一旦团队遭到破坏，创业资本、技术、人才等创业资源都会流失；但从长期看，创业团队变动不可避免，在变动的过程中可能会演化成结构更合理、共同点更多的创业团队。创业过程是团队成员磨合的过程，这个磨合过程可能出现以下三种结果:

（1）创业团队成员相互之间更加了解，合作力量大于冲突，重视团队资源和承认团队力量，团队合作的意愿更强烈，团队合作文化进一步形成。尽管团队成员之间可能在经营理念、个人利益等方面存在分歧、矛盾，但共同的价值取向、企业的整体利益在维持团队稳定和发展中起了主要作用。

（2）团队合作力量和意愿与冲突和矛盾的力量能够相对平衡，或者使冲突力量离散，形成相互牵制，维持相对稳定。这种创业团队达成一致共识的时间少，但能够相互妥协，寻求利益共同点，而这种妥协可能以牺牲效率为代价。这种创业团队在发展过程中，可能面临矛盾进一步激化、内耗力量增加，平衡难以维持等问题。

（3）团队成员经历一段时间磨合后，很难形成共同点，团队文化无法建成，团体消除矛盾和冲突的力量和意愿不足，这时团队就面临解散的风险。因此，随着初创企业的发展，创业团队的领导者要注重权力和地位的激励机制，将创业成员的工作成效和职业生涯发展、地位提升有效地结合起来，建立并维护创业团队的运作原则，使团队成员之间相互尊重和信任，能够倾听彼此的意见。明确的创业团队分工可以让成员们在各自的领域中独当一面，这对团队的凝聚具有非常积极的作用。

6.4.2 创业团队冲突的避免

创业团队在发展的过程中会遇到各种矛盾，从而带来冲突。如何应对和解决这些冲突呢？为了发挥出创业团队的互补优势，团队内部应该建立成员间相互合作和学习的重要机制。这既有利于创业的成功，又对减少和解决团队内的冲突有着正面积极作用。正如很多创业案例所描述的，创业能否继续，在很大程度上取决于核心团队成员能否看到其他人的长处，并不断相互学习。因此，为了避免创业团队的冲突，在建立和管理团队的时候应该遵循如下原则：

（1）打造合作式创业团队。意见不统一是创业团队内部非常常见的一种现象，而一个合作式创业团队会在不统一的意见中寻求团队合作的可能性。合作式创业团队会主动寻找每个成员的特长，并通过利用他们各自的优点，将团队的最大潜力发掘出来。

（2）避免团队内部不适宜的竞争。创业团队内部之间有意见分歧是正常的，但如果这种分歧演变成了过度竞争而非寻求共识，那么这种竞争就会成为危害团结的负面行为。创业团队的各成员应该观察各自的优点并取长补短，这是团队领袖或管理者在管理团队的时候应该特别注意的。

（3）在集思广益和果断决策之间找到平衡点。创业团队如果广泛地听取每个成员的意见，那么这对于团队做出正确的决策无疑是非常有利的。但是，如果过度地强调团队内的意见表达，那么可能会出现“议而不决”的情况。所以，在团队内部的讨论当中，团队领袖或管理者要推进团队内的“决议终决权”。

（4）确立团队的目标。团队的目标不宜太多，否则会令成员很难集中精力完成任务。在确立团队目标时，创业团队可以利用SMART原则[14]：

S（Specific）——清晰明确：团队的目标要有明确的范围、程度、时间和效果等。

M（Measurable）——可量化：团队的目标应该是可以用某种标准来衡量的。

A（Assignable）——可分配：团队目标的实现是可以具体分配给某个人或某些人去完成的。

R（Realistic）——可实现：团队目标要切实可行，同时要具备足够的资源。

T（Time-related）——有时限：团队目标的实现时间要明确。

（5）适时调整团队构成。就像整个创业过程一样，完善的团队结构的建立也不是一蹴而就的，而是经过实践不断调整和磨合的。另外，随着企业的不断成长和重新定位等原因，原有的团队组成也有可能不再适应新的企业的管理需求。所以，创业团队在任何阶段都有可能不断调整结构、不断进化。在调整的过程，成员之间的摩擦和矛盾可能会显现出来。此时，需要团队的管理者运用其他原则来避免或减少团队内的冲突。

值得强调的是，创业团队的稳定不是指创业团队一成不变，而是一种“动态的稳定”。创业团队的创建应该遵循着“按需组建，渐进磨合”的方式。创业团队的建设也不是一步到位的。一开始就拥有一支成功、稳定的高绩效团队是每个创业者的理想，然而这种可能性微乎其微。这就需要在合理组建创业团队的基础上，不断加强团队管理，通过建立合理有效的激励机制，使创业团队成员在相互尊重、相互信任、公平、公正的团队氛围内，密切联系、协同配合，保证创业团队的成长能够满足初创企业发展的需要。

举一反三

1. 分析至少三个成功的创业团队，看看它们是如何消除化解矛盾的。
2. 观察三个创业团队，总结一下它们面临的矛盾和冲突，想想应该怎么办。
3. 记录你身边的三个创业团队，看看团队的稳定性如何，为什么有人离开。

6.4.3 创业团队的协作

有句著名的英文谚语："你可以把马带到水边，却不一定能令它饮水。"团队有时就像马一样，需要相互协作，协作是团队凝聚力的基石。要让团队成员之间互相配合、好好协作，需要遵循以下几点要求：

1. 统一解读团队价值观

事实上，创业团队内部的很多障碍是由于误解而产生的，而产生误解的原因是缺乏一套共同的沟通语言。有时候，创业团队内部的矛盾并非是因价值观的不同而引发的，而是各个成员对同一个价值观的认知出现偏差，再加上价值观没有统一的解读和分析，从而引发了团队成员之间的误会。这种情况的产生势必会打击创业团队的凝聚力和执行力。首先，必须对价值观形成趋同的理解和解释。即使一个简单的概念，不同的人对其也可能产生不同的理解。其次，团队的管理者不仅要求其他成员坚持团队价值观，同时自己也要坚守团队价值观。所以，对价值观的权威解读和价值观的统一同样重要，它们都能够减少团队成员之间的矛盾和误解。

2. 构建良好的团队文化

在初创企业建立的过程中，创业者常常关注企业文化，却忽视了创业团队的文化。创业当中的合作风险是很大的，因为即便创始人做好了万全的准备，与团队成员的合作还是有可能遇到麻烦。例如，团队成员在创业之前是非常好的朋友，可是在一起创业的过程中就会发现彼此的另一面，从而在各个成员之间产生隔阂。这样的情况对于创业团队的长期发展会产生非常严重的消极影响。而良好的团队文化是能够降低成员之间隔阂与矛盾的有效方法，并且对团队凝聚力的提升有着潜移默化的影响。良好的团队文化对团队建设的正面效应表现在它能够令各成员更加尊重和信任彼此，团队成员之间的关系会因此变得更加协调。而且，团队文化让团队成员的工作态度变得更加积极主动，并让整个团队紧紧地凝聚在一起，最终将团队竞争力提升到一个全新的高度。

3. 建立公平有效的激励制度

无论创业团队的管理者怎样避免团队冲突，团队在实际运行当中都不可能完全消除内部冲突。此外，初创企业在与同类企业的竞争中，必然会遇到各种意料之外的情况。因此，切实可行的激励制度对于创业团队处理和减少这些麻烦来说是很有必要的。创业团队的激励制度包括荣誉和报酬等。荣誉包括成员的成就感和地位，甚至包括受到尊重和承认等感觉；关于成员的报酬，合理的分配是让成员忠于团队的必要条件。有效地利用荣誉和报酬两种激励制度，是维系创业团队正常运行的有效手段。

4. 组织必要的团队活动

团队活动是让团队成员之间互相了解的平台之一。社交活动也是，正式组织或随意安排都可以，例如喝咖啡、外出聚餐、烧烤、野餐、各种娱乐活动，野外活动等。还有一些特殊安排，例如为某位成员庆祝生日，为元老级别员工庆贺，为某人庆贺周年纪念等其他个人生活方面的事情。还有一些游戏活动，通过这些来调节，可以让成员更好地相互了解，培养感情，融合成一家人。融洽的感情在关键时期会起重要作用，能帮助团队披荆斩棘、迎风破浪、共渡难关。

案例 6-5：义工精神培养创业文化

杭州甲骨文科技有限公司（简称甲骨文公司）位于华星路的创业大厦。该大厦是淘宝网曾经的办公地，当时除了一两层楼，其他楼层都被淘宝网“包”下了。当时甲骨文公司只有二三十人，“藏身”在淘宝网的办公楼内，嗅到的正是互联网蓬勃发展的气息。

甲骨文公司董事长顾惠波在创业10年后回忆说：“当初创业伙伴一共有8个人，现在6个都还留在公司里，其余2个去了外地发展。今天留下来的中流砥柱都是比较务实的人，能很踏实地去做许多事情，也能够比较专注地做好一件事。所以，我们不在乎你有多聪明，更看中踏实做事，这也是我们企业寻找员工的价值观。”

甲骨文公司做的是商品防伪溯源技术，近一半人都是做技术的。顾惠波是学法律的，他用了很特殊的方法凝聚团队——做义工，并以此培育形成公司的文化。“每个新员工入职时都会被告知，进来后要做浙江省爱心事业基金会的义工。”到目前为止，他们还没碰到过一个不肯做义工的新员工。

2008年，甲骨文公司以全公司的名义加入基金会义工管理办公室下属的阳光社团。甲骨文公司内部有一项加星制度：新进员工加入义工社团，就可以为自己加上一颗星；在工作上有积极表现，同样可以加星。累计后，可以为自己赢得晋升机会，还能加工资。顾惠波说，当初公司选择橙色为主色调，就是希望整个团队充满激情。公司开始的时候人少，但有激情，后来人多了，反而变得缺乏激情。通过让员工参与义工活动不仅能帮助别人，还激发了新的激情，更有价值和意义。

举一反三

1. 分析至少三家你熟悉的创业团队，看看它们是怎样激励团队成员的。
2. 访谈三个创业团队，看看它们彼此之间是如何相互协作的。
3. 对比不同创业阶段的三个创业团队，你能发现哪些有趣的变化？

6.5 创业团队的股权分配

创业过程无疑是艰难的，只有创业团队齐心协力、同舟共济，团队才能稳步向前发展。股权分配是创业团队建立中重要的一环，不仅要明确团队价值观，还要建立明确的规则，最终让各股东达成共识。

随着社会经济日益发展和法制逐渐完善，创业者对创业团队内部利益分配的态度也在慢慢转变。因此，旧时的观念现如今已经被“股份+期权”的合约观念所取代了。无论是家族企业还是朋友合作创办的企业，能够发展壮大的并不在多数。因此，无论创业团队成员的关系是何种形式，在进行组合的时候，利益分配的问题都需要提前做好详细的约定。对于初创企业来说，创业团队需要扮演管理层和股东两种角色。因此，初创企业无须考虑股东与管理层之间的权益平衡。

在创业团队的股权分配的研究当中，诺姆·瓦瑟曼（Noam Wasserman）提出了由团队成员角色（Roles）、成员关系（Relationships）和权益（Rewards）三个要素构成的“3R系统”理论[15]，如图6-3所示。“3R系统”理论详细阐明了创业团队成员之间的关系、角色和权益之间如何联系并互相影响，最终形成一个动态平衡。这里重点介绍“关系”和“角色”是如何影响“权益”分配的。

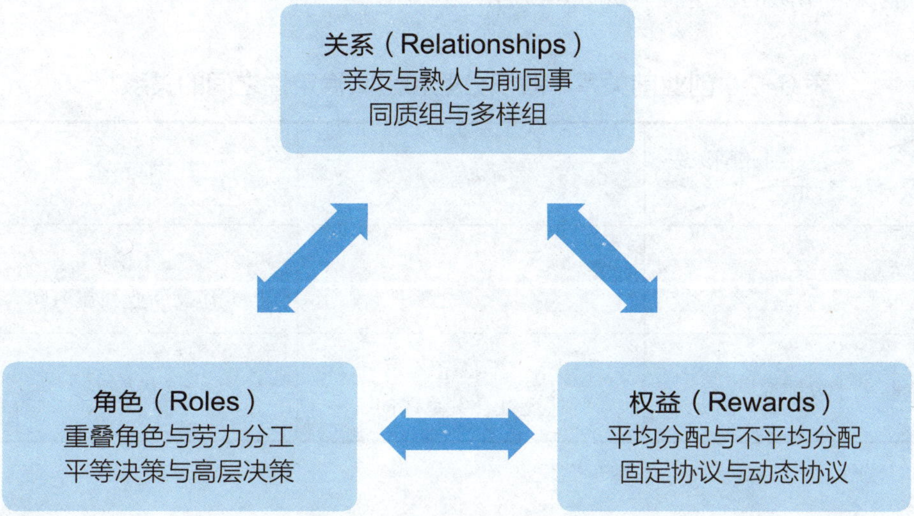

图 6-3　创业团队的“3R 系统”

6.5.1 成员关系对股权分配的影响

团队成员之间的关系不但会影响成员在团队内的职务，还会影响初创企业的股权分配这一常常引起争议的决定。联合创始人在创办企业之前的差异如果低于一个特定的标准，那么成员之间就会平均分配股权；而这种差异一旦高于这个标准，那么成员之间的股权分配就将是不平均的。然而，决定这个差异的一个重要因素就是联合创始人在创业之前的关系。股权理论认为，社会因素（即关系）和经济因素（即权益）之间是有着紧密联系的[16]。根据团队成员在创业前关系的不同，创业团队可以分为社会关系取向和商业利益取向两种类型。社会关系取向的团队更注重维系成员之间的关系，而不把商业利益放在首位；而商业利益取向的团队更注重商业利益，而不是个人关系。在谈及股权分配问题的时候，即便成员们对团队的贡献不尽相同，前一种类型的团队依然会根据社会关系的逻辑来平均分配股权；而后一种类型的团队会依据个人对团队贡献的大小来分配权益——即他们将分配的优先权给予个人贡献和商业表现突出的成员[17]。由此可见，某种股权分配方式在一个创业团队内非常合理，可是在另一个创业团队内却可能非常糟糕。这是由创业团队的取向所决定的。

对于创业前是亲友关系的团队而言，他们倾向于遵循社会关系的原则，因此，平均分配股权才能保证团队的稳定性；对于创业前是工作关系的团队而言，他们倾向于遵循商业利益取向的原则，因此，按照个人贡献和商业表现来分配股权才能保证团队的稳定性，如表6-2所示。

表 6-2　创业前关系、股权分配和团队稳定性之间的关系[18]

股权分配基础＼创业前关系	亲友	前同事
平均分配原则	稳定	不稳定 违反商业利益取向
公平分配原则	不稳定 违反社会关系取向	最稳定

6.5.2 成员角色对股权分配的影响

在“角色”不明确（即成员分工不明确）的创业团队中，联合创始人往往很难确定成员对团队贡献的大小。因此，团队的股权分配很可能会遵循平均分配。然而，在团队梯级和“角色”很明确的创业团队中，股权分配不平均的可能性便大大增加。例如，创业团队中的CEO、联合创始人通常比初创企业中的其他人获得股权多。对于后者来说，对名与利的权衡一定是很审慎的。股权分配也会对成员角色起反作用，也就是说，获得较多股权的人可能会对创业团队施加较大的影响。

成员角色和股权分配之间还存在着另一个重要且长期的相互影响。股权是一项稀缺资源，因此，当成员角色分配较为明确的时候，股权分配也会更加合理。而为了避免将稀缺的股权交给权力重叠的创始人，初创企业可以用股权去吸引企业缺乏的人才。如此一来，企业的权益架构就会与成员角色的匹配度更高。因此，创业团队内早期的股权不合理分配会为企业日后寻求人才制造掣肘。

初创企业在股权分配问题上不应举步维艰，因为只要创业团队足够重视这个问题，分析自身情况，那么就会发现合理分配股权并非难事。

创业企业的股权分配本质上并不复杂，但创业者确实应该给予相当的重视。若能在前期花费少量时间把相关问题理顺，能起到事半功倍的效果，助力企业的良性发展。

案例 6-6：东方博远公司的期权激励

初创企业的产权一般比较明晰，机制灵活，所以对创业团队成员，可以把期权激励作为经济激励的一项重要内容来实施，从而把传统的以报酬为代表的短期经济激励和以期权为代表的长期经济激励结合起来，体现人力资源的价值。例如，东方博远公司在创立初期，创业团队内部签署了协议，明确了每个团队成员的名义股份以及按服务时间逐步释放的原则。其中技术总监名义股份为10%，则这些股份应该在其工作3年、发挥相应作用之后才能够得到。由于期权激励工具都对激励对象利益的兑现附带有服务期的限制，因而这种做法能较好地实现对创业团队成员的持续激励，对于稳定创业团队的作用比较明显。

举一反三

1. 分析至少三家你熟悉的创业团队，看看它们的股权结构。

2. 选择三位创业者，请他们讲述一下由于股权引发的问题。

3. 对比“80后”和“90后”的各三个创业团队的股权分配类型，寻找其中的异同。

参考文献

[1] Leigh L Thompson. Making the Team [M]. 4th ed. Upper Saddle River: Prentice Hall，2011.

[2] J Scouller. The Three Levels of Leadership: How to Develop Your Leadership Presence，Knowhow and Skill [M]. Cirencester: Management Books 2000，2011.

[3] 水泥森林．你的团队需要一个领袖，而不是一个主管 [EB/OL]．钛媒体．[2014-10-13]．http://www.tmtpost.com/159582.html.

[4] 哈米尼亚·伊瓦拉．“领导者”与“管理者”有何不同？[EB/OL]．陈隆祥，译．FT中文网．[2015-11-09]．http://www.ftchinese.com/story/001064728.

[5] 佚名．浅谈领导者与管理者的区别与联系 [EB/OL]．英盛网．[2014-10-06]．http://www.yingsheng.com/pxzx-glzh/69509.html.

[6] 迈克尔·波特．管理就这么简单 [M]．陈桂玲，译．哈尔滨：哈尔滨出版

社，2004.

［7］David Javitch. 杰出领导者10大特质［EB/OL］. 孙博宁，译. 创业邦.［2010-1-02］. http://magazine.cyzone.cn/articles/201003/1654.html.

［8］Job Robison. 成功企业家的7种特质［EB/OL］. 创业邦.［2014-01-20］. http://www.cyzone.cn/a/20140120/248664.html.

［9］Leon Schjoedt，Sascha Kraus. Entrepreneurial Teams: Definition and Performance Factors［J］. Management Research News，2009（32）：6：513-524.

［10］Jeffry A Timmons，Jr Stephen Spinelli. 创业学［M］. 周伟民，吕长春，译. 4版. 北京：人民邮电出版社，2005.

［11］张玉利，薛红志，陈寒松. 创业管理［M］. 3版. 北京：机械工业出版社，2013.

［12］李家华. 创业基础［M］. 北京：北京师范大学出版社，2013.

［13］创业团队. MBAlib http://wiki.mbalib.com/wiki/%E5%88%9B%E4%B8%9A%E5%9B%A2%E9%98%9F.

［14］G T Doran. There's a S.M.A.R.T. Way to Write Management's Goals and Objectives［J］. Management Review，1981（11）：35-36.

［15］Noam Wasserman. The Founder's Dilemmas: Anticipating and Avoiding the Pitfalls That Can Sink a Startup［M］. New Jersey: Princeton University Press，2012.

［16］Laura K Guerrero，Peter A Andersen，Walid A Afifi. Close Encounters: Communication in Relationships［M］. 4th Edition. Los Angeles，CA: Sage Publications Inc，2014.

［17］Morton Deutsch. Equity，Equality，and Need: What Determines Which Value Will Be Used as the Basis of Distributive Justice?［J］. Journal of Social Issues，1975，31（3）：137-149.

［18］Matt Marx，Noam Wasserman. Split Decisions: How Social and Economic Choices Affect the Stability of Founding Teams［J］. Academy of Management，2010.

第 7 章

如何设计商业模式？

当今企业之间的竞争，不是产品之间的竞争，而是商业模式之间的竞争。

——彼得·德鲁克

学习目标

1. 为什么需要商业模式？
2. 商业模式的构成要素有哪些？
3. 商业模式的基本类型有哪些？
4. 从哪些方面入手设计商业模式？
5. 商业模式的设计方法有哪些？
6. 商业模式的设计工具是什么？
7. 如何探索和验证商业模式？

7.1 什么是商业模式？

商业模式日益受到企业家、创业者和理论界的重视。它不仅可以为创业活动提供指导，同样也能为既有企业的经营提供指导；它不仅是创业者创业活动的蓝图、工具，也是既有企业创新发展的重要指导工具。“今天，数不清的商业模式创新正在涌现。采用全新商业模式的新型产业正在成为传统产业的掘墓人。新贵正挑战着守旧派，而有些守旧派正在慌乱中重塑着自己[1]。”

也有人认为，在技术面前，商业模式并没有多大意义。技术派的创业者往往容易忽略商业模式的价值。但是，大量的企业案例都验证了商业模式对创业和企业经营的重要性，从早期的施乐复印机发展、BETA制式和VHS制式的录像机之争，到目前的等离子电视与液晶电视之争等，大量案例证明，如果忽略了商业模式，再先进的技术也没有意义。

在没有考虑清楚商业模式之前就去创业，风险会成倍地增加。学习了本章内容，能减少创业风险，使创业者的创业工具箱里多一件创业指导工具，让创业者对创业有更清醒的认识。

案例 7-1：滴滴打车和快的打车的“烧钱”大战

滴滴打车（现改名为“滴滴出行”，以下简称滴滴）和快的打车（以下简称快的）的“烧钱”大战曾一度引发巨大关注，而二者的商业模式更是耐人寻味。滴滴和快的先是免费给出租车驾驶员安装软件，然后用巨额补贴培养出租车驾驶员和消费者使用打车软件的习惯和黏性，现在已经累积了上亿名用户。

一般来说，互联网产品都是先有一个用户模式，要有足够的用户基础，然后在这个基础上形成一个比较可行的商业模式，再产生收入。事实上，滴滴和快的就是通过低成本、低门槛的服务，先让用户形成一种消费习惯。当这个消费习惯和用户活跃度都产生了之后，滴滴和快的就不仅仅是打车软件了，而是一个流量入口，这里面可以探索出更多的商业模式和盈利模式。

案例 7-2：四川航空的“免费车”

四川航空股份有限公司（简称川航）是一家传统企业，但它推出的一种商业模式让其他几大航空公司都望尘莫及——搭乘川航的乘客可以乘坐免费车辆进入市区。但川航在这个过程里一分钱都没花，甚至还赚了钱。原因就是它做了一件事——众筹，利用互联网的聚集优势“以小博大”，通过搭建平台、整合资源，实现资源利用的最大化。

互联网思维是如何改变这个传统行业的呢?“免费车辆”的市场售价是14.8万元，川航一次性订购150辆，并且承诺：每个驾驶员都会给该品牌的汽车做宣传并销售，最终以9万元/辆的价格拿到手；紧接着，川航把这些车以17万元/辆的价格卖给出租车驾驶员，虽然贵了两三万元，但承诺出租车驾驶员每天固定跑一条路线，每载一个乘客，川航付给他25元。由于客源、收入稳定，汽车的所有权还属于自己，驾驶员们都很乐意出这笔钱。

7.1.1 商业模式的定义

商业模式这个概念最早出现在1957年，之后并没有引起多大的关注[2]。直到20世纪90年代，随着互联网时代的到来和电子商务的蓬勃发展，商业模式逐渐引起了学者的关注，成为当代管理学研究和讨论的热点之一。同时，这一概念也逐渐被企业家、创业者和风险投资者津津乐道。但是，对商业模式的概念，并没有形成一个公认或统一的定义。在理论研究中，学者们往往根据自己的研究目的而给出相应的定义，迄今为止，商业模式至少有三四十个定义。同时，实业界对商业模式的理解又比较混乱，很多企业家和创业者完全根据自己的感觉理解商业模式，将商业模式与管理模式混为一谈，将网络模式等同于商业模式，把商业模式等同于盈利模式，甚至错把新型商业业态当作商业模式。例如，把O2O、B2C等电子商务新业态当作商业模式等。为了更好地理解商业模式，本书通过梳理这些商业模式定义，列举出一些比较有代表性的观点供参考（见表7-1）。

表 7-1　国内外学者关于商业模式的定义

时间	学者	定义
1998年	Timmers	商业模式是一种产品、服务和信息流的架构，阐明各种不同业务的参与者及其角色、参与者潜在利益以及企业的收入来源
2002年	Joan Magretta	商业模式是用以说明企业如何运营的概念。它回答管理者关心的如下问题：谁是用户，用户价值何在，如何获得收入，如何以合适的成本为用户提供价值
2003年	Morris	商业模式旨在说明企业如何对战略方向、运营结构和经济逻辑等方面具有关联性的变量进行定位和整合，以便在特定的市场上建立优势
2004年	Muller & Lechner	商业模式是指用户、产品、销售渠道和企业的收入结构，企业在其价值网络和业务关系性质的定位，以及企业的根本的经济逻辑
2004年	Seldon & Lewis	商业模式是对一组活动在各组织中间的配置，这些单位通过在企业内部和外部的活动，在特定的产品市场上创造价值
2005年	Osterwalder	商业模式是一种建立在许多要素及其构成之上，用来说明特定企业商业逻辑的概念性工具
2007年	Zott & Amit	商业模式是关于如何连接企业与用户、合作伙伴和供应商进行交易的结构模板，即要素和产品市场如何连接的选择
2012年	魏炜、朱武祥	商业模式本质上就是利益相关者的交易结构

但是，对于初创企业的创业者或者大学生而言，这些概念的定义显得过于生硬和学术化，并不太容易理解，甚至会造成理解上的混乱。实际上，当要准备创业或正在创业时，只要能回答以下三个问题，并清晰地解释解决问题背后的商业逻辑，就能够定义一个好的商业模式，而并不需要拘泥于上述复杂难懂的定义。即使完全不知道上述定义，也完全可以设计出自己的商业模式。

问题1：彼得·德鲁克之问：谁是用户？用户需要什么？

问题2：管理者之问：如何通过商业活动获得经济收益？企业能够为用户提供价值的潜在逻辑是什么？

问题3：创业者之问：我们凭什么创业？如何才能创业成功？

对上述三个问题的回答，实质上就是阐明通过相关活动为用户创造价值、传递价值和获得价值，进而使投资者和企业获取利润的商业运行逻辑。创业或企业经营活动本质上都是价值创造活动，在经营活动或创业过程中，只要能够清晰地解释这个价值创造的商业运行逻辑，就找到了一个好的商业模式。在发现价值、创造价值和传递价值的过程中，需要梳理和调整各种商业元素，以此来设计或创新商业模式。那么，商业模式有哪些构成要素呢？

7.1.2 商业模式的构成要素

由于学者们对商业模式定义的差异，以及不同企业所处发展行业和发展阶段不同，发展时代背景不一样，对商业模式构成要素的研究也存在很大差异。与商业模式的定义一样，基于不同的研究，商业模式的构成要素丰富多彩，对关键构成要素并没有形成一致统一的意见。

2003年，迈克尔·莫里斯（Michael Morris）通过梳理相关文献，第一次较为系统地总结了商业模式构成要素。他的研究发现，不同的研究者认为，商业模式的构成要素数量从3个到8个不等，共有25个项目作为商业模式可能的构成要素。在这些研究中，被多次提到的要素有：价值提供（12次）、经济模式（11次）、用户界面与关系（9次）、伙伴关系（7次）、内部基础设施/活动（7次）。此外，目标市场、资源与能力、产品和收入来源也被多次提到。因而，这些要素可以被认为是构成商业模式的关键要素[3]。

亚历山大·奥斯特瓦德（Alexander Osterwalder）在综合了各种研究的共同点基础上，提出了一个商业模式参考模型，包含九个要素：价值主张、客户细分、渠道通路、客户关系、核心资源、关键业务、重要伙伴、成本结构和收入来源。他认为，通过这九个要素的组合就可以很好地描述并定义商业模式，清晰地解释企业创造收入的来源。他在此基础上发明了商业模式画布，使商业模式的设计和执行更易于操作。

商业模式画布的出现受到了全球创业者和企业家的欢迎。但是，慕尔雅（Ash Maurya）研究了商业模式画布以后，根据自己的创业经验认为，商业模式画布更适合既有企业和已经开始创业的企业，对于类似大学生这样的群体来说并不是特别合适[4]。例如，对于还没有开始创业的大学生以及处于创业初期阶段的创业者来讲，几乎没有任何外部合作伙伴，也没有多少外部资源，更没有实际的业务活动，尚未形成有效的客户关系。因此，他以精益创业理论为指导，在商业模式画布的基础上提出了“精益画布”的概念。他认为，创业者必须认识和理解的商业模式要素有问题、解决方案、关键指标、独特卖点、门槛优势、渠道、客户群体分类、成本分析和收入分析九项。这个模型根据大学生等创业者的特点，对商业模式画布中的构成要素做了较大调整，较适合在校大学生和拟创业的准备者用来分析和设计自己的商业模式。

国内学者魏炜和朱武祥在大量梳理国内外既有企业商业模式的基础上，于2009年提出了魏朱六要素模型，认为一个完整的商业模式包含六个要素：定位、业务系统、关键资源能力、盈利模式、自由现金流结构和企业价值[5]。

商业模式的构成要素虽然繁多，但并不是杂乱无章的。要素的构成有两种基本结构类型：一是横向列举式结构，即要素之间是横向列举关系，每个要素表示企业的某个独立方面，彼此重要性相当，必须共同发挥作用；二是网状式结构，即基本要素从纵向层次或另一视角综合考虑，要素之间密切联系，形成层级或网络，作为一个系统在企业中发挥作用。不管是哪种要素组合方式，要素之间都具有很强的逻辑关系，体现出商业模式的系统性和整体性。因此，一个成功的商业模式肯定是其每个构成要素协调一致发挥作用的结果，其要素之间存在合理有效的逻辑关系[6]。

7.2 商业模式的类型

7.2.1 多边平台式商业模式

实际上这是一种具有普遍性的商业模式，传统的农贸市场就是典型的多边平台式商业模式。某个机构提供一个固定场所，为到这个场所交易的多个购买者和销售者提供相应的服务，以此获得利润。这个平台上至少有平台机构、销售者和购买者三方参与。在很长的时间里，这种模式并没有引起人们的过多关注，随着信息技术的发展，这种平台有了新的表现形式——基于互联网的交易平台，并得到了迅猛发展。多边平台式商业模式日益成为这个时代重要的商业模式。微软Windows操作系统、百度、微信、淘宝、京东商城、大众点评、亚马逊、当当网等都是利用现代信息技术发展成功的多边平台经典案例。

多边平台将两个或两个以上有明显区别但又相互依赖的客户群体集合在一起，通过促进各方客户群体共同互动来为参与各方创造价值。多边平台是连接各方客户的中介，其成功的关键是必须能同时吸引和服务所有客户群体并以此来创造价值。例如，淘宝网连接了商家、消费者、广告商、金融机构等多方参与者，能够同时满足这些参与者交易的需要、资金安全的需要、信息分析的需要，因而获得了巨大的成功。多边平台需要不断吸引更多用户的参与以使平台价值得到提升，从而吸引更多参与者加入，提升平台价值。

案例 7-3：大众点评的多边平台式商业模式

大众点评的核心价值主张是为消费者提供客观、准确的本地化消费信息指南，包括餐饮、休闲、娱乐等生活服务方面的信息评论和分享。大众点评是消费者在该网站发布、自主管理和交易各类生活服务相关信息的网络平台。大众点评搭建了商家、消费者、广告商、移动运营商等多方参与的交易和信息共享平台。

大众点评不断加强多方合作，陆续推出便捷用户的各种服务方式。依托庞大、翔实且即时更新的消费指南信息，大众点评不仅吸引了如新华网、千龙、21CN等网站以及光线传媒等电视媒体与其展开内容合作，还与中国移动、中国联通、中国电信、空中网、诺基亚、掌上通等合作，推出基于短信（SMS）、WAP等无线技术平台的信息服务，为中国近5亿名手机用户提供随时、随地、随身的餐馆等商户信息。在广泛的会员基础上，大众点评推出国内首家餐饮积分体系，并与中国国际航空公司、上海大众汽车俱乐部等开展合作，以贵宾卡的形式为会员提供消费、积分、礼品兑换和积分抵扣消费额等服务。此外，大众点评还在GPS领域与新科电子、MIO展开合作，所有汽车用户利用车载GPS导航系统或手机地图就可以精确定位美食目的地。

截止到2015年第一季度，大众点评月活跃用户数超过2亿名，收录商户数量超过1400万家，覆盖全国2500多个城市及美国、日本、法国等近百个热门旅游国家和地区，并在全国160多座城市设立分支机构。依托良好的商业模式，大众点评多次被清科投资、China Venture评为中国最具投资价值的企业之一。

7.2.2 长尾式商业模式

传统的商业观念认为，企业只能面向大众用户大批量提供少数几种产品，通过规模效应降低成本和价格，以大批量的销售获得利润。随着信息技术的发展，物流和供应链技术与管理水平的大幅提升，现在为利基市场㊀即“长尾市场”提供种类多而数量少的产品，也能够取得与追求规模化销售、为大众市场服务的企业一样的盈利水平，甚至更高。一大批经营或涉足经营利基产品的网络企业迅猛发展起来。乐高玩具、亚马逊、孔夫子旧书网、淘宝、百度、当当网、唯品会、今夜酒店特价等都是其中的佼佼者，甚至“余额宝”也是一个非常好的长尾模式。

克里斯·安德森（Chris Anderson）针对这种现象提出了长尾理论。安德森认为，虽然长尾市场是以一种网络现象突显出来的，但其起源要早于亚马逊和易趣这样的网络企业，甚至比网络还要早。“长尾”是一系列商业创新的巅峰，可以追溯到一个多世纪以前，网络只是使酝酿了几十年的供应链革命的诸多要素简单地结合在一起。长尾市场作为一种新的市场形态，与传统大众市场相比，它能够满足被大众市场忽视或放弃的、认为没有盈利的客户需求。根据长尾理论，即使全世界只有一个消费者的产品也能实现交易并获利。企业通过少数几种产品卖遍天下的时代正在结束，一个小众、个性化消费的时代正在来临。长尾市场不仅仅是互联网企业的专利，它几乎无处不在：从音乐、电影、电子图书、报纸等可数字化的媒体产品到食品、卫生清洁用品等实体产品，都存在长尾市场。这样的案例不计其数。例如，激增的微酿啤酒等酒类长尾、个性化定制的T恤等服饰类时尚长尾、网络大学出现的教育长尾、网络书店出现的图书长尾等[7]。

在中国，存在于各地的隐形冠军、利基市场、定制企业、小众市场、独特体验等企业活动，都非常适合长尾理论。长尾市场会为互联网时代的企业家、创业者带来无限的创业机会。

安德森认为，长尾经济有以下六个特点：

（1）在任何市场中，利基产品都远远多于热门产品，而且由于技术的发展，利基产品的比重以指数级的速度增长。

（2）由于技术的进步，获得利基产品的成本正在显著下降，且利基市场有能力供应空前丰富的产品。

（3）随着需求搜索和自动推荐等技术和工具的发展，个性化的利基产品很容易被找到。

（4）需求曲线日益扁平化，即热门大批量产品的流行度会下降，越来越多的

㊀ 利基市场（Niche Market）是指那些被市场中的统治者或有绝对优势的企业忽略的某些细分市场或者小众市场。

利基产品会流行。

（5）虽然利基产品单个销量有限，但大量各种类型的利基产品聚合起来，会形成一个与大众产品市场相抗衡的大市场。

（6）基于上述五点，需求将不受供给瓶颈、信息匮乏和空间有限性的限制。

长尾式商业模式是基于强大的平台和低成本的物流和供应链，向注重个性化消费的市场提供种类繁多而数量很少的产品和服务而形成的一种新型商业模式。

案例7-4：唯品会的长尾式商业模式

传统时尚零售行业由于长期存在信息不对称的状况，导致了巨大的商品溢价空间，也推高了消费者的消费成本，同时形成了过季产品的大量积压。这是传统时尚零售业面临的顽疾。唯品会是一家专门经营大幅折扣名牌商品的B2C企业，它执行的“闪购模式”其实并不复杂，核心就是帮助品牌商处理过季尾货，同时在互联网上利用限时特卖的方式，刺激和调动消费者的冲动型消费。

因为专营折扣商品，唯品会一度被业内人士诟病，而其实时尚零售库存价值巨大。定位于时尚的行业有两大特点不容忽视：一个特点是产品的个性化特别强；另一个特点是产品的时效性特别强。用时尚衡量商品，一方面，导致过时产品容易惨遭“淘汰”厄运；另一方面，个性化的时尚选择让过时产品也有可能“咸鱼翻身”。在质量过硬的条件下，一些消费者对时尚零售折扣产品还是会产生极大的个性化需求。

唯品会定位于品牌特卖，不仅填补了为有时尚化个性需求的消费者提供集中打折商品的市场空白，同时还为众多时尚品牌商提供了一个体面地处理库存的平台，从而保证了货源的足够供给。2012年，中国服装品牌的库存危机浮出水面，品牌供应商和唯品会之间的互利共赢关系变得更加紧密。

7.2.3 免费式商业模式

近年来，免费成了一种非常流行的商业模式，各种免费模式让人眼花缭乱，免费正在颠覆人们传统的商业观念，让消费者获得了一种全新的商业体验；对企业来讲，免费也已经成了突破旧的发展模式、实现后来居上的赶超模式。百度的绝大多数信息让用户免费搜索，绝大部分电子邮箱是免费使用的，微信免费给用户提供了一个社交场所。如果你用过滴滴打车这款App，那么，从2012年至今，你可能享受过很多次免费或低价乘坐出租车的服务，甚至你可以得到免费的饮水机、咖啡机这样的实物产品，也可以到某个4S店吃一顿免费的午餐，等等。

有的人可能会想，这仅仅是互联网时代才有的现象。实际上，早在互联网出现以前，免费模式已经发挥了巨大的商业威力。人们熟知的吉列剃须刀就是以免费模式发展起来的，还有小孩喜欢吃的果冻，也是一种借助免费而流行起来的食品。克里斯·安德森针对这些现象又提出了免费式商业模式的概念，并获得了广泛认同。

所谓免费式商业模式，就是在某个市场上，至少有一个庞大的客户群可以持续享受到免费产品或服务，通过交叉补贴（即以其他细分客户付费的方式给免费客户提供补贴）支撑企业运营并实现盈利的商业模式。

交叉补贴有很多方式：用付费产品补贴免费产品，例如用昂贵的爆米花来补贴不怎么赚钱的电影票，或者反过来以免费或廉价的爆米花吸引观众来看电影；用日后付费补贴当前免费，例如移动通信公司免费赠送手机，但用户必须使用两年以上该公司的通信服务；付费人群给不付费人群补贴，例如，用户可以在百度免费得到想要的信息，广告商来替你支付了相关费用。通过交叉补贴，免费商业模式又可以分为以下四类[8]：

1. 免费模式一：直接交叉补贴

产品一付费，产品二免费，如图7-1所示。也就是说，吸引用户掏腰包购买其他东西的那件商品免费，而当他得到这件免费或低价的产品时，很可能或必须购买其他产品。例如，一个老年人在超市排长队购买1.5元一斤的鸡蛋时，她很可能会顺便买点其他产品。吉利模式就是这种免费模式的典型。

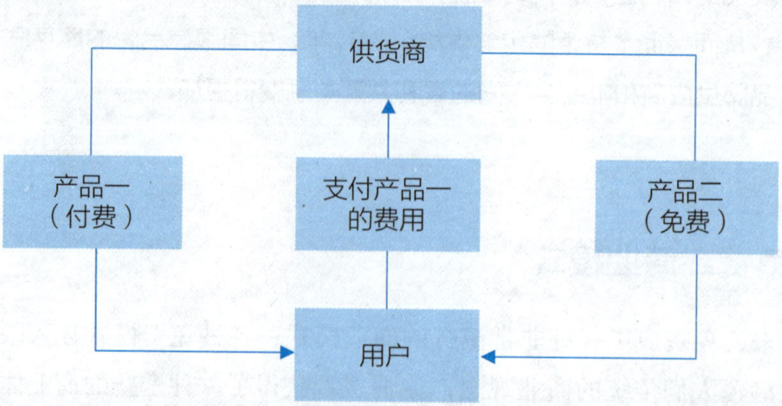

图7-1 免费模式一：直接交叉补贴

2. 免费模式二：第三方市场

这是一种最常见的免费模式，如图7-2所示。在这种免费模式中，第三方付费来参与前两方之间的免费商品交换。人们几乎每天都会遇到这种情况。类似百度这样的平台上有很多免费的内容、产品和服务来吸引大批用户；同时，平台通过销售广告位来获取收入。这种免费模式的出现带来了颠覆性的变化。例如，传统报纸正在受到互联网免费内容和免费报纸的夹击而面临挑战。

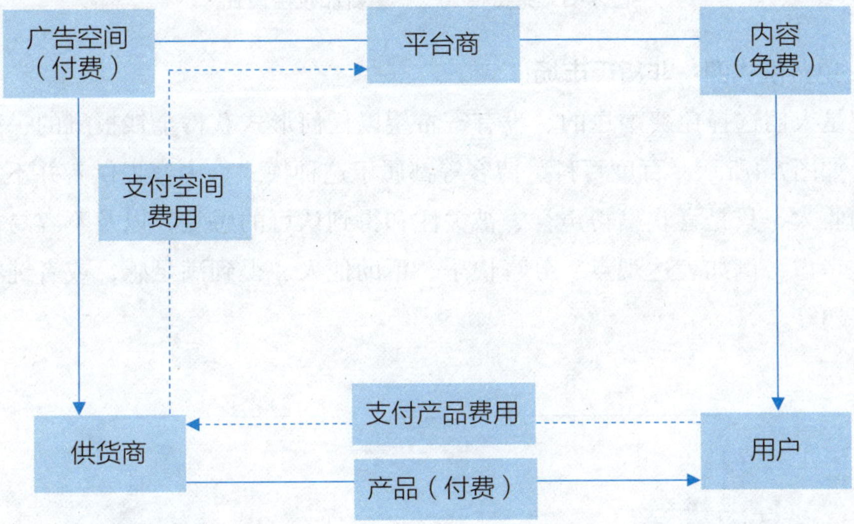

图7-2　免费模式二：三方市场

3. 免费模式三：免费加收费模式

这种模式通常也称为免费增收模式，是在网络经济中最为常见的一种商业模式，如图7-3所示。经营者提供的服务内容形式多样，分为从免费到昂贵收费等不同等级，通常大量基础用户享受没有任何附加条件的免费服务和产品，一小部分用户会购买增值服务和产品，这部分付费用户支付的费用用来补贴免费用户。这种模式之所以能够运转，是因为给额外免费用户提供服务的边际成本几乎为零，部分免费用户可能会转变为付费用户。

Skype公司提供了基于网络的免费通话服务，它的用户中，90%的普通用户免费拨打电话，只有10%的专业用户付费。传统电信运营商起初并没有理解这种模式，很不以为然。但是，随着时间的推移，这一模式已使Skype成为全球最大的跨国语音通信服务商，极大地影响了传统通信市场。另外如网络游戏免费、游戏道具付费；网易邮箱对大量普通用户免费，少数VIP用户收费等。

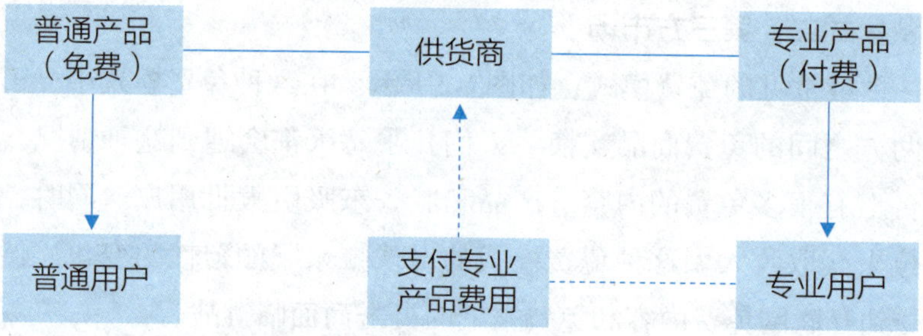

图 7-3　免费模式三：免费加收费模式

4. 免费模式四：非货币市场

这是人们选择免费赠送的、没有寄希望以任何形式获得金钱报酬的一种免费模式，如图7-4所示。百度百科、博客等都属于这种模式，内容提供者并不需要获得货币收入，只是喜欢赢得声誉、被关注和得到认可的感觉，以及不容易被察觉的其他考虑，例如表达观点、分享快乐、帮助他人、得到满足感，或者纯粹出于个人兴趣等。

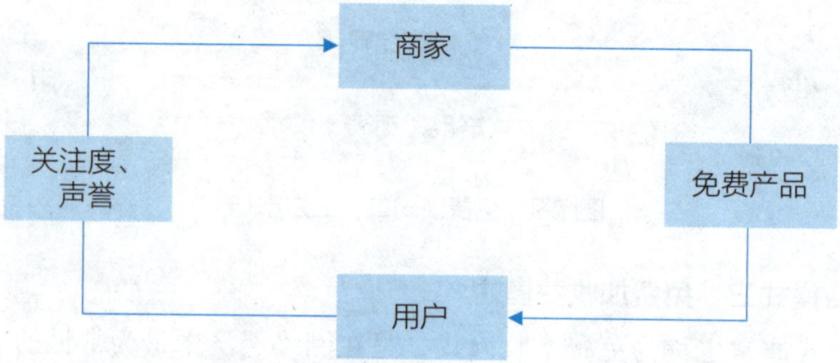

图 7-4　免费模式四：非货币市场

7.2.4 非绑定式商业模式

非绑定式商业模式的概念认为，企业是受到经济因素、竞争因素和文化因素三种因素驱动而形成的不同业务组成，这些业务包括产品创新型业务、客户关系型业务和基础设施型业务（见表7-2）。三种业务类型发展的驱动因素各不相同：产品创新型业务的职责是开发新的和有吸引力的产品和业务；客户关系型业务的职责是搜寻和获取客户并与客户建立良好关系；基础设施型业务的职责是构建和管理平台，以支持大量重复性工作。非绑定式理论认为，这三种业务类型受不同因素驱动，同一组织中这些业务类型彼此之间会发生冲突，或导致不利的权衡妥协，因而主张在一个企业内分离三种业务，一个企业的业务应该聚焦于其中某一项[9]。

该理论对综合型业务公司和为大企业服务的中小型企业的商业模式设计具有很好的参考意义。例如，传统的移动通信企业一般都同时经营三种业务：产品业务包括语音、数据和内容；基础设施管理业务包括设备管理、网络维护与运营；客户关系业务包括客户获取、客户维护等。国外已有通信企业将网络维护运营外包给电信设备制造商；国内通信企业经常与第三方在创新技术、新服务和媒体内容等方面合作，都取得了不错的效果。

表 7-2　非绑定式商业模式

驱动因素＼业务类型	产品创新型	客户关系型	基础设施型
经济因素	专注产品领先，更早进入市场可以保证索要溢价价格，并获取巨大的市场份额；速度是关键	获取客户的固定成本决定了通过大规模生产达到单位成本降低的必要性；范围经济是关键	关注卓越运行，特别关注成本：高昂的成本决定了通过大规模生产达到单位成本降低的必要性；规模是关键
竞争因素	针对人才而竞争；进入门槛低；许多小公司繁荣兴旺	针对范围而竞争；快速巩固，寡头占领市场	针对规模而竞争；快速巩固，寡头占领市场
文化因素	以员工为中心；鼓励创新人才，鼓励创新文化	遵循亲近客户的价值信条，高度面向服务，保证“客户至上”的文化氛围	关注成本；统一标准；可预测和有效性

举一反三

1. 列举你熟悉的三家企业，分析其各自的商业模式。
2. 分析三家企业商业模式的优势和劣势，并提出相应的完善建议。

7.3 商业模式设计的基本方法

在了解商业模式的构成框架之后，就需要设计商业模式了。每个创业者都想为自己的企业设计一个独特的、全新的商业模式来覆盖产业内现有的企业。虽然商业模式创新是一件非常困难的事情，但很多企业都是在模仿改进现有商业模式的基础上收获了巨大成功，例如腾讯、百度等。即便已经设计了一个独特的商业模式，也会面临其他企业的快速模仿或利用相似的商业模式开展竞争。因此，在模仿与竞争中，设计商业模式则显得极为重要[10]。

7.3.1 全盘复制法

全盘复制法比较简单，即对经营状况良好的企业的商业模式进行简单复制，根据自身企业状况稍加修正。全盘复制法主要适合同行业的企业，特别是细分市场、目标客户、主要产品相近或相同的企业，甚至可以直接对竞争对手的商业模式进行复制。

全盘复制优秀企业的商业模式需要注意以下三点：①复制不是生搬硬套，需要根据企业自身的区域、细分市场和产品特性进行调整；②要注重对商业模式细节的观察和分析，不仅要在形式上进行复制，更要注重在流程和细节上进行学习；③为避免和复制对象形成正面竞争，可在不同的时间和区域对商业模式进行复制[11]。

案例 7-5：中国的“Airbnb”——小猪短租[12]

Airbnb成立于2008年8月，是一家联系旅游人士和家有空房出租的房主的服务型网站，它可以为用户提供各式各样的住宿信息。用户可通过网络或App发布、搜索房屋租赁信息，并完成在线预订程序。2011年，Airbnb服务难以置信地增长了800%，用户遍布190个国家近34000个城市，发布的房屋租赁信息达到5万条，被《时代周刊》称为“住房中的EBay”。与此同时，中国涌现出一大批效仿者，例如小猪短租、住百家、途家、蚂蚁短租、爱日租等。

小猪短租的创始人陈驰把创业目光放在短租项目上，并不是亲身体验或者灵光乍现，只是有同事向他介绍了Airbnb的模式，而当时他也正在OTA（Online Travel Agent，即在线旅行社）行业做酒店预订业务。陈驰听完同事的介绍之后，觉得这个项目在国内还没有开展，如果能抢占市场会带来很大的商机。小猪短租于2012年8月才上线，运营不到半年就获得晨兴创投的千万美元融资。

陈驰对小猪短租的商业模式毫不讳言：借鉴美国的Airbnb模式，提供平台为房东和用户做线上撮合性交易。这种线上预订交易根据房源不同又分为两种：一种是自有房东将自己的多余房间分享出租；另一种是职业租客在平台上经营出租。对于短租平台的精髓，陈驰总结为“分享经济、协同消费”。

7.3.2 借鉴提升法

通过学习和研究优秀的商业模式，对商业模式中的核心内容或创新概念给予适当提炼和节选，并对这些创新点进行学习。如果这些创新点比企业现阶段商业模式中的相关内容更符合企业发展需求，企业就应结合实际需要，引用这些创新概念并使其发挥价值。通过引用创新点来学习优秀商业模式的方法适用范围最为广泛，对不同行业、不同竞争定位的企业都适用。

案例 7–6：小猪短租玩起了“文艺范儿”[13]

为了在激烈的同质化竞争中寻找差异化的品牌特色，小猪短租开始突出“文艺”“有人情味的住宿”等特点。2015年7月完成了6000万美元C轮融资之后，它特地聘请了作家、前媒体人潘采夫担任公关副总裁。

小猪短租推出了一系列名人跨界合作的项目。潘采夫通过自己原有的文艺圈人脉，为小猪短租营造了一个“文艺范儿”的品牌特性，希望吸引关注社交网络、喜爱尝试新鲜事物的文艺青年。首批名人房东有前国家女排名将薛明的花店住宿、作家古清生在神农架的深山小院、作家王小山在北京的四合院、导演高群书的电影主题房、网络红人作业本在北京的隐藏民居等。

不过，对于小猪和国内众多短租平台来说，目前最大的困难仍在于如何吸引更多优质的房源和房客。由于征信机制不完善，出于安全、隐私和卫生考虑，人们对共享房屋的接受程度仍然有限。与国外相比，中国的房源也普遍缺乏文化气息和多样性，而且与酒店相比，短租房屋也未必有价格优势。至于小猪短租的“人情化”个性房源等能在多大程度上培育这个市场，还需要时间来证明。

7.3.3 逆向思维法

通过对行业领导者商业模式或行业内主流商业模式的研究学习，模仿者有意识地实施反向学习，即市场领导者商业模式或行业内主流商业模式如何做，模仿者则反向设计商业模式，直接切割对市场领导者或行业内主流商业模式不满意的市场份额，并为它们打造相匹配的商业模式。

案例 7-7：奇虎 360 逆向思维颠覆了杀毒软件行业

2009年以前，杀毒软件行业看上去是一个很成熟的行业，软件厂商包括消费者在内，都一直信奉“一手交钱、一手交货”的杀毒软件经营思路。行业被瑞星、金山等几个巨头垄断，巨头之间的竞争基本陷入僵持状态。表面上看，这是一个饱和的、不可能让后来者进入的领域，后期的小公司在这种行业几乎没有生存空间。但是，奇虎360改变了既定规则。2009年，它在杀毒软件市场上推出了反其道而行的服务策略——杀毒软件终身免费。除了免费之外，奇虎360还将自己的产品定位从单纯的杀毒演进为电脑的“安全卫士”，给那些不懂也懒得去学习计算机知识的人使用。这些策略为其带来了惊人的用户量。奇虎360彻底颠覆了杀毒软件行业，其商业模式也逐渐演变为免费增收模式。

采用逆向思维法学习商业模式时有三个关键点：①找到商业领导者或行业主流商业模式的核心点，并据此制定逆向商业模式；②企业在选择逆向制定商业模式时，不能简单追求反向，需确保能够为消费者提供更高的价值，并能够塑造新的商业模式；③防范行业领导者的报复行动，评估领导者可能的反制措施，并制定相应的对策。

7.3.4 相关分析法

相关分析法是在分析某个问题或因素时，将与该问题或因素相关的其他问题或因素进行对比，分析其相互关系或相关程度的一种分析方法。相关分析法需要根据影响企业商业模式的各种因素，运用有关商业模式设计的一般知识，采用影响因素与商业模式一一对应的方法确定企业的商业模式。利用相关分析法，可以找出相关因素之间规律性的联系，研究如何降低成本，达到价值创造的目的。例如，亚马逊通过分析传统书店，在网上开办电子书店；eBay的网上拍卖也来自传统的拍卖方式[14]。

7.3.5 关键因素法

关键因素法是以关键因素为依据来确定商业模式设计的方法。商业模式中存在多个因素影响设计目标的实现，其中若干个因素是关键的和主要的。关键因素法通过对关键成功因素的识别，找出实现目标所需的关键因素集合，确定商业模式设计的优先次序。关键因素法主要有五个步骤：①确定商业模式设计的目标；②识别所有的关键因素，分析影响商业模式的各种因素及其子因素；③确定商业模式设计中不同阶段的关键因素；④明确各关键因素的性能指标和评估标准；⑤制订商业模式的实施计划。

7.3.6 价值创新法

对一些从未出现过的商业模式设计，往往需要进行创新，即通过价值要素的构建、组合等设计出新的商业模式。这一点在互联网企业表现尤为明显。例如，盛大网络最先创建网络游戏全面免费、游戏道具收费的模式，开创了网游行业新的商业模式——CSP（Come-Stay-Pay）。至今各大网游公司依旧沿用这一商业模式在运营。Airbnb和优步创建的通过共享资源而获取收益的模式，也成为现今最流行的一种商业模式。

7.4 商业模式设计工具

7.4.1 商业模式画布

商业模式并不仅仅是各种商业要素的简单组合。商业模式的构成要素之间必然存在内在联系，一个好的商业模式可以把这些要素有机地联系在一起，从而阐明某个企业或某项活动的内在商业逻辑。只有其内部构成要素协调一致，才能阐明创造价值、传递价值和实现价值的商业逻辑。

奥斯特瓦德提出的商业模式设计框架很好地回答了商业模式涉及的上述三个

基本问题，可以帮助理清商业模式。该框架包含九个关键要素：客户细分、价值主张、渠道通路、客户关系、收入来源、核心资源、关键业务、重要伙伴和成本结构。参照这九大要素就可以描绘分析乃至设计和重构企业的商业模式，如图7-5所示[1]。

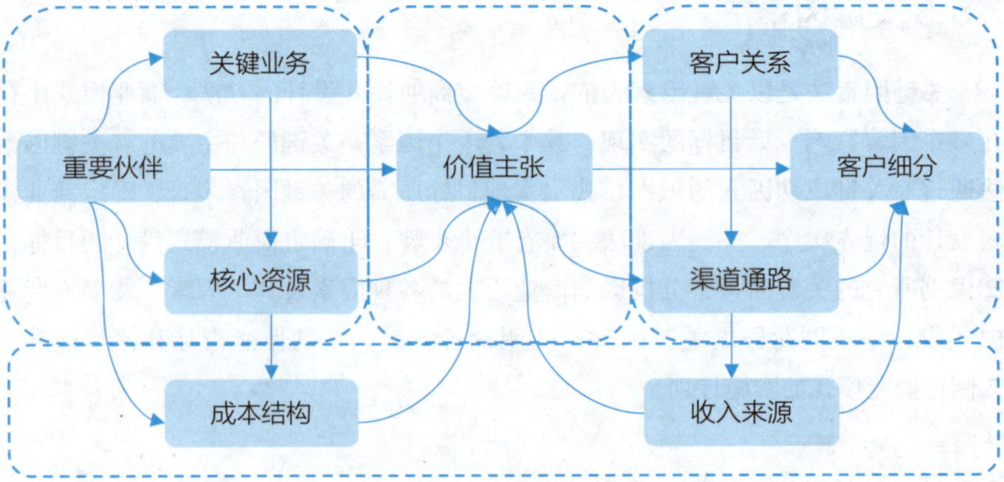

图 7-5　商业模式画布

（1）客户细分：用来描述一个企业想要接触和服务的不同人群或组织。主要回答以下问题：

1）我们正在为谁创造价值？

2）谁是我们最重要的客户？

一般来说，可以将客户细分为五种群体类型：①大众市场：价值主张、渠道通路和客户关系全都聚集于一个大范围的客户群组，客户具有大致相同的需求和问题；②利基市场：价值主张、渠道通路和客户关系都针对某一利基市场的特定需求定制，常常在供应商——采购商的关系中找到；③区隔化市场：客户需求略有不同，细分群体之间的市场区隔有所不同，所提供的价值主张也略有不同；④多元化市场：经营业务多样化，以完全不同的价值主张迎合完全不同需求的客户细分群体；⑤多边平台或多边市场：服务于两个或更多的相互依存的客户细分群体。

（2）价值主张：用来描绘为特定细分客户创造价值的系列产品和服务。主要回答以下问题：

1）我们应该向客户传递什么样的价值？

2）我们正在帮助客户解决哪一类难题？

3）我们正在满足哪些客户需求？

4）我们正在提供给客户细分群体哪些系列的产品和服务?

价值主张的简单要素主要包括：①新颖：产品或服务满足客户从未感受和体验过的全新需求；②性能：改善产品和服务性能是传统意义上创造价值的普遍方法；③定制化：以满足个别客户或细分客户群体的特定需求来创造价值；④设计：产品因优秀的设计脱颖而出；⑤品牌/身份地位：客户可以通过使用和显示某一特定品牌而发现价值；⑥价格：以更低的价格提供同质化的价值，以满足价格敏感客户细分群体；⑦成本削减：帮助客户削减成本是创造价值的重要方法；⑧风险抑制：帮助客户抑制风险也可以创造客户价值；⑨可达性：把产品可服务提供给以前接触不到的客户；⑩便利性/可用性：使事情更方便或易于使用可以创造客观的价值。

（3）渠道通路：用来描述企业是如何与其细分客户接触、沟通，从而传递其价值主张的。主要回答以下问题：

1）通过哪些渠道可以接触到细分客户群体?

2）如何接触细分客户群体?

3）如何整合渠道通路?

4）哪些渠道最有效?

5）哪些渠道的成本效益最好?

6）如何把渠道与客户的接触和沟通过程进行整合?

企业可以选择通过自有渠道、合作伙伴渠道或两者混合来接触客户。其中，自有渠道包括自建销售队伍和在线销售；合作伙伴渠道包括合作伙伴店铺和批发商。

（4）客户关系：用来描述企业是如何沟通、接触客户细分群体而建立的关系类型。主要回答以下问题：

1）每个客户细分群体希望我们与之建立和保持何种关系?

2）我们已经建立了哪些关系?

3）这些关系成本如何?

4）如何把它们与商业模式的其余部分进行整合?

（5）收入来源：用来描述企业从每个客户群体中获取的现金收入（需要从收入中扣除成本）。主要回答以下问题：

1）什么样的价值能让客户愿意付费?

2）他们现在付费购买什么么?

3）他们是如何支付费用的?

4）他们更愿意如何支付费用?

5）每个收入来源占总收入的比例是多少？

一般来说，收入来源可分为七种类型：①资产销售：销售实体产品的所有权获得收入；②使用消费：通过特定的服务收费；③订阅收费：销售重复使用的服务收费；④租赁收费：通过暂时性排他使用权的授权收费；⑤授权收费：通过知识产权授权使用收费；⑥经济收费：提供中介服务，收取佣金；⑦广告收费：提供广告宣传服务获得收入。

（6）核心资源：用来描绘让商业模式有效运转所必需的最重要的因素。主要回答以下问题：

1）我们的价值主张需要什么样的核心资源？

2）我们的渠道通路需要什么样的核心资源？

3）我们的客户关系需要什么样的核心资源？

4）我们的收入来源需要什么样的核心资源？

一般来说，核心资源可以分为四种类型：①实体资产，包括生产设施、不动产、系统、销售网点和分销网络等；②知识资产，包括品牌、专有知识、专利和版权、合作关系和客户数据库；③人力资源；④金融资产。

（7）关键业务：用来描绘为了确保其商业模式可行，企业必须做的最重要的事情。主要回答以下问题：

1）我们的价值主张需要哪些关键业务？

2）我们的渠道通路需要哪些关键业务？

3）我们的客户关系需要哪些关键业务？

4）我们的收入来源需要哪些关键业务？

一般来说，关键业务可以分为三种类型：①制造产品：与设计、制造及交付产品有关，是企业商业模式的核心；②平台/网络：网络服务、交易平台、软件甚至品牌都可看作平台，与平台管理、服务提供和平台推广有关；③问题解决：为客户提供新的解决方案，需要知识管理和持续培训业务。

（8）重要伙伴：让商业模式有效运作所需要的供应商与合作伙伴的网络。主要回答以下问题：

1）谁是我们的重要伙伴？

2）谁是我们的重要供应商？

3）我们正在从伙伴那里获取哪些核心资源？

4）合作伙伴都执行哪些关键业务？

5）我们为合作伙伴带来了什么价值？

一般来说，重要伙伴可以分为四类：①非竞争者之间的战略联盟关系；②竞争者之间的战略合作关系；③为开发新业务而构建的合作关系；④为确保可靠供应的采购商—供应商关系。

（9）成本结构：运营一个商业模式所引发的所有成本。主要回答以下问题：

1）什么是商业模式中最重要的固定成本？

2）哪些核心资源花费最多？

3）哪些关键业务花费最多？

一般来说，成本结构可以分为两种类型：①成本驱动：创造和维持最经济的成本结构，采用低价的价值主张、最大限度的自动化和广泛外包；②价值驱动：专注于创造价值，增值型价值主张和高度个性化服务通常以价值驱动型商业模式为特征。

案例 7-8：Car2go——“随租随行”商业模式[11]

戴姆勒公司的核心业务是汽车制造和销售。为了适应全球性城市化的趋势，减轻城市交通压力，改善城市生态环境。戴姆勒公司推出了Car2go——“随租随行”的汽车共享服务概念，由其商业创新部门进行商业模式设计，并在该部门的规划下进行验证测试。随租随行为城市居民提供城际的Smart汽车服务，客户可以随时使用这些汽车，行程结束后，驾驶员可以在城市里任何一个地方停车走人。该模式力图实现自由、随性的汽车租赁服务。

2008年10月，戴姆勒公司投放了50辆Smart车供500多名研发中心员工及其家属使用，以进行初步的测试验证；2009年，测试范围进一步扩大到公司分支员工，提供服务的汽车超过100辆，到3月底，向12万名乌尔姆市民和游客提供200辆汽车进行公开的外部试运营，同时，在美国得克萨斯州的奥斯汀市也开始试运行。目前，该项目已在华盛顿、柏林、多伦多等29个城市运营，约投入12.5万辆Smart车。2015年3月，该项目正式登陆重庆，重庆成为其进军亚洲市场的首站。随租随行商业模式创新的路径非常清晰明了：公司内部设计商业模式原型——面向公司员工测试——面向国内公众测试——面向外国公众测试——不断完善并确定商业模式——正式投入运营。

7.4.2 精益创业

1. 精益创业——探索商业模式的工具

埃里克·莱斯提出的精益创业理论又为人们提供了一种探索商业模式的工具。既有企业已经有了经过验证的商业模式，而初创企业必须探索未知的商业模式。对于初创企业来说，精益创业这个工具有三个构成部分：①基本的商业计划。需要注意，在精益创业的框架里，再完美的商业计划也仅仅是假设，需要创业者不断地去验证。②用户开发。用户开发与产品开发是同步的，甚至要早于产品开发。在精益创业的框架里，用户居于核心地位，产品根据用户的需求来开发。埃里克·莱斯特别告诫创业者们，因缺乏用户而失败的初创企业远多于因产品开发失败的初创企业。③精益研发。在用户和产品开发的过程中，要科学试错、快速迭代，以最小的成本找到可行的商业模式[15][16]。

一般来说，初创企业的发展会经历四个阶段（见图7-6）。第一和第二阶段是商业模式探索阶段。其中，第一阶段是发散式探索，不确定性极高，需要尝试多个方向，快速转向，不断试错。第二阶段是聚焦探索，这一阶段已初步确立了商业模式原型，需要在两三个原型中选择商业模式。这两个阶段对初创企业来讲是一片空白，其现金流自然是负的，因此需要初创企业在现金流耗尽之前尽快确立商业模式，这是初创企业能否存活的关键。很多企业往往熬不过这一阶段。到第三阶段，商业模式已经确立，将从一家初创企业逐步发展到第四阶段，成为一家正常经营的企业。

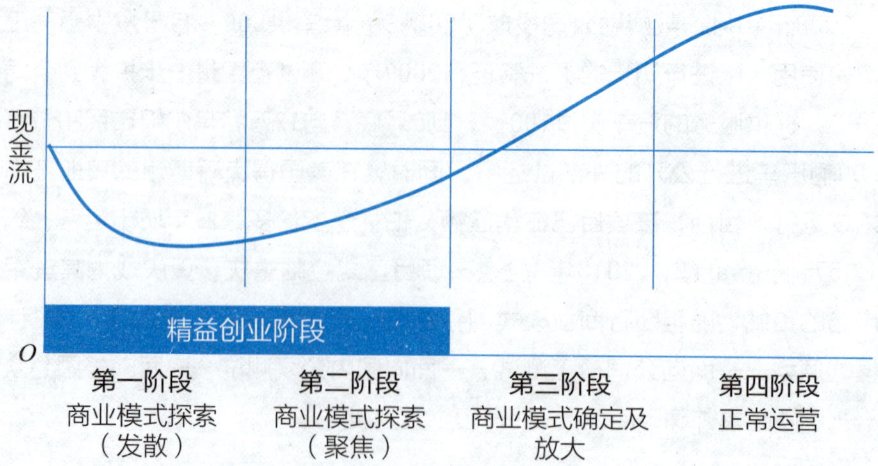

图 7-6　初创企业发展的生命周期

2. 精益创业的逻辑框架

精益创业的逻辑框架包含由用户探索、用户验证、用户积累和企业运营这样一系列反馈循环活动组成（见图7-7）。其中，用户探索、用户验证和调整转型是三个关键的循环。从用户探索到用户验证，若没有通过验证，则进入下一轮用户探索和用户验证，如此循环往复，直到通过用户验证，才能初步确立自己的商业模式。过了这个阶段，才能开始执行商业模式。必须明白，初创企业并不是大企业的缩小版，大企业执行已知的商业模式，而初创企业要探索未知的商业模式。很多初创企业失败的原因就在于混淆了对商业模式的探索和执行。

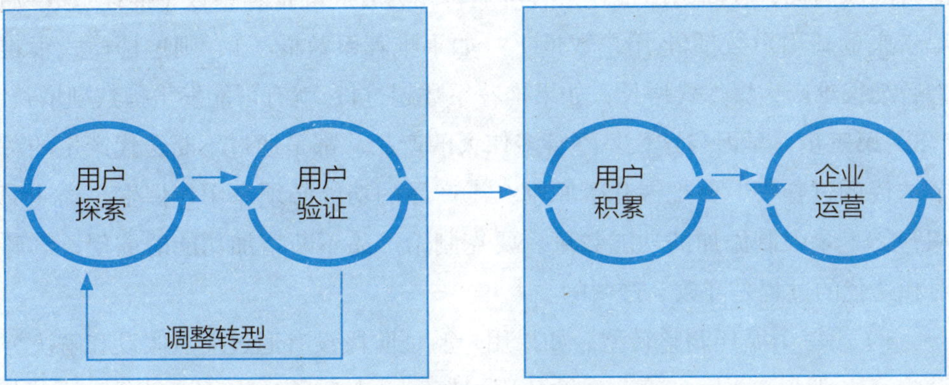

图 7-7　精益创业的逻辑框架

（1）第一个循环用户探索。基本任务是定义用户痛点假设和解决方案假设。定义用户痛点假设要善于发现用户痛点，并观察痛点的大小以及持续性。每一个痛点都是一个机会，用户痛点的大小决定了商业模式的空间，其持续性决定了商业模式的持续性。用户痛点和最终商业模式是否成立紧密相关。关于用户痛点的更多内容可以参阅本书第2章“怎样从问题中寻找创业机会”。

定义解决方案假设需要关注两点：一是解决方案和用户痛点的匹配度，即方案能否解决这个用户痛点；二是解决方案和用户痛点的吻合度，即产品和市场的匹配。

（2）第二个循环用户验证。关键任务是验证用户的痛点假设和解决方案假设。与天使用户之间的大量互动是验证假设的重要途径。用户验证可以通过三个步骤完成：第一步，设计最小可行产品；第二步，数据收集与测度，并且与预设的指标进行比较；第三步，学习与迭代，在此过程中不断获取认知。这三个步骤是不断循环往复的。

1）第一步，设计最简可行产品（MVP）。为天使用户设计一个具有最核心功能的产品或方案，这个产品不是完美的，但是是天使用户渴望得到的。天使用户的特征是：有急切的痛点感受，愿意购买早期产品，愿意反馈中肯的建议，也愿意四处推广产品。

2）第二步，数据测度与收集。在MVP的基础上，收集数据来验证MVP的实际效果，即有多少用户真的需要这个产品。测度的工具主要有：①对比测试，也就是AB测试，通过对比不同的方案和产品，选择用户真正想要的；②同期群分析，分成不同时期的用户，对每一个用户群的行为和趋势进行更加精准的分析；③净推荐值，等于产品支持者的百分比减去诋毁者的百分比。这个数值是评估产品发展潜力的风向标，较高的净推荐值有可能转化为较高的推荐系数（推荐系数=通过推荐带来的新用户数量/老用户数量）。如果推荐系数低于1，则这种模式很难成功，后续很难产生爆炸式增长；如果推荐系数超过1，就有可能发生指数型增长。

3）第三步，学习与迭代。不管多伟大的产品，都是通过不断迭代产生的。在这个迭代的过程中，要把握几个原则：①产品的功能必须靠用户催生，而非简单堆积；②尽量限制添加的功能数量，要克制给产品不断增加功能的欲望；③整个学习和迭代的过程是开放、透明的。

（3）第三个循环调整转型。如果用户验证阶段没有通过痛点假设和解决方案假设验证，那么就要回到第一个循环用户探索，直到通过验证找到可行的商业模式。这是商业模式探索的重要反馈机制，通过调整，不断迭代，就会不断加强对用户、产品和市场的认识，就更有可能找到可行的商业模式。此时最关键的就是快速和敏捷。速度越快，商业模式探索的成本越低，对现金流的需求也越小，成功的可能性就越高。

7.4.3 精益画布

1. 精益画布的基本要素

慕尔雅（Ash Maurya）研究了奥斯特瓦德的九要素框架后，根据自己的创业经验认为，这个设计框架不适合类似大学生这样没有创业和企业经营经验的群体。他以精益创业理论为指导，对奥斯特瓦德的设计框架进行了改造，提出了新的设计框架——精益画布（见图7-8）。他认为，创业者必须关注和研究的商业模式要素有：问题、解决方案、关键指标、独特卖点、门槛优势、渠道、客户群体分类、成本分析和收入分析九项[5]。

<table>
<tr><td colspan="2" rowspan="2">问题：
需要解决的三个问题。</td><td colspan="2">解决方案：
产品最重要的三个功能。</td><td colspan="2" rowspan="2">独特卖点：
用一句简明扼要但引人注目的话阐述，为什么你的产品与众不同，值得购买。</td><td colspan="2">门槛优势：
无法被对手轻易复制或者购买的竞争优势。</td><td colspan="2" rowspan="2">客户群体分类：
目标客户。</td></tr>
<tr><td colspan="2">关键指标：
应考核哪些东西。</td><td colspan="2">渠道：
如何找到客户。</td></tr>
<tr><td colspan="5">成本分析：
争取客户所需花费、销售产品所需花费、网站架设费用、人力资源费用。</td><td colspan="5">收入分析：
盈利模式、客户终身价值、收入、毛利。</td></tr>
</table>

图 7-8 精益画布

（1）问题和客户群体。要基于解决客户的问题进行创业。问题和客户群体的匹配是商业模式设计的核心，通常应该放到一起来考虑。

1）针对每个目标客户群体，阐述他们最需要解决的1～3个问题。

2）列出现存备选方案。你的产品没出现时，客户是如何解决这类问题的？

3）找出其他可能与目标客户进行互动的客户。

4）锁定潜在的早期客户，尽量细分目标客户群体，细化典型客户特征。

（2）独特卖点。这是商业模式设计最重要也是最难的部分。对创业者来说，迎接的第一个挑战不是卖产品，而是得到潜在客户关注。因此，独特卖点必须精炼为寥寥数语，要与众不同，要有打动人的新意。当然，独特卖点不需要也不可能一开始就很完美，而需要逐步完善。

1）找出你的产品的不同之处，从首要解决的问题出发寻找独特卖点。

2）针对早期客户做设计，避免产品平庸化和大众化。

3）专注于产品的最终成效，即产品能为客户带来什么好处。

4）认真选择常用于营销、宣传品牌的词语，并高频率使用。

5）明确地阐述你的产品是什么，客户是谁，为什么选择你的产品。

（3）解决方案。针对每个问题提供相对简单的方案，不要急于制订详细的解决方案，制作一个最小可行产品就可以了。因为随着对提出问题的验证和测试，可能会重新定义问题，这是创业活动中的常见现象。如此循环往复，将解决方案不断完善。

（4）渠道。无法建立有效的客户渠道是初创企业失败的主要原因之一。初创企业的首要任务是学习，而不是扩张，因此，刚刚开始的时候，任何能把产品推荐给潜在客户的渠道都可以利用。如果企业的商业模式需要大量客户才能成功，从一开始就考虑好渠道的扩张问题非常重要。要尽早把渠道建立起来并进行测试。渠道有很多种，需要注意的是，有些渠道根本不适合本企业。在选择早期渠道的时候，一般会考虑下面这些问题：

1）免费与付费。免费还是付费不能一概而论，要认真考虑到底哪种渠道适合你的企业。本质上讲，没有渠道是真正免费的。

2）内联与外联。内联式渠道是使用“拉式策略”，让客户自然而然地找到你，例如博客、SEO、电子书、白皮书、网络讲堂；外联式渠道使用“推式策略”，让产品接触客户，例如SEM、传统媒体广告、展销会、直接打电话、访谈等。

3）亲力亲为地进行推销。自己直销不仅是一种营销渠道，也是面对面与客户交流的学习手段。初创企业首先要做的就是学会自己销售自己的产品。

4）不要过早地寻求合作伙伴。虽然可以借用大企业的渠道和信誉来推广，但是如果没有切实可行的产品，又怎能赢得合作伙伴呢？

5）做口碑之前先留住客户。要做出有口碑的产品。

（5）收入分析。创业初期的产品是一件最小可行产品，是否适合一开始就收费销售呢？这是很多创业者在初期阶段都感到很困惑的一个问题。收费是检验商业模式风险的最重要的部分，只有将产品真正销售给客户，客户愿意为该产品付费，才能真实地检验商业模式的可行性。

1）价格也是产品的一部分，通过客户对价格的态度，对产品和商业模式进行调整。

2）什么样的价格适合什么样的客户。商品的价格也决定了客户群体细分。

3）让客户付费购买产品也是一种初级形式的商业模式验证。

（6）成本分析。从产品制作到推向市场的过程中会发生各种支出，要把这些都列出来。同时，要想准确预测企业将来会产生哪些开销是很困难的，应该把重点放在当下。例如：

1）访谈30～50个客户需要多少成本？

2）制作并发布最小可行产品需要多少成本？

3）现在的资金消耗率是多少？用固定成本和变动成本来分析。

然后，把收入和成本分析结合起来，计算出一个盈亏平衡点，以此估算需要花费多少时间、精力和金钱才能达到这个平衡点，从而帮助确定商业模式的优先顺序。

（7）关键指标。任何一个企业，总能找到少数几个关键指标来评估其经营状况。这些指标不仅能衡量企业的发展，也可以帮助找出客户生命周期中的重要时段。戴夫·麦克卢尔（Dave McClure）提出的“海盗指标组”是一个经常用到的关键指标评估框架。虽然海盗指标组是为软件公司设计的，但是它也适用于很多其他行业。这个框架包括五个阶段：获取（Acquisition）、激活（Activation）、留客（Retention）、口碑（Referral）、收入（Revenue），如图7-9所示。

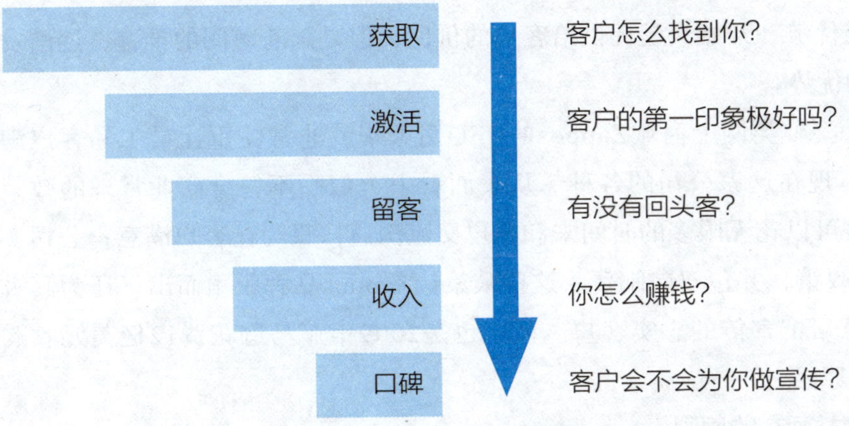

图 7-9　海盗指标组

1）获取，指的是把普通访客转换成对产品感兴趣的潜在客户的过程。

2）激活，指的是感兴趣的潜在客户对产品的第一印象感到满意。

3）留客，评估的是产品的“回头率”或者说是客户的投入程度。这个指标是用来评估产品和市场匹配程度的关键指标。

4）收入，评估的是客户为产品付钱的情况。

5）口碑，是一种比较高级的客户获取渠道，满意的客户会再推荐或者促成其他潜在用户来使用你的产品。

（8）门槛优势。在商业模式中，人们常常把“首创”称为优势，其实，首创很可能是劣势。因为开辟新市场（风险控制）的艰难重任落在了创业者的肩膀上，而紧紧跟随的后来者随时都有可能将其全套招数收入囊中——除非创业者能不断超越自我和跟风者，而这就需要真正的“门槛优势”了。要知道，福特、丰田、微软、苹果等都不是首创者。杰森·科恩（Jason Cohen）提出了一个有趣的观点，认为任何可能被山寨的东西都会被山寨，特别是当别人看到你的商业模式确实可行时。真正的门槛优势必须是无法轻易被复制或者购买的。符合这个定义的门槛优势有：

1）内部消息。

2）“专家级客户”的支持和好评。

3）超级团队。

4）个人权威。

5）大型网络效应。

6）社区。

7）现有客户。

有些门槛优势一开始只是提供给客户的价值，但是随着时间的推移，逐渐发展成了独有的优势。

例如，大型鞋类网上商城Zappos的CEO谢家华就非常注重让员工和客户满意。这一点体现在这家公司的各种（从表面看来）似乎不符合商业常理的政策上：客服代表可以花无限多的时间来和客户交流沟通，只为让客户满意；公司实行365天退货政策，并包双向邮费。这些政策让Zappos品牌脱颖而出，还为其吸引了大批愿意帮忙宣传的忠实客户。而这也是2009年亚马逊花费12亿美元收购Zappos的重要原因之一。

2. 制作精益画布的原则

（1）快速起草第一张画布。不要在第一版画布上消耗太多的时间，最多不要超过15min。制作画布是为了把你脑海里所想的东西迅速记录下来，然后确定哪个部分风险最大，再让他人来验证你的模式。

（2）部分内容空着也没关系。别总想着要给出“正确”的答案，要么马上写下来，要么就空着。空着的部分可能是商业模式中风险最大的部分，应该从这里开始进行验证。像“门槛优势”这样的部分可能需要多花点时间才能找到。画布本来就是很灵活的，可以随着时间的推移来逐步完善。

（3）尽量短小精干。要想用一句话说清楚一件事很难，用一段话则简单得多。画布的空间限制正好可以让你把商业模式的精华部分提炼出来，目标是只用一张纸来描述你的商业模式。

（4）在当下的角度思考。写商业计划书，需要花大力气来预测未来，不过准确预测未来是不可能的。你应该以非常务实的态度来制作画布，根据目前的发展阶段和掌握的情况来填写内容。

（5）以客户为本。精益创业画布以客户为主要驱动力，在描述商业模式的时候，只需要围绕客户做文章就足够了。很快你就会看到，仅仅调整一下客户群体，商业模式就会发生翻天覆地的变化。

3. 制作精益画布的步骤

（1）第一步：根据精益画布设计框架，完成两张以上的精益画布，作为你的商业模式原型。其设计方法可以参考商业模式画布的方法。

（2）第二步：找出商业模式中风险最高的部分。创业是高风险的事情，创业者真正要做的事情就是持续而系统的降低公司的风险。创业的不同阶段风险也不一样。莫瑞亚认为，创业一般有三个阶段：第一阶段是将问题与解决方案匹配起来，这个阶段需要解决的核心问题是有没有值得解决的问题；第二阶段是将产品和市场匹配起来，这个阶段的核心问题是做出来的东西是人们想要的吗；第三个阶段是扩张，这个价段的核心问题是怎样才能加速壮大。这三个阶段包括的风险主要是产品风险、客户风险和市场风险。通过风险评估，可以把每个商业模式原型进行排序筛选。

（3）第三步：系统地测试计划。针对商业模式的每个模块深度访谈，参与式观察是一种有效的商业模式测试验证方法。

举一反三

1. 选择一种你们团队共同认可的商业模式设计工具，合理运用商业模式设计方法，设计你们团队创业项目的商业模式。

2. 选择身边的同学、朋友、家人等对你们的商业模式进行验证，听取他们的建议，并不断完善，直到全团队认可。

参考文献

[1] 奥斯特瓦德，皮尼厄. 商业模式新生代 [M]. 北京：机械工业出版社，2013.

[2] Richard Bellman，et al. On the Construction of a Multi-Stage，Multi-Person Business Game [J]. Operations Research，1957，（8）：469-503.

[3] M Morris，et al. The Entrepreneur's Business Model: Toward a Unified Perspective [J]. Journal of Business Research，2003，（6）：726-735.

[4] Ash Maurya. 精益创业实战 [M]. 张玳，译. 2版. 北京：人民邮电出版社，2013.

[5] 魏炜，朱武祥. 发现商业模式 [M]. 北京：机械工业出版社，2013.

［6］王伟毅，李乾文．创业视角下的商业模式研究［J］．外国经济与管理，2005（11）：32-48.
［7］克里斯·安德森．长尾理论［M］．乔江涛，石晓燕，译．北京：中信出版社，2012.
［8］克里斯·安德森．免费［M］．蒋旭峰，等译．北京：中信出版社，2012.
［9］John Hagel，Marc Singer. Unbundling the Corporation［J］．Harvard Business Review，1999:133-141.
［10］张玉利，等．创业管理［M］．3版．北京：机械工业出版社，2014.
［11］付志勇．商业新秀借商业模式突围致胜［J］．销售与管理，2011（11）.
［12］小猪短租：仿得出模式仿不出环境［EB/OL］．IT商．［2013-05-13］．http://news.itxinwen.com/2013/0513/491880.shtml.
［13］想做“中国版Airbnb”的小猪短租玩起了文艺范儿的跨界营销［EB/OL］．界面．［2015-11-20］．http://www.jiemian.com/article/444205.html.
［14］纪慧生，陆强，王红卫．商业模式设计方法、过程与分析工具［J］．中央财经大学学报，2010（7）：87-92.
［15］埃里克·莱斯．精益创业［M］．吴彤，译．北京：中信出版社，2012.
［16］龚焱．精益创业方法论［M］．北京：机械工业出版社，2015.

第8章

商业计划书有什么用？

用强悍又善诱的商业计划书，把你的商业金点子转化成金子。

——安德鲁·查克阿拉基斯等

学习目标

1. 什么是商业计划书?
2. 为什么要撰写商业计划书?
3. 谁来撰写商业计划书?
4. 谁来看商业计划书?
5. 如何撰写商业计划书?

有人觉得，商业计划书在打印出来的那一瞬间，也许就过时了，写商业计划书既费时又无用[1]。这种想法其实是对商业计划书的一种误解。事实上，商业计划书的构思和撰写非常重要。商业计划书不仅仅是对外融资的工具，其撰写的过程也是梳理创业思路、整合创业资源的过程，还是进一步认识创业项目、评估商业机会本质的过程，更是青年创业者培养严谨态度、理性思考、提升能力的过程。通过这个严谨的训练过程，创业者可以充分了解自己所在创业领域的基本情况，深入思考如何将创业计划转化成实实在在的创业项目，合理调整自己的创业项目，构建自身的差异化竞争优势，制定吸引消费者的营销策略，塑造有效的商业模式。通过撰写商业计划这个梳理和思考的过程，可以进一步认清企业未来发展的道路。

本章的主要目的是教授大家如何撰写商业计划书。首先阐述商业计划书的内容、意义以及撰写过程。撰写商业计划书可以进一步对商业项目、商业资源保障以及相关因素进行分析，理性、有效地为未来创业做好计划。在本章中引入某高校学生2008年创业撰写的商业计划为案例（见案例8-1），详细讲述商业计划书的写作过程。

案例 8-1：青春在线旅游公司

青春在线旅游公司主要是通过旅游电子商务的模式，将旅游与户外拓展培训相结合，为客户量身定做“壮游”产品，如修学旅游、探险旅游、文化专题旅游、生态旅游、体育旅游等，满足目标客户18～35岁的年轻人的个性化需求。青春在线旅游公司主要是通过把富有文化气息、青春气息和人文情怀的旅游与户外拓展培训相结合，使旅游不仅仅是旅游，而是文化附加值高的“壮游”的新理念。“壮游”是指通过户外拓展培训、多种文化活动等，培养顽强毅力，其价值在于对人的改变。青春在线旅游公司进行了明确的市场细分，以个性化的产品设计方式，开发独特的“壮游”产品。

青春在线旅游公司主要开发新型旅游方式，让客户在旅游过程中探寻文化、陶冶情操，获得区别于一般旅行产品的旅游体验。其推出各种专题旅游，并且提供专门培训的老师带领客户去领略文化，放松身心，参与有趣的户外拓展培训小项目。客户可以选择不同侧重点的野外拓展培训，在旅游的过程中提升能力、增长见识。公司同时充分利用电子商务的渠道了解客户信息，根据客户的不同需要量身定做个性化产品。青春在线旅游公司的主要目标客户群是大学生。他们为大学生提供符合其年龄、性格、心理特征、兴趣爱好等方面的旅游项目，如自助旅游、自行车旅游、以沟通和交流为目的的团队旅游等。青春在线旅游公司紧紧抓住大学生的特点，推出专门为大学生设计的旅游，为大学生的青春增添许多美好的记忆。公司采取网上运作的模式，建立青春旅游网站，方便与大学生之间的沟通。大学生可以在网上建立自己的档案资料库，公司旅游策划人员为大学生精心策划的旅游产品与大学生自己的喜好相结合，能够提高他们的旅游体验。

8.1 什么是商业计划书？

在讨论商业计划书之前，首先要了解“计划”和商业运行的计划类型。计划是追求短期或者长期目标的一个手段，基于创业的基本逻辑，从发现问题到解决问题的方案阶段，即从商业项目成熟到初创企业的成功成立，创业者都要准备一个初步的商业计划，这是非常重要的。这个计划包括：项目是什么，解决什么问题，资源是如何保障的，创业者及其团队是如何思考的。这一计划既可以是战略层面的，也可以是执行层面的。商业计划的类型取决于创业运行过程中的预期目标。不同类型的商业计划起到的作用不尽相同，但它们都有一个重要的目的，那就是在快速变化而又不确定的未来环境中，对创业者起指导作用。

商业计划书（Business Plan）也称为创业计划书，描述了创建一个新企业或者完成一个新项目所需要的所有相关因素，是由创业者准备的书面文件，是商业计划的书面呈现。商业计划描述了创业意图达成的目标，以及如何实现这些目标。

对大多数创业者而言，商业计划是一份可用于创业组织内外两方面的文件。对组织内部来说，商业计划能帮助创业者设计出实施其战略和计划的“路线图”；对外部而言，商业计划用于向潜在投资者及其他利益相关者介绍企业试图追求的商业机会，以及如何把握机会的行动计划。因此，撰写一份商业计划书对创业者绝对有必要，不仅能节约时间和金钱，更主要的是提前预测企业创办时所需的资源保障和可能遇到的问题，减少失败的可能性。商业计划书不能做到万无一失、面面俱到，不会绝对保证创业的成功，但是，从商业计划的制订过程当中可以获得知识、理清风险，而且书写商业计划时的成本投入是非常有限的[2]。

8.2 为什么撰写商业计划书?

8.2.1 商业计划书的写作目的

撰写商业计划书，可以让创业者通过深度、系统的思考来提高创业成功的概率。首先，创业者必须清楚所要达到的目的。创业者需要问问自己：

（1）我们发现的问题是什么，有什么方案解决?

（2）需要哪些资源，如何才能实现?

（3）要想成功，需要怎样的团队?

这三个问题也是创业的根本问题。了解自己，就是了解自己创业的根本问题——项目是什么?实现这一项目需要的条件，当然主要的还是团队。

开始制订商业计划前，有许多事情要做。首先，学会问问题，同时也要问对问题。尽管这一问题在前面几章已做了详述，但在这里还要进一步强调，因为学会问问题并问对问题对创业太重要了，同样也是在撰写商业计划书前必须考虑的。商机的本质在于解决用户的问题，而不仅仅是赚钱。发现问题并提出解决问题的方案，就是发现商机的重要途径。因此，创业也是一种社会价值的实现，基于社会问题的价值实现才是创业的本质所在。通过撰写商业计划书，对这一系列问题做系统的思考和规划。

撰写商业计划书为新企业准备了自我推销文件。它为新企业提供了一种向潜在投资者、供应商、商业伙伴和关键职位应聘者展示自身的机会。试换位思考一下，当你拥有足够的资金对某家新企业进行投资，你是否需要对这家企业所处的行业、经营的业务、商业模式、推广方式、管理团队进行了解?商业计划书的形成过程是探索和学习的过程，是一个严谨的过程，需要提出问题、寻找答案，并为未来的市场做好规划。

商业计划书的一个非常重要的目标就是要吸引各种各样的利益相关者，说服他们相信你的创业项目发展的潜力。因此，创业者要记住是在写“故事”，能把人物和时间成功结合的“故事”，一个优秀的“故事”有情节主线和副线。商业计划书的每一章节、每一副插图都是围绕情节线索展开的。这个“故事”的读者主要有两类，商业计划书的读者不同，其写作目的也是不一样的。下面根据商业计划书的使用者不同对撰写商业计划书的目的进行介绍。

商业计划书的用途之一是向潜在员工、现有员工、资助组织、服务商等传递和展示企业的愿景和使命。商业计划书强调如何把具备可行性的市场机会转化成盈利产品和服务，包括产品开发、营销和企业发展战略各个层面的计划。撰写商业计划书是向雇员以及相关组织机构传递企业的理念和文化的一种有效途径。

1. 企业内部人员

从内部来讲，是企业员工的需要。对新企业管理团队和普通员工来说，撰写一份阐明企业愿景和未来规划的商业计划书十分重要。有些专家评论道，撰写商业计划书是在浪费时间，因为快速变动的市场环境会导致任何计划都很快过时。虽然市场环境的确经常快速变动，但商业计划书的撰写过程与计划本身同样具有价值。撰写商业计划书能促使管理团队仔细考虑企业的各个方面，制定企业发展规划，经过创业团队的反复讨论，形成统一的企业发展目标和企业愿景。它在企业发展中起到指导企业发展方向的作用。

商业计划书让员工了解企业正在从事的商业项目是什么，明确每个员工在这一项目实现中所处的角色定位和他们努力的方向，这样有利于企业员工团结一致。表述清晰的书面商业计划有助于企业普通员工协调工作，并通过一致行动向目标前进。对新企业职能部门经理来说，商业计划书更是非常有用的。如果你是一家快速成长企业新雇来的副总裁，负责管理信息系统部门的业务，那么获得一份分析企业各个方面和未来战略与目标的正式商业计划书，能够使你确保所做的事情与企业整体计划和方向一致。同样，作为一名普通员工，也会按照商业计划书中的安排，积极主动地推动企业的发展。

2. 企业外部人员

商业计划书可以辅助创业者向外部人士如投资者、供应商、商业伙伴等，推介初创企业。商业计划书最显著的用途就是募集外部资金。创业活动与传统商业活动的最大区别在于，创业活动始于创意而不是资源。因此，当某人拥有一个创意并决定开创一项事业的时候，创业者本身并不具备相应的资源。此时，撰写一份简明易懂又能够准确表述市场潜在价值和创业者热情的计划书是十分重要的。这也是外部投资者了解新项目的第一个途径。

初创企业的外部利益相关者主要包括投资者、潜在商业伙伴、关键应聘者等，是商业计划书的第二类读者。要吸引这些人，商业计划书必须切合实际，不能过分乐观。过分乐观的陈述或预测会破坏商业计划书的可信度。同时，商业计划书必须明确显示商业创意可行，而且与那些风险更小的投资选择相比，商业创意能给潜在投资者带来更高的资金回报。对潜在商业伙伴、客户和关键应聘者来说，道理同样如此。除非初创企业能展现出非凡的潜力，否则很难找到吸引投资者的理由。

在向他人陈述商业计划书之前，企业必须论证其商业创意的可行性，深刻理解其所处的竞争环境。投资者、潜在商业伙伴和关键应聘者会根据事实来评价企业的未来前景，而不是根据臆测或溢美之词。在商业计划书中，企业所能展示的最重要事实就是可行性分析的结果，以及对有竞争力的独特商业模式的描述。如果商业计划书仅建立在创业者对企业未来前景预测的基础上，会显得苍白无力。

除了上述提到的方面，商业计划书应该阐明新企业创建之前必须解决的所有资源限制。越是精心准备的商业计划书，越能够说明初创企业尽力想完成什么目标，以及为达到这些目标将如何去做。商业计划书是一种书面文件，它解释了创业者的愿景，以及这些愿景如何被转变成为一家盈利的、切实可行的企业，这些都是投资方所需要的信息。例如，企业为产品做出售后承诺之前，需要雇用售后服务人员。对初创企业而言，掩盖或低估资源需求是很愚蠢的。初创企业寻找投资者的主要原因，就是为了筹集所需要的资本，用来雇用关键员工，进一步开发产品或服务，租赁办公地或弥补运营中的其他漏洞。投资者很清楚这些，而且经验丰富的投资者往往愿意帮助所投资企业填补资源或能力方面的漏洞。

8.2.2 商业计划书的类型

商业计划书根据创业者所要达到的目的不同有不同的类型。不同类型的商业计划书对创业机会描述的详尽程度和侧重点有所不同，但是，对于创业过程所要面对的机会、资源、团队等关键要素的描述区别不是很大。如需要针对争取外部资金或者与相关利益方宣传，那么相对来说就要笔墨多一些，尤其针对资金使用以及未来发展规划，要花费更多的笔墨。如果商业计划书主要针对创业者及其团队，用于项目初期阶段的操作，则要更加详细和详尽，在细节上要达到精打细磨的程度。它不仅详尽探讨商业机会，而且对创业过程每一步骤具体操作的资源和人员安排都有着详尽的阐述。这类计划书在企业外部人员看来可能略显烦琐，但对企业内部人员的计划执行来说具有很重要的指导价值。如果是创业项目创意的初次展示，一般只对创业项目和具体的财务情况进行介绍，没有太多的企业建立后的运行计划等。这类计划书比较短，也被称为“脱水型商业计划书”（Dehydrated Business）[3]，常用于创业项目的初期宣传和吸引投资者。一般来说，根据商业计划书的三种类型，对篇幅长短和精细程度有不同的习惯要求，如表8-1所示。

表 8-1　不同商业计划书类型的对比

类型	宣传期的商业计划书	融资期的商业计划书	运营期的商业计划书
篇幅	5页之内	5～20页	20页以上
适用情况	发展早期	筹集资金 企业运行蓝图	内部参阅 运营指导

1. 宣传期的商业计划书

宣传期的商业计划书一般篇幅比较短小，有的只有1页，最多不会超过5页。它适用于创业的早期宣传阶段，测试创业项目的吸引力，吸引早期的利益相关者。其内容和执行总结有相似之处，重点是对企业商业模式、核心竞争力、团队优势和核心财务数据的描述，用最简短的方式提高投资者约见的概率。

2. 融资期的商业计划书

融资期的商业计划书相对宣传期的商业计划书要更加详尽，可以充当企业运营蓝图。融资期的商业计划书目的在于筹集资金，不单单是信息披露，更是一种业务构思的规划。创业者应该详细地阐述产品或服务的特点、企业核心竞争优势、商业模式和营销规划、核心团队介绍、详细的财务预测和分析、明确的资本退出方案等。成熟、高效的管理团队可以提升投资者的信心。一个高效的创业团队能够创造出新的价值，投资者也许会将其看作投资回报率的一个参考因素。

3. 运营期的商业计划书

运营期的商业计划书是最为详尽的，其主要针对的读者是企业内部成员，起到对企业经营管理的指导作用。相对比前面两种商业计划书，它要包含详尽的组织管理计划、企业整体发展规划、营销计划、财务计划等。每一部分都要进行详细的规划和安排，在企业发展之前充分地分析和规划企业将要面临的问题和现状，依据企业自身资源，制订科学合理、实用性强的计划安排，减少企业发展中的弯路和错误。

创业者应该根据撰写商业计划书的目的而有所侧重。例如，撰写商业计划书的目的是融资，则应当在市场分析、竞争对手以及财务预算等方面详细阐述。这样做可以使投资者更加清晰明了地知道企业如何在既定的时间内取得高额利润。撰写商业计划书的目的如果是给内部员工看的，那么应该着重体现出企业未来的发展规划、远景还有使命，甚至还可以强调企业文化，从文化层面上来增强员工对企业的归属感，激励员工各司其职、各尽其责。

在创业过程中，融资期的商业计划书是比较重要和常用的。因此，在本章下面的内容中主要介绍融资期商业计划书的撰写框架和过程。现在有许多方式可以完成商业计划书，如借助一些交互式菜单的软件的帮助，创业者就可以完成商业计划书。软件可以提高写作效率，在形式上做到规范美观，但是其写作结构过于单一，可能存在与创业项目不符的情况，要避免生搬硬套。有些企业雇用咨询师或外部顾问来撰写商业计划书。虽然咨询顾问可以确保尽可能专业，但要注意的是，咨询师或外部顾问不应该是商业计划书的主要写作者。商业计划书不仅是融资的工具，更是创业者梳理创业思路、整合创业资源的过程，商业计划书最好由创业者自行完成，才能具有真正的价值。

8.3 商业计划书的撰写原则

企业的商业计划书往往是投资者或者其他利益相关者对企业的第一印象，如果计划不完善或漏洞百出，很容易让投资者猜测企业本身也不完善或有缺陷。在将商业计划书送交投资者或其他任何与初创企业有关的人审阅前，要留意商业计划的结构、内容、版式的完整和整洁与否。撰写商业计划书不是找外部专家完成了事，创业者或者创业核心成员必须参与其中，尤其是创业带头人。创业者要把商业计划书的撰写过程看成是一个完善反思的过程，一个历练团队、明晰思路的过程[4]。商业计划书撰写的原则如下：

1. **真实完整，用数据说话**

商业计划书内容的真实性是前提，所有数据应具有合理的出处，支撑论据要合情合理。对于文字、数字还有图表而言，投资者更倾向于观看数字和图表，若数字、图表清晰明了，则阅读效率高。如果数字和图表都有良好的上升趋势，说明企业的整体发展具有较好的市场前景，是投资者比较容易关注的类型。在撰写商业计划书时，一定要确保数据的真实性，不要有任何的数据修饰和造假行为。这些行为一旦被投资者发现，初创企业不仅会失去投资者的投资，更失去了企业经营中最重要的诚信。

2. **慎用模板，避免生搬硬套**

尽管有许多软件在撰写商业计划书的时候提供了不少便利，但是每一个故事、每一个案例都有自己的独特性。只是把模板上的图表和数据直接替换了，把这样的商业计划书直接呈递给投资者的做法是不可取的。每一个项目都有其与众不同的地方，完全套用模板，会失去创业项目本身的特色和创新点。因此，对于软件和模板要选择性应用，对于内容相对固定的企业组织结构设计、财务报表格式等可以借鉴应用，而对于体现创业项目差异化的部分，如产品或服务描述、竞争分析、营销计划、商业模式等部分，一定要由创业者自己撰写，以突出创业项目的特点和优势。

3. **内容完整，结构合理**

一份好的商业计划书至少要包括以下内容：计划摘要、产品与服务、团队和管理、市场预测、营销策略、生产计划、财务规划、风险分析等，不应该遗漏任何要素。商业计划书在呈现形式上要求条理清楚、叙述流畅，因此，商业计划书必须遵循一定的常规结构。尽管某些创业者试图在每件事情上都表现出创造力，但偏离商业计划常规结构形式是有风险的。因为投资者一般都很忙，他们期望看到能很容易就找到关键信息的商业计划书。如果这些关键信息在应该出现的地方没有出现甚至缺失，会使投资者产生大海捞针的感觉，那么他很可能会直接放弃。

4. **表达精准，突出重点**

在撰写商业计划书时，尽可能使用通俗易懂的语言，简明扼要地叙述问题，尽量少用专业领域的术语。有些商业计划书的内容很多，很多投资者很难从头到尾、方方面面地阅读一遍，因而要求商业计划书一定突出企业独特价值。在创业计划书的撰写过程，重要的是合理安排撰写结构，内容前后衔接得当，结构安排合理，数字、图表辅助文字讲述，突出创业项目的表述重点，方便阅读。

5. 格式清晰，装帧简洁大方

创业者必须仔细琢磨商业计划的装帧与格式，使它看上去鲜明醒目，又没有过分装饰。商业计划书的读者知道创业者资源有限，也期望他们能节俭办事。活页装订是一种很好的选择，但要给商业计划书配上透明封面和封底。撰写商业计划书时，要避免纠缠于文字处理程序的设计功能，如黑体字、斜体字、不同的字号和颜色等。过度使用这些工具，会使商业计划书显得业余。

另外，在完成商业计划书后，撰写者需要仔细检查，避免表达和语法的错误，确保不遗漏任何关键信息。因为把缺失重要信息的商业计划书送交投资者的现象屡见不鲜，如没有阐述产业发展趋势、企业需要多少资金、资金的使用目的等。

8.4 如何撰写商业计划书?

8.4.1 商业计划书大纲

尽管商业计划书的类型各异，但核心部分应该包括表8-2所列的大部分内容，而且格式也尽量保持一致。在这些看似千篇一律的格式中，还要突出有价值的信息，以便投资者等相关利益人在速读中找到感兴趣的内容。当然，这一结构内容也可以根据目的及具体阅读对象不同而有所变动。

商业计划应清晰简练，并且完整地提供有关初创企业关键部分的信息，但也要注意篇幅不要太长。也就是说，它必须具有一定的篇幅以确保提供充分信息，同时又要避免冗长以便吸引读者。表8-2中所提供的商业计划书大纲是一个涵盖了创业计划的各个方面的计划书大纲，为创业者撰写计划书提供参考。对于创业者而言，撰写的计划书不用涵盖表8-2大纲中的所有部分，而要根据自身创业项目的特点合理选择。

撰写商业计划书遇到的最为普遍的问题是：商业计划书的篇幅到底要有多长？内容应该细到什么程度？答案是：这取决于要撰写的商业计划书的类型和撰写商业计划书的原因。基于不同的目的所撰写商业计划书的原因在前文中已经阐述。需要强调的是，撰写商业计划书之前必须明确目的。

表 8-2 商业计划书大纲

完整商业计划书大纲
封面
执行总结
目录
1. 公司概述
2. 创业团队
3. 产品或服务介绍
4. 市场概况
5. 竞争分析
6. 商业模式
7. 市场营销计划
8. 生产运营计划
9. 财务计划
10. 公司管理
11. 企业文化
12. 风险预测及应对
13. 资本退出
附录

8.4.2 撰写商业计划书

1. 封面

商业计划书的封面除了要设计简洁、美观外，还要包含一些必要的信息。首先要包含企业的名称；其次是要有创业者的联系信息，如企业地址、联系电话、企业网址、电子邮件等；最后是警示阅读者保密等事项信息。如果创业者已经有独特的商标，可以把商标融合到封面设计中，凸显企业的品牌和文化。为了封面的美观，可以将创业者的联系信息和保密事项等信息放到商业计划书的内封中，这样既保持了计划书封面的美观，也方便投资者寻找创业者的联系信息。

2. 执行总结

执行总结是最为精简的商业计划书，读者可以通过阅读执行总结对创业项目有一个整体的了解。执行总结一般包括：商机描述、产品或服务、行业概要、目标市场、竞争优势、经营模式以及盈利模式、团队及资源支撑等几个方面的信息。这里所涉及内容在后文中将会做详细讨论，这里不再详述。在写作上应注意的是，由于该部分是计划书中最主要的部分，所以放在计划书的最前面；但它却不是最先完成的，而应该先完成计划书的其他部分，在对计划书的其他部分有深入了解之后，最后完成执行总结。创业者在撰写时务必要记住，执行总结并非商业计划的引言或前言，恰恰相反，它是整个商业计划高度精练的概述。

3. 目录

投资者阅读商业计划书时，往往喜欢采用“查找式”的跳读方式，而不是从头读到尾。建立一个目录能帮助读者更容易找到自己感兴趣的信息。目录的详细程度与创业项目及创业者所要达到的目标有关。表8-3是案例8-1青春在线旅游公司的商业计划书的目录部分，这个目录相对详尽，包含三级标题，在这里只选取到它的二级标题进行展示。通过目录，读者可以快速地找到感兴趣的信息。

表 8-3　青春在线旅游公司商业计划书的目录

青春在线旅游公司商业计划书目录

（续）

4. 公司概述

把创意转化成商业组织，首要完成的事情就是成立公司。在商业计划书中，公司概述一般包括以下方面：公司名称、注册时间、公司规模、公司性质、技术力量、项目介绍、员工人数、组织结构等。在商业计划书中对公司概况的介绍，只需要从总体架构上进行言简意赅的陈述。若创业者还处在创意阶段，仍没有落实到注册公司的行动阶段，则在公司概述中要阐述公司的使命和愿景。此外，还要向读者展示创业者在创业历程中所取得的成就，列举在创业发展中重要的、具有里程碑意义的事件。里程碑事件是指企业显著的或重大事件。投资者比较常用的做法是根据里程碑事件来考察企业状况。

5. 创业团队

许多投资者和商业计划书审阅者会首先浏览执行总结或者摘要，然后直接翻到管理团队部分评价企业创建者的实力，看团队能否胜任创业项目。投资者阅读过的有创意、有市场的商业计划，远多于他所能实际资助的数量。因此，赢得融资支持经常不是因为创意或市场，而是投资者认为创业团队为开发创意做了更充分的准备。

创业团队通常包括企业创建者和关键管理人员。商业计划书应该提供每个创业团队成员的个人简介。个人简介应该显示出该成员为何能够胜任，为何能对企业成功做出特殊贡献。对创业团队的某些特征，应该加以强调。例如，投资者更喜欢以前曾经共过事的团队成员。这种考虑在于，如果人们以前共过事而现在决定共同创建新企业，这通常意味着他们之间相处融洽、彼此信任。创业团队成员的完整简历可以作为附录置于商业计划书末尾。

打造一个优秀的团队，应该明确的是团队成员要互补，并且有能力、愿意承担多重责任。这里强调的是“愿意”和“适合”。“愿意”是指团队成员能够从内心认可产品及创业团队的思维方式，要抱有创业心态加入到队伍当中。初创企业不像成熟企业那样，做每件事情都有专业人士支持，每个人只关注特定专业范围内的事务。而在初创企业里，在创业环境下，团队成员可能身兼数职，甚至没有明确的专业分工，他们除了关注自己的领域以外，还要随时帮助自己并不擅长的领域中的其他成员。因此，如果没有创业精神和心态，整个团队能够高效运转是不可想象的。“适合”是指创业团队成员不一定要有在大公司工作的经验。虽然具有丰富经验对完成项目是很有利的，但来自大公司的成员反而会遇到初创企业在文化上的冲突，例如初创企业成员之间的分工界限可能就不那么明确、支持系统也不那么完善，甚至企业里的负责人随时也需要充当一般员工角色。

6. **产品或服务介绍**

这一部分着重向读者介绍创业项目的卖点。应该包含的内容有基于市场的产品或服务的提出，新的产品或服务解决了消费者的何种需求，或者填补了哪一部分市场的空缺，突出产品或服务的特色。如果开展的是一项服务的话，可以陈述服务的流程；如果是科技类创业，应当向读者介绍新技术能如何解决市场上现存的问题，带来何种便利。在描述过程中要避免采用过于专业性的术语。

一般而言，产品或服务的开发遵循一定的开发路径，包括产品创意、原型化、试生产和全面投产。创业者应当结合项目的实际情况，设计、规划安排产品开发流程。所取得的进度要体现在商业计划书中，这样读者会有比较清晰的认识。在商业计划书中，创业者应该着重描述产品或服务所处的发展阶段，并提供后续的进度安排。

7. **市场概况**

一般而言，创业者需要先从宏观的大环境下展开思考：所提出的产品或服务的行业变革的驱动因素是什么，政治和社会环境因素是否会对创业者的产品或服务带来导向性的影响。基于这样的市场环境，再从微观的角度分析市场规模、市场增长速度、行业和产品在成长周期中所处的阶段、购买者的数量和规模、竞争对手的情况。在案例青春在线旅游公司中，创业团队在市场概况中界定了旅游行业所处的时代背景，同时分析了国家政策对于这一行业的支持。市场概况中还应该包含客户分析，这也是创业者必须重视的一环。创业必须是以问题为导向的，解决客户的问题是创业的价值所在。创业者需要通过人口统计、心理统计、行为特征等信息进行分析。通过分析，创业者可以判断什么原因能让客户产生购买产品的强烈动机。

行业分析要求创业者从行业定义入手，对其所属行业有一个清晰界定。在分析中，行业定义要宽泛一些才能够清晰地看到商机的巨大潜力。可是在实际操作中必须聚焦于一个细分市场。在案例青春在线旅游公司中，市场定位是专注于年轻群体的“壮游”服务。在行业分析的时候阐述了旅游行业的市场现状，市场定位是提供个性化、符合青年群体的稀缺旅游产品。完成行业分析后，还要进行行业性质的探讨。如果行业在增长而且没有主导企业，那么这个行业就是新兴市场；如果行业内有小企业在倒闭，正在被几家主导企业收购，这样的市场被称为整合中的市场；如果行业内有领军企业，它们的竞争状态比较稳定，几家企业统治整个市场，但增速缓慢，这样的行业就是成熟市场。创业者应该理性、客观地分析整个行业，关注创业项目能够解决的市场问题，最好用数据和图表来表达，彰显商业机会发展前景。

8. 竞争分析

竞争分析所包含的内容应当与产品或服务的独特性以及新产品的市场定位紧密相连。产品或服务定位是相对于竞争对手而言的。例如，如果你打算开一家新型冷饮店，你应该解释你的冷饮店与其他店有何不同，根据产品特点和客户需求进行市场定位。创业者可以结合行业分析，强调产品如何满足客户的需求：产品的内涵价值是什么？能给客户带来什么不一样的满足或者价值？你的产品为什么比别人的好？主要包括质量、价格、配送、某项技术、专利产品或者营销渠道等，应从这些方面清晰有力地说明产品的竞争优势。例如，青春在线旅游公司总结了旅游市场上针对青年群体的旅行产品，定位于为青年群体提供一个见多识广的机会，使其能够开阔胸襟。它靠的是快速高效的执行力和持续不断的创新，而不仅仅是提供旅游产品本身。因此，总结青春在线旅游公司为什么在众多学生创业项目中能够脱颖而出，获得成功的秘诀在于它真正了解了消费者需求。消费者需要的不仅只是一趟旅游的经历，还包含了热衷冒险、喜欢挑战的心理，同时这也是一场体验、学习之旅。从消费者的喜好和需求出发，提供满足消费者需求的产品或服务，就能塑造与其他同类产品差异化的竞争优势。

9. 商业模式

商业模式是商业计划书中一个十分重要的部分，也是投资者极为关注的部分。商业模式用简要的语言描述的创业项目是从开始到经营再到盈利的一个完整的商业逻辑。商业模式是一个整体，各部分相互联系，形成一个良好的商业循环。创业者在设计创业项目的商业模式时，是建立在对创业项目充分了解的基础之上的。如何设计商业模式，可以参照本书第7章。

10. 市场营销计划

营销计划是产品或服务到达用户的有效桥梁，是为了制定策略，能在未来控制和应对市场环境的变化，获得持续的客户和销售额。很多人容易把销售和营销混为一谈，实际上，销售只是营销的一部分，而营销是一个系统。营销是以用户需求为中心，把如何有效地创造和满足用户需求作为首要任务，目的是让产品或服务受用户的欢迎，是一种由外至内的思维方式。营销是一种战略性的思考，以创造力为中心，注重建立持续性的销售系统，关心用户需求和企业的可持续发展。营销计划主要包括以下几个部分：

1）产品构思及设想。主要描述产品或服务，确定市场需求，对产品或服务的整体市场进行简要说明。

2）市场调研。市场调研既可以放在营销计划之中，也可以作为计划书的辅助材料单独进行，这部分对于创业项目的可行性论证十分重要。市场调研主要对消费者、竞争对手和市场的基本情况进行调研和分析。

3）市场定位和用户选择。市场调研后，可以根据市场情况对产品或服务的市场进行细分，确定目标用户，为营销策略的制定打下基础。

4）营销策略制定。常用的营销策略有4P营销组合，即产品（Product）、渠道（Place）、价格（Price）和促销（Promotion）。营销活动是否成功，产品或服务是核心，价格是工具，渠道是途径，促销是推进器。营销活动的范围和方式需要根据产品或服务、企业发展的不同阶段以及市场环境的变化不断调整。

5）销售预测。通过市场分析所获取的销售预测可以促进风险投资者理解营销目标和财务报表。这些预测数据包括预期市场份额、销售额、市场增长率等。

11. 生产运营计划

生产运营[5]是一个选择厂址、购买原材料、组织生产产品或服务的过程。在商业计划书生产运营计划中需要介绍的内容和详尽程度完全取决于创业者的产品或服务本身。例如，对于工业类企业而言，生产运营计划应当包括的具体内容有厂址选择、工艺流程、设备引进、生产周期标准和生产作业计划的编制、物料需求计划及其保障措施、劳动力供求、库存管理以及质量控制方法等。可是，对于创意服务类企业而言，相较产品类企业运营成本低，在商业计划书中则可以强调创意本身，则应该阐明自己的优势、员工的特点等。无论是工业类还是创意类产品，商业计划书中撰写生产运营计划部分时，创业者都应该从以下几个方面思考：新产品或服务的成本结构是怎么样的？如何保证产品或服务的质量？如何保证原材料或物料的供应？

12. 财务计划

财务计划是针对创业项目的发展制定的一套可靠、全面的财务规划，以反映企业预期的财务业绩。财务计划是从财务角度对创业计划书的支持和说明。风险投资者会期望从财务计划部分判断企业未来的经营的财务预期，作为判断自身投资风险的一个依据。一份详尽、周全的财务计划对创业者尤为重要。如果财务计划准备得不好，会给风险投资者留下缺乏经验的印象，可能会降低初创企业的估值，同时也会增加初创企业的经营风险。

财务计划在创业计划中需要花费较多的时间和精力由专业财务人员来制定和具体分析，主要包括现资产负债表（Balance Sheet）、利润表（Profit and Loss）、现金流量表（Cash Flowchart）和盈亏点分析（Breakeven Analysis）。此外，一些具体的财务数据信息也十分重要，如销售收入、销售成本、管理费用、销售费用、应收账款、应付账款、存货周转和资产利用率等。财务计划除了需要给出初创企业3～5年的财务方面的安排计划外，还需要分析盈亏平衡点以及资金的来源和使用。

13. 公司管理

投资者在对商业计划书进行风险评估时，公司的性质、管理制度、组织结构、股权划分、薪酬体系都会影响其判断。同时，高素质的管理人员和良好的组织结构是公司管理的重要保障。创业者在撰写这个部分的时候，不仅需要包含公司成立相关的所有要素的介绍，其中包括对公司组织结构的介绍，可以附上组织结构图、各部门的功能和职责范围、各部门的负责人及主要成员、公司的薪酬体系等，更重要的是使投资者相信创业者具备良好的领导能力，能够保障组织的良好运转。建议可以对这几个问题进行思考：初创企业适合什么样的公司性质和组织形式？企业内部的组织结构应该如何设计？各部门的负责人和雇员如何安排？采用何种薪酬体系能最大限度地调动员工的积极性？公司股权如何划分？

14. 企业文化

企业文化又称组织文化，是组织的价值观、信念、意识、符号、处事方式等组成的特有的文化形态。企业可以通过一系列活动来塑造文化形态。当一种文化形态形成后，就成为员工行为和关系的规范，是组织内部所有人共同认同的价值观。良好的企业文化对企业的凝聚力会发挥重大作用，它的功能体现在四个方面：导向功能、规范（约束）功能、凝聚功能和激励功能。在商业计划书的撰写中，创业者需要明确企业的使命。企业使命明确了企业存在的原因，以及企业渴望成为什么。尤其是社会福利类企业，在企业使命和愿景部分应突出彰显企业社会责任。

15. 风险预测及应对

刚开始创业的时，不可避免的要承担风险。当业务开始的时候，创业者内心已经明确做出判断，这是可以承担和克服的风险。很多人都说创业者就是个冒险家，他们有着高的风险偏好。但是真正的创业者，他们并不喜欢风险，而且会尽量避免风险并把风险降至最低。风险和回报往往是成正比的，风险越高回报也会越高。创业者在创业开始阶段会对要承担的风险和可能获得的利益进行评估，只有面对的风险是他们所能够承担的时候他们才会投入到创业实践中来。

风险应对是创业者在风险评估的基础上，选择最佳的风险管理技术，采取及时有效的方法进行防范和控制，用最经济合理的方法来综合处理风险，以实现最大安全保障的一种科学管理方法。常用的风险应对方法有风险避免、风险自留、风险预防、风险抑制和风险转嫁等。

16. 资本退出

投资者都对风险收益格外关心。在撰写商业计划书的时候，创业者应该提供资本退出的方案，也就是说，创业者需要呈现给投资者，在什么时候他们的投资将退出，并且届时能够获得的回报。资本退出的形式有：首次公开上市（IPO）退出、并购退出、回购退出和清算退出。创业者在提出资本退出方案的时候需要注意以下问题：企业面临的风险及其带来的影响是什么？面对风险，企业应采取怎样的应对方案？初创企业首选的退出方式有哪些？每一项的投资回报率是多少？

17. 附录

撰写商业计划书的一个原则是言简意赅地传递企业的经营计划。在正文中呈现出来的数据需要有文档的支撑，这时候就需要在附录中把各种有关文档列出来，给读者和投资者提供决策的依据。一般而言，商业计划书的附录包括但是不局限于以下内容：主要合同资料、信誉证明、分支机构列表、市场调查结果、主要创业者履历、技术信息、生产制造信息、宣传资料、授权书、获奖和专利、政策文件等。创业者在撰写的时候，需要在以下两个方面引起注意：商业计划书必须和附录分开；附录是商业计划书提供必要的补充资料。

思考题

依据你们团队的创业项目，合理分工，完成一份完整的商业计划书。

参考文献

[1] 杰弗里·蒂蒙斯，小斯蒂芬·斯皮内利. 创业学[M]. 周伟民，吕长春，译. 6版. 北京：人民邮电出版社，2007.

[2] 张玉利，陈寒松. 创业管理[M]. 北京：机械工业出版社，2011.

[3] 梁超群，杨欣，王立伟. 我是这样拿到风投的：和创业大师学写商业计划书

[M]. 北京：机械工业出版社，2015.
[4] 王卫东，黄丽萍. 大学生创业基础 [M]. 北京：清华大学出版社，2015.
[5] 邓立治. 商业计划书原理与案例分析. [M]. 北京：机械工业出版社，2015.
[6] 布鲁斯 R 巴林格，等. 创业管理：成功创建新企业 [M]. 张玉利，等译. 3版. 北京：机械工业出版社，2010.

第9章

没钱可以创业吗?

融资关键是要尽量搞清楚，每个投资者对公司发展是有益的还是阻碍。

——马化腾

学习目标

1. 没钱怎么创业?
2. 初创企业的融资过程是怎样的?
3. 初创企业的融资渠道有哪些?
4. 如何进行初创企业融资估算?
5. 如何做融资项目展示?
6. 如何进行融资渠道和方式的选择?
7. 融资决策要考虑哪些因素?

虽然没钱但能创业成功，这是很多人的梦想。这不是不能做到，只是无法轻易做到。有经营头脑的创业者，即使没太多投资，依然能白手起家。创业就是一个发掘和整合资源的过程，资金是众多创业资源当中的一项重要资源，是创业项目得以顺利开展的重要保障。对于刚刚起步的青年创业者，尤其是大学生创业者而言，创业资金的匮乏是制约其创业项目发展的一个重要因素。但是，在创业投资界并不缺乏投资创业者的资金。他们每年手里掌握着大量的资金，却苦于找不到值得投资的优质项目。对于一个精心策划、有强大市场前景和盈利能力的创业项目，从来不会缺乏创业资金。因此，决定创业能否成功的核心要素并不是创业资金，而是创业项目本身。当然，创业资金的获取也是必不可少的。那么，如何才能获取创业资金，开展创业项目呢?

创业不是一次偶尔为之的即兴行为，而是从创业动机产生、创业机会识别、创业组织设立、企业成长及创业收获的整个过程。这个过程离不开资金的支持。资金是初创企业创立、发展与壮大所必备的战略资源之一。任何一个创业者都必须站在战略制高点来理解资金对创业的战略意义，并扎实做好创业融资工作，才能避免重蹈覆辙，促进创业活动的顺利开展。创业过程是一个整合资源进行创新的过程，如果缺乏资金等关键资源的支持，任何优秀的项目或好的市场机会都难以把握，导致创业的失败。从创业之初到创业成功一般会经历一段较长的时间，在这个过程中存在较多的不确定性，需要有相应资金的支持。而创业者个人或团队所拥有的资源有限，难以支撑创业的顺利开展，因此，更需要持续不断地融资，以保证一定的资金规模。总之，资金是初创企业的基本构成要素之一，融资是创业者的一个重要工作内容，融资规模与融资结构都会影响创业的成功[1]。

案例 9-1：没钱照样可以创业吗？[2]

马云有过三次创业经历，创业开始都没什么资金。他的创业经历告诉人们，没钱同样可以创造一番事业。

第一次创业：创办海博翻译社

1992年，马云是杭州电子工业学院的青年教师。他看到当时杭州的很多外贸公司都需要大量专职或兼职的外语翻译人才这一市场机会，准备开一家专业的翻译机构。当时杭州还没有专业的翻译机构，很多人都看到了这个机会，但却没有行动。而马云一有想法，马上开始行动。他当时每个月的工资还不到100元。创业没钱，不是问题，他找了几个合作伙伴一起，成立了杭州第一家专业的翻译机构——海博翻译社。

创业开始举步维艰，经常入不敷出，好多朋友都劝马云别折腾了，几个合作伙伴的信心也动摇了。但马云从未想过放弃，为维持翻译社的生存，他开始销售小商品补贴翻译社。整整三年，翻译社就靠着马云推销杂货来维持生存。1995年，翻译社开始实现盈利。海博翻译社在马云的创业经历中，也画下了重重的一笔。

海博翻译社给马云最大的启示就是永不放弃。即使没有钱，只要永不放弃，就可能取得成功。

第二次创业：创办中国黄页

1995年年初，马云参观了西雅图一个朋友的网络公司，亲眼见识了互联网的神奇。他意识到互联网在未来的巨大发展前景，马上决定回国开办互联网公司。

创业开始，马云仍然没有什么钱，所有的家当只有6000元。于是，他变卖了海博翻译社的办公家具，跟亲戚朋友四处借钱，这才凑够了8万元，再加上两个朋友的投资，一共10万元。很多人都说，做网络公司，没个几百万上千万元是“玩不转”的。

创办初期，资金的确是最大的问题。由于开支大、业务又少，最凄惨的时候，公司银行账户上只有200元现金。但是，马云克服了种种困难，把营业额从零做到了几百万元。

第三次创业：创办阿里巴巴

阿里巴巴无疑是中国互联网史上的一次奇迹，这次奇迹是由马云和他的团队创造的。1999年2月，阿里巴巴静悄悄地诞生在杭州湖畔花园的一间小公寓里。阿里巴巴成立那天的第一次集会也成了筹资会：18个人东拼西凑凑起来的

50万元，是他们的全部家底。

互联网是一个“烧钱”的行业，它的规模效应比其他行业都重要，所以对资本最为渴求。马云需要风投资金。到了1999年年底，钱已经成了公司的最大问题。这时，高盛的500万美元天使投资把阿里巴巴从悬崖边拉了回来。

2004年2月17日，马云在北京宣布，阿里巴巴第三轮融资8200万美元，软银牵头出资6000万美元，其余2200万美元由富达、TDF和GGV出资。这笔投资是当时国内互联网金额最大的一笔私募投资。

2005年8月11日，阿里巴巴创始人马云与雅虎全球首席运营官丹尼尔·罗森格（Daniel Rosensweig）高调宣布，阿里巴巴收购雅虎中国全部资产，同时得到雅虎10亿美元投资。

2007年11月6日，阿里巴巴在中国香港联合交易所上市，市值200亿美元，成为当时中国市值最大的互联网公司。马云和他的创业团队，由此缔造了中国互联网史上最大的奇迹。

思考题

分析案例9-1，讨论是什么为马云带来了创业成功。马云在创业过程中都应用了哪些整合资源和融资的手段？没钱可以创业吗？

9.1 创业融资概述

9.1.1 创业融资的概念

《新帕尔格雷夫经济学大辞典》对融资的解释是：融资是指为支付超过现金的购货款而采取的货币交易手段，或为取得资产而集资所采取的货币手段。从狭义上讲，融资即一个企业的资金筹集的行为与过程，也就是说，企业根据自身的生产经营状况、资金拥有状况以及企业未来经营发展的需要，通过科学的预测和决策，采用一定的方式，从一定的渠道，向企业的投资者和债权人筹集资金，组织资金的供应，以保证企业的正常生产和经营管理活动需要的理财行为。企业筹集资金的动机应该遵循一定的原则，通过一定的渠道，以一定的方式去进行。广义上讲，融资也称金融，就是货币资金的融通。

这里讲的创业融资是狭义的融资，是指创业者为了将某种创意转化为商业现实，通过不同渠道，采用不同方式筹集资金，以建立企业的过程。创业者应该根据初创企业在不同发展阶段的资本需求特征，结合创业计划和企业发展战略，合理确定资本结构以及资本需求数量。

9.1.2 创业融资的过程

1. 融资准备

创业融资不只是一个技术问题，还是一个社会问题，创业融资前要做好相应的准备工作。首先，要建立好良好的个人信用。市场经济是一种信用经济。信用对国家、对企业、对个人都是一种珍贵的资源。在创业融资中，信用具有很重要的作用。人都生活在一定的社群中，创业者也不例外。创业者因为具有创业精神和创新意识，在思维方法和行为方式上会有不同之处，显示出异质性人才资本的特征。但信任是一种市场规则，谁若违背了，则该信息就会在社群内通过口碑传播。而创业者最初的融资往往来自亲人、朋友和同事，如果口碑太差，信任度太低，融资难度会加大。个人信任不是在创业融资时速成的，而需要创业者平时注重自己的道德修养，培养良好的信用意识。

良好的人脉关系对于获取创业资源至关重要。创业者的关系网络形成了初创企业的社会资本。企业社会资本是指企业通过社会关系获取稀缺资源并由此获益的能力。研究表明，创业者的人脉关系对创业融资和创业绩效有直接的促进作用。不应该把人脉关系等同于所谓的“拉关系”“走关系”等寻租行为，而是基于正常的社会经历建立的，诸如师生、同学、朋友、同事等人际关系，这些关系在创业过程中会带来有用的信息和资源。

2. 融资估算

每个创业者在融资前都要明确资本需求量，换言之，资本需求量的估算是融资的基础。对于创业者来说，首先要清楚创业所需资本的用途。任何企业的经营都需要一定的资产，资产以各种形式存在，包括现金、材料、产品、设备、厂房等。创业所筹集的资金就是用来购买企业经营所需的这些资产，同时还要有足够的资金来支付企业的运营开支，如员工工资、水电费等。从资本的形式来看，可以分为固定资本和运营资本。固定资本包括用于购买设备、建造厂房等固定资产的资本，这些资本被长期占用，要考虑资本的长期性；运营资本包括购买材料、支付工资等日常开销，这些资本短期内可以回收，可以考虑用短期资金解决。初创企业还需要立足市场调查，对营业收入、营业成本和利润进行估算。创业企业的成长面临着各种问题。在成长阶段，单靠初始启动资本和企业盈利不能满足企业成长需求，还要从外部筹集企业发展资金。

融资需求量的估算不是一个简单的财务测算问题，而是一个将现实与未来综合考虑的决策过程，需要在财务数据的基础上，全面考察企业经营环境、市场状况、企业战略等内外部资源条件。

3. 寻找资金来源

估算完融资需求量，接下来就是确定资金来源，也就是融资的渠道和对象。此时，创业者需要对自己的人脉关系进行一次详尽的排查，初步确定可以成为资金来源的各种关系。同时，需要收集各方面的信息，以获取包括银行、政府、担保机构、风险投资机构等能提供资金支持的机构的信息；也包括政府新近出台的一些创业资金的支持政策、各种创业空间、创业孵化园等信息，从多方面入手寻找和筛选融资来源和对象。创业者还需要对企业的股权、债权、经营权的比例进行慎重的思考和安排[3]。

4. 融资项目展示

选择一般性融资渠道进行融资，例如自有资金、亲友融资、银行贷款、政府基金等渠道，创业者只需要进行游说和按照机构要求提供并填写相应资料即可。但是，天使投资和创业投资与上述融资方式有所不同，除了要提交创业项目完整的创业计划书外，还需要创业者与投资者有深入接触。创业者通过对创业项目的充分展示，使投资者充分认识创业项目的市场潜力和可盈利性，获得投资者的认可，才有可能获得投资者的投资。

因此，对于创业者来说，花时间去好好准备一份完整的创业计划书和融资PPT是非常重要的。这不仅能够帮助创业者争取投资，还可以让其明确自己的战略与发展计划，也能让创业团队得到一次集体亮相的机会，还为培训新员工提供了素材，并且为未来的融资打下了基础。

5. 融资决策

融资决策是指为筹集经营所需要资金制订出最佳融资方案。融资决策是每个企业都会面临的问题，也是企业生存和发展的关键问题之一。融资决策需要考虑众多因素，如融资渠道的选择、融资方式的确定、股权和债权出让的比例等，这些因素都直接影响着企业的后续经营和长远发展。因此，企业融资方案的确定对企业的生存和发展至关重要。

9.2 创业融资估算

企业经营过程中，在不同阶段都会涉及融资问题。但是，在不同的阶段，企业融资的目的和方式有所不同，越是在企业经营后期，融资问题将会越复杂。本部分主要介绍企业成立初期所需资金量的估算。通常在企业成立初期，所需估算的资金主要包括注册登记费用、启动资金、成本利润、融资估算。

9.2.1 注册登记费用

企业经营的前提是注册和登记新企业。注册新企业有其标准流程，在注册和登记过程中需要支付一定的费用，主要费用有注册资本（企业全体股东认缴出资额的总和）和注册过程中的相关手续费用。具体要求可以到企业工商注册部门进行详细咨询。我国自2014年3月1日起实施的《中华人民共和国公司法》规定对企业注册资本实施认缴登记制，取消了最低注册资本的限制，放宽了企业注册资本登记的条件，简化了登记事项和登记文件，并且利用网络平台的优势，为创业者节省了时间，同时减少了验资审核等相关费用，为创业者提供了更多的便利。

9.2.2 启动资金

企业注册完成后，企业就开始了正常的经营活动，需要有各种费用的支出，称为企业开办费用或启动资金。按照资金的用途，启动资金可以分为两大类，即固定资产投资和流动资金。

（1）固定资产投资。固定资产投资主要包括经营场地费用（企业用地和建筑费用）、设备费用（如企业所需的机器、工具、工作设施、车辆、办公家具等）、开办费（注册费、验资费、营业执照费、市场调查费、办公费、装潢装修费、技术转让费、加盟费、金额较大的培训费等）。一般来说，固定资产价值较高、使用时间较长，通过“累计折旧”，逐步分摊到今后的经营成本费用中，逐步回收。

（2）流动资金。流动资金也称运营资金，是指保证企业经营活动正常运转所需支出的资金。流动资金主要包括原材料和商品存货、促销费用、工资、租金、保险费用（如社会保险和商业保险）、其他费用（包括水电燃气费、办公用品费、交通费、电话费等）、不可预见费（如罚款、物品被盗窃或丢失造成的损失等）等。

初创企业启动资金的估算可通过编制现金流量计划进行。首先，按照用途将所有支出项目归类为“固定资产投资”和“流动资金”。然后，将各大类下的所有支出项目逐一列出。关于流动资金的估算，首先需要将流动资金包含的各项目内容逐一罗列出来；其次，预估销售利润实现的时间，至少要预留3个月的周转期。如果经估算至少需要6个月，企业方能产生销售利润，那么，企业需要将月度流动资金乘以6来进行资金估算。具体操作如表9-1所示[4]。

表 9-1　初创企业启动资金估算表　　　　（单位：元）

启动资金	资金具体项目内容	估算方法
固定资产投资	经营场地费用（企业用地和建筑费用）	根据市场调查估算
	设备费用（机器、工具、工作设施、车辆、办公家具等）	根据市场调查估算
	开办费	根据市场调查估算
流动资金	原材料和商品存货	购买原材料和商品存货×6
	促销费用	促销（广告、有奖销售、上门推销、互动表演等）×6
	工资（业主、员工工资）	（业主、员工工资）每月工资总额×6
	租金（企业用地、用房租金）	月租金×6
	保险费	全年
	其他费用（水电燃气费、电话费、交通费、办公用品费等）	其他费用（水电燃气费、电话费、交通费、办公用品费等）×6
	不可预见费	预留充足

思 考 题

依据所学内容，对你的创业项目进行投资估算。

9.2.3 成本利润

企业利润是企业一段时间内经营成果的展现。企业利润表主要依据“利润=收入-成本”的会计等式进行计算，按营业利润、利润总额、净利润的顺序编制而成，是一个时间的动态报表。初创企业收入的估算是制订财务计划与编制预计财务表的基础。在进行营业收入估算时，创业者应立足于对市场的研究和对行业营业状况的分析，根据其试销经验和市场调查资料，利用推销人员意见、专家咨询、时间序列分析等方法，以预测的业务量和市场售价为基础，估计每个会计期间的营业收入。创业者在编制利润表估算时，应根据估算营业收入时预计的业务量对营业成本进行估算，根据拟采用的营销组合对销售费用进行估算，根据行业的税费标准对可能发生的营业税费进行估算，以此计算初创企业每个会计期间的预计利润。营业收入、成本和利润的估算分别如表9-2～表9-4所示。

表 9-2　营业收入估算表　（单位：元）

项目		1	2	3	4	…	合计	预测方法
产品一	销售数量							根据市场调查估算
	平均单价							根据市场调查和原料成本估算
	销售收入							销售数量×平均单价
产品二	销售数量							根据市场调查估算
	平均单价							根据市场调查和原料成本估算
	销售收入							销售数量×平均单价
⋮	⋮							⋮
合计	销售收入							产品一销售收入+产品二销售收入+…

表 9-3　成本估算表　（单位：元）

项目		1	2	3	4	…	合计	预测方法
产品一	销售数量							根据市场调查估算
	单位成本							根据原料成本估算
	销售成本							销售数量×单位成本
产品二	销售数量							根据市场调查估算
	单位成本							根据原料成本估算
	销售成本							销售数量×单位成本
⋮	⋮							⋮
合计	销售成本							产品一销售成本+产品二销售成本+…

表 9-4 利润估算表 （单位：元）

项目	1	2	3	4	…	n	预测方法
一、营业收入							表9-2预测销售收入
减：营业成本							表9-3预测销售成本
营业税金及附加							根据行业的税费标准对营业税金及附加费用进行估算
销售费用							根据拟采用的营销组合对销售费用进行估算
管理费用							根据企业规模和战略对企业经营的管理费用进行估算
财务费用							根据预计采用的融资渠道和融资成本对财务费用进行估算
二、营业利润（损失以“-”号填列）							营业收入–营业成本–营业税金及附加–销售费用–管理费用–财务费用
加：营业外收入							与企业生产经营活动没有直接关系的各种收入，如非流动资产处置收入、政府补贴等
减：营业外支出							与企业日常活动无直接关系的各项损失，如非流动资产处置损失、公益性捐赠、罚款等
三、利润总额（损失以“–”号填列）							营业利润+营业外收入–营业外支出
减:所得税费用							根据行业的税费标准对所得税进行估算
四、净利润（损失以“–”号填列）							利润总额–所得税费用

由于初创企业在起步阶段业务不稳定，在市场上默默无闻，营业收入和推动营业收入增长所付出的成本之间一般不成比例变化。对新创业初期的营业收入、营业成本和各项费用的估算应按月进行，并按期预估企业的利润状况。一般来说，在企业实现收支平衡之前，企业的利润表均应按月编制；达到收支平衡之后，可以按季、按半年或者按年度来编制[5]。

思 考 题

根据所学内容，依据行业调查和市场分析，计算你的创业项目的营业收入、成本和利润。

9.2.4 融资估算

根据开办企业所需投入的资金和企业的营业收入、营业成本及利润，结合市场状况，对企业的发展规划进行预测，从而确定企业融资的需求量。我国税法对不同类型的企业有不同的规定要求。在进行融资预测时，要结合企业自身情况及法律具体规定来综合估算资金需求量。

思 考 题

通过所学内容，思考评估你的创业项目是否需要融资。如果需要，融资额大概是多少?

9.3 创业融资渠道

融资渠道是指协助企业获取资金的来源的方向与通道。了解融资渠道的种类、特点和适用性，有利于创业者充分利用和开拓融资渠道，从而实现各种融资渠道的合理组合，筹集所需资金。

创业融资渠道按照融资对象，可以分为私人资本融资、机构融资和政府背景融资。私人资本融资主要包括创业者自有资金、向亲朋好友融资、天使投资；机构融资是指企业向相关机构融资，主要包括银行贷款、信贷融资、融资租赁、创业投资等；社会融资是指针对创业企业的各种扶持基金和优惠政策，主要包括政府专项基金、财政补贴、贷款援助、税收优惠等。

9.3.1 私人资本融资

由于企业创建初期风险较高、不确定性较大，很难获得金融机构的关注及青睐。世界银行的一项调查表明，我国私营中小企业创业初期的资金，90%以上都是由创业者及创业团队的家庭和亲友所提供的。私人资本是创业初期的主要融资渠道。

1. 自有资金投入

尽管有些创业者没有个人投资就办起了新企业，但这种情况非常少。从资金成本的角度来说，个人资金成本最为低廉。另外，创业者在试图引入外部资金时，外部投资者一般会要求企业必须有创业者的个人资金投入其中。创业者自有资金是创业融资最根本的渠道，几乎所有创业者都向自己新创办的企业投入了个人积蓄。

创业者个人资金的投入对于初创企业来说具有非常重要的意义。创业者个人资金的投入，表明了创业者对项目前景充满信心，愿意以自己的金钱和时间来承担初创企业的风险。创业者向企业投入个人积蓄，是创业者长期对企业尽心尽力付出时间和精力的有效保障。创业个人积蓄的投入是对债权人债权的保障，由于在企业破坏清算时，债权人的权益优于投资者的权益，所以，企业能够筹集到的债务资金一般以投资者的投入为限。创业者前期向初创企业投入的资金越多，最终获取创业投资的分红也会越多，对企业的控制权也越大。因此，准备创业的人应从自我做起，较早就有意识地进行储蓄，作为创业资金。

2. 向亲友融资

向亲戚朋友融资也是初创企业比较常见的融资渠道。亲友融资是建立在亲情和友情的基础之上，而不是单纯为了获得高额利润回报。

在向亲友融资时，创业者必须用现代市场经济的游戏规则、契约原则和法律形式来规范融资行为，保障各方利益，减少不必要的纠纷。首先，创业者一定要明确所筹集资金的性质，据此确定彼此的权利和义务。若筹集的资金属于亲友对企业的投资，则属于股权融资的范畴，双方共同承担企业经营风险，享有企业经营获利；若资金是从亲友处获得的借款，则需以书面的形式明确借款金额和偿还日期等内容。此外，无论是从亲友处借款还是获取投资，创业者都应通过书面方式将相应问题确定下来，以避免将来可能的矛盾。创业者在向亲友融资之前，要仔细考虑这一行为对亲友关系的影响，尤其是若创业失败，无力偿还亲友投资等问题。要将日后可能产生的有利和不利方面都告诉亲友，尤其是创业风险，以便将来出现问题时将对亲友的不利影响降到最低。

3. 天使投资

天使投资主要是指由自由投资者或非正式机构对有创意、有市场潜力的创业项目或小型初创企业所进行的一次性前期投资。天使投资介入初创企业的时间较早，一般在企业的种子期和初创期就已经介入了。

“天使投资”一词起源于美国百老汇，原指为公益汇演提供资助的富人，人们称之为“天使”。后来这一称谓被经济领域引入，指那些资金雄厚的人士，在企业经营早期对一些具有发展前景的初创企业提供资金支持的行为。“天使”在投资过程中，既体验了创业的乐趣，同时还有可能获得丰厚的投资回报。

早期的天使投资人一般都是资金雄厚的创业成功人士、企业高层管理人员、经验丰富的行业专家、高校科研机构专业人士等个体投资者。随着经济的发展和风险投资业的兴起，目前也有一些投资机构专门从事天使投资业务，如真格基金、险峰华兴、天使湾创投、梅花天使创投等。因此，现在的天使投资既可以是个人投资行为，也可以是机构投资行为。

天使投资的融资程序简单，融资效率高，资金投放方式多样。天使投资人对初创企业不但可以提供资金支持，还可以提供专业知识指导和社会资源的引进等方面的支持。天使资金通常以股权的方式注入公司。初创企业一旦创业成功，其投资回报率会非常高。

案例 9-2：3 年 2200 倍回报[6]

1976年1月，史蒂夫·沃兹尼克（Steve Wozniak）和史蒂夫·乔布斯以自己研发出的计算机主板Apple I为产品，在一家车库创建了苹果公司。公司启动所需的钱来自两位创始人：沃兹尼克以500美元的价格卖掉了他心爱的HP-65可编程计算器；乔布斯以500美元的价格卖掉了他的大众汽车。Apple I计算机主板很快有了买主——全美第一家计算机零售连锁店字节商店（Byte Shops）决定以每块500美元的价格购买50块苹果电路板。

但是对于新创公司而言，资金还是一个问题，于是乔布斯去找了风险投资家唐·瓦伦丁（Don Valentine）。乔布斯一天好几个电话的纠缠使瓦伦丁不堪其扰，于是他说：“小伙子，我投资没问题，但你得先找一个市场营销方面的专家。你们两个人谁都不懂市场，对未来的市场规模也没有一个明确的概念，这样无法开拓更广阔的市场。”

瓦伦丁推荐乔布斯去找因投资英特尔而成名和发家的迈克·马克库拉（Mike Markkula）。马克库拉一下子就喜欢上了苹果，他不但加入了苹果，还成为公司初期的天使投资人，不仅自己投入9.2万美元，还筹集到69万美元，外加由他担保银行得到的25万美元贷款，总额达100多万美元。他相信这家公司会在5年内跻身世界500强。1980年12月12日苹果公司上市，马克库拉的身家达到2.03亿美元——9.2万美元的天使投资增值2200倍。

9.3.2 机构资金融资

随着创业企业进入发展期和成熟期，许多前景明朗的企业会逐步吸引越来越多的投资机构的资金注入。初创企业的机构融资渠道主要包括银行贷款、商业信用融资、融资租赁、创业投资基金等。

1. 银行贷款

银行贷款是指企业通过银行为企业筹集资金，它是初创企业的重要资金来源。银行借款是企业根据借款合同向银行（或其他金融机构）借入的需要还本付息的款项。银行贷款通常以风险最小化为原则，因此会要求企业提供可抵押资产，对于进入发展期或成熟期的企业，这种融资方式具有较强的适用性。

银行贷款按有无担保，可分为信用贷款和担保贷款。信用贷款是指银行依据对借款人资质的信任而发放的贷款，借贷人无须向银行提供抵押物。担保贷款是指以担保人的信用为担保而发放的贷款。

创业者在向银行申请贷款时，并非仅仅与银行打交道，往往还需要与工商、税务、中介机构等部门进行接洽，手续较为烦琐，所需时间较长。

2. 商业信用融资

初创企业步入正常运营之后，逐步开发并拥有了自己的客户和供应商，通过商品交易过程中以延期付款或预收货款等方式进行购销活动而形成资金的借贷关系。商业信用融资是初创企业常见的融资方式，主要有以下几种形式：应付账款、商业汇票、票据贴现、预收货款。商业信用融资形式可以帮助企业在资金缺乏时能够彼此帮助、渡过难关。

3. 融资租赁

融资租赁是一种以融资为直接目的的信用方式，是指出租人根据承租人对租赁物的特定要求和供货商的选择，出资向供货商购买租赁物，并租给承租人使用，承租人分期向出租人支付租金。在租赁期内，租赁物的所有权属于出租人所有，承租人拥有租赁物的使用权；租赁期满，租金支付完毕，租赁物归出租人所有，但承租人有优先购买权。

融资租赁实质上是一种融资方式，它将融资和融物集于一体。融资租赁对从租赁企业的资质信用和担保要求不高，对于需要购买大件设备的初创企业及中小企业非常适用。企业不用支付高额费用购买设备而改为租赁，将固定投入转变为流动投入，可盘活企业运营资金，减小企业资金压力。应注意的是在融资租赁时，初创企业一定要选择资金实力强、信誉良好的租赁公司进行合作。

案例 9–3：机床出售回租[7]

四川CZ机床集团有限公司（以下简称承租人）是一家从事加工中心、数控机床、大型数控专用加工设备和普通铣床的开发、生产和销售的数控制造公司。现承租人数控机床国内市场占有率为8%，普通产品国内占有率为35%。

租赁公司经调查发现，承租人所拥有的数控机床设备属于典型的独立、可移动且二手设备市场成熟的通用设备，适合运用融资租赁中的出售回租方式进行融资。企业本身资产规模雄厚，产品销售属行业前列，有较强的盈利能力，其集团规模实力即可抵消大部分风险。因此，在租赁公司不需要承租人提供任何抵押物的前提下，双方确定了融资租赁方案：由承租人提供价值2880万元的设备用作售后回租，融资2000万元。租赁期内，设备所有权属于租赁公司，承租人使用该设备，按季向租赁公司支付租金；3年后租赁期满，设备所有权以残值1000万元转移给承租人。

很多企业都不同程度地存在一些闲置资产，如设备、厂房等。这些资产的闲置不仅不能产生经济效益，而且占用了大量的资金，势必会造成企业流动资金的不足。为了盘活这部分资产，可以通过融资租赁公司，采取出售回租的方式将资产盘活。

4. 创业投资

创业投资（Venture Capital）也称为风险投资，是指向不成熟的初创企业提供资金支持，并为其提供管理和经营服务，获取初创企业股权，以期望企业发展到相对成熟后，通过股权转让收取高额中长期收益的投资行为。

创业投资的经营方针是在高风险中追求高回报，特别强调初创企业的高成长性。其投资对象是那些不具备上市资格的处于起步和发展阶段的企业。其投资目的是希望取得企业的少部分股权，通过资金和管理等方面的援助，促进初创企业发展，使资本增值。一旦企业发展起来，股票可以上市，风险投资家便通过在股票市场出售股票，获取高额回报。天使投资是创业投资的一种形式，多是个人投资者利用个人资金的投资行为，现在也有投资机构从事天使投资业务，二者的投资和获利方式基本相同。天使投资相较创业投资而言，介入企业的时间更早一些，投资规模较小，决策速度快，承担风险较大。创业投资机构所选择的投资项目主要集中在高新技术产业，项目具有高成长性、发展速度快、“高风险、高回报”等特点。

9.3.3 其他社会融资

1. 科技型中小企业技术创新基金

科技型中小企业技术创新基金（以下简称创新基金）是于1999年经国务院批准设立的，为扶持、促进科技型中小企业技术创新，用于支持科技型中小企业技术创新项目的政府专项基金，由科学技术部科技型中小企业技术创新基金管理中心实施。创新基金重点支持产业化初期（种子期和初创期）、技术含量高、市场前景好、风险较大、商业性资金进入尚不具备条件、最需要由政府支持的科技型中小企业项目，并将为其进入产业化扩张和商业性资本的介入起铺垫和引导作用。创新基金以创新和产业化为宗旨，以市场为导向，连接“863”“攻关”等国家指令性研究发展计划和“火炬”等高技术产业化指导性计划以及商业性创业投资者。根据中小企业和项目的不同特点，创新基金通过无偿拨款、贷款贴息和资本金投入等方式扶持和引导科技型中小企业的技术创新活动，促进科技成果转化。

2. 中小企业国际市场开拓资金

中小企业国际市场开拓资金是由中央财政和地方财政共同安排的专门用于支持中小企业开拓国际市场的专项资金。市场开拓资金用于支持中小企业和为中小企业服务的企业、社会团体和事业单位组织中小企业开拓国际市场的活动。该资金的主要支持内容包括：举办或参加境外展览会；质量管理体系、环境管理体系、软件出口企业和各类产品的认证；国际市场宣传推介；开拓新兴市场；组织培训与研讨会；境外投标等方面。市场开拓资金支持比例原则上不超过支持项目所需金额的50%，对西部地区的中小企业以及符合条件的市场开拓活动，支持比例可提高到70%。

3. 大学生创业优惠政策

自我国推行“大众创业、万众创新”以来，国家和地方对大学生创业在各个方面提出了大量的扶持政策。2014—2017年，在全国范围内实施大学生创业引领计划，扶持和帮助大学生创业。各地采取保障措施，确保符合条件的高校毕业生能得到创业指导、创业培训、工商登记、融资服务、税收优惠、场地扶持等各项服务和优惠政策。各地的公共就业人才服务机构要为自主创业的高校毕业生做好人事代理、档案保管、社会保险办理和接续、职称评定、权益保障等服务。同时，鼓励各地充分利用现有资源建设大学创业园、创业孵化基地和小企业基地，为高校毕业生提供创业经营场所支持。各银行金融机构要积极探索和创新符合高校毕业生创业实际需求的金融产品和服务，本着风险可控和方便高校毕业生享受政策的原则，降低贷款门槛，优化贷款审批流程，提升贷款审批效率，多途径为高校毕业生解决担保难问题，切实落实银行贷款和财政贴息。高校毕业生在电子商务平台创办“网店”，可享受小额担保贷款和贴息政策；高校毕业生创办小微企业，可以减半征收企业所得税，月销售额不超过2万元的暂免征增值税和营业税。

4. 众筹平台融资

众筹（Crowdfunding）的兴起源于美国网站Kickstarter。该网站通过搭建网络平台面向公众筹资，让有创造力的人有机会获得他们所需要的资金，以便使他们的梦想有可能实现。这种模式的兴起打破了传统的融资模式，每个普通人都可以通过众筹模式获得从事某项创作或活动的资金，使得融资的来源者不再局限于风投等机构，而可以来源于大众。

众筹是通过“团购+预购”的形式，向网友募集项目资金的模式。众筹利用互联网和SNS（即社会性网络服务）传播的特性，让小企业、艺术家或个人向公众展示他们的创意，争取人们的关注和支持，进而获得所需要的资金援助。众筹由发起人、跟投人、平台构成，具有低门槛、多样性、依靠大众力量、注重创意等特征。群众募资被用来支持各种活动，包含灾后重建、竞选活动、创业募资、艺术创作、设计发明、科学研究以及公益慈善等。

众筹最初是艰难奋斗的艺术家们为创作筹措资金的手段，现已演变成初创企业和个人为自己的项目争取资金的一个渠道。众筹网站使任何有创意的人都能够向几乎完全陌生的人筹集资金，消除了向传统投资者和机构融资的许多障碍。众筹融资也要遵循一定规则，如：筹资项目必须在发起人预设的时间内达到或超过目标金额才算成功；在预设天数内，达到或者超过目标金额，项目即成功，发起人可获得资金；筹资项目完成后，支持者将得到发起人预先承诺的回报，回报方式可以是实物，也可以是服务，如果项目筹资失败，那么已获资金全部退还支持者；众筹不是捐款，支持者的所有支持一定要设有相应的回报。

案例 9-4：3W 咖啡——会籍式众筹[8]

3W咖啡采用众筹模式，向社会公众进行资金募集：每个人10股，每股6000元，相当于一个人6万元。那时正是微博最火热的时候，很快，3W咖啡汇集了一大批知名投资人、创业者、企业高级管理人员，其中包括沈南鹏、徐小平、曾李青等数百位知名人士，股东阵容堪称华丽。3W咖啡引爆了中国众筹式创业咖啡在2012年的流行，几乎每个城市都出现了众筹式的3W咖啡。3W很快以创业咖啡为契机，将品牌衍生到创业孵化器等领域。

3W的游戏规则很简单：不是所有人都可以成为3W的股东，也就是说，不是有6万元就可以参与投资的，股东必须符合一定的条件。3W强调的是互联网创业和投资圈的顶级圈子。也没有人是为了6万元未来可以带来的分红而投资的——3W给股东带来的价值回报更多的在于圈子和人脉价值。试想，如果投资者在3W中找到了一个好项目，那么多少个6万元都赚回来了；同样，创业者花6万元就可以认识大批同样优秀的创业者和投资人，既有人脉价值，也有学习价值。很多顶级企业家和投资人的智慧可不是区区6万元可以买到的。

思考题

结合你的创业项目，思考如果你的创业项目进行创业融资，你会选择哪种融资方式。为什么？

举一反三

查阅资料，列举出三种不同方式的众筹融资。

9.4 融资项目展示

除风险投资和天使投资以外，一般情况下不需要进行融资项目展示。自有资金只需对创业项目有足够的信心，相信创业项目的市场前景和盈利能力就可以；而亲友融资主要考验的是亲情和友情的积淀，更多的是对感情的投资而非对创业项目的投资；银行贷款、商业信用、融资租赁和其他社会融资行为都有着既定的流程和所需提交的材料，只需按照规定及时提交所需材料即可。这些融资方式并不需要创业者向投资者或债权人进行创业项目展示。风险投资和天使投资则需要创业者与投资者深入接触，只有充分展示创业项目的市场前景和盈利能力，才有可能赢得风险投资。本小节主要对创业者面对投资者时如何展示创业项目进行介绍。

9.4.1 项目展示要点

了解你的听众是进行良好沟通的关键。作为一个创业者，你可能需要面对多样化的听众：用户、合作者、员工以及投资者。虽然你可以在面对不同的听众时重复介绍一些内容，但是当你面对投资者的时候，最好花时间认真准备自己的演讲稿，确保它的内容所反映的是投资者所关心的。简而言之，就是要解答投资者关于“这家公司在未来会更值钱吗？”的疑惑。

初创企业居高不下的失败率使得对它们进行投资需要面对固有的风险：大多数的投资者会失去他们投入初创企业的部分或者全部资金。因为初创企业的高失败率以及投出的资金缺乏流动性，对于投资者来说，最好的投资就是在收回资金的时候取得10倍或者更多的增值，以弥补投资者在其他失败的企业那里赔进去的钱。因为没有投资者能够清楚地知道哪一笔投资会成为资本市场中的大赢家，因此他们必须保证自己所投出的每一笔钱都具备在短时间内能够增值数倍的潜力。那么，能让投资资金增值10倍的企业具备哪些特点呢？下面逐一介绍。

1. 巨大的市场

单独一家企业的规模不可能大于其所处的市场，所以投资者更倾向于投资那些身处巨大的市场中、有可能带来数以百倍回报的初创企业。这里的“市场”有可能是一个亟待开发的新兴市场，或者是创业者作为一个新人进入一个已有的巨大市场中。

2. 成为市场中的赢家

这意味着创业者需要一支有战斗力的队伍，能够在难以置信的激烈竞争中脱颖而出。创业者需要展示自己的团队在执行力方面表现良好的记录，还需要在融资演讲稿中体现出团队的凝聚力以及团队技能组成的多样化，还要表现出团队准备独立承担一个大型商业项目的决心。

3. 把握发展潮流

能够把握发展潮流的初创企业才能在这个过程中发展壮大。当前最好的商业创意有可能出现在创业者面前，但是这种机会非常稀少。对于在融资演讲稿中所展示的新的商业创意，创业者需要告诉潜在的投资者“为什么现在正是时机？”同时，合适的商业模式能够让创业者获取用户、赚取盈利、迅速扩张。

4. 竞争的差异化

创业者需要向投资者表明，自己的企业可以进行可持续的差异化竞争。所有的大型市场都会吸引众多的竞争者，产品价格就会备受压力。一个初创企业需要清楚自身如何在长期的发展中确立竞争优势。是建立强有力的网络效应？还是发展难以复制的尖端技术？或者只是简单、直接地在各个方面都比其他竞争者表现得更为优秀？

5. 发展势头良好

投资者想要看到能证明初创企业能够持续发展的尽可能多的证据，这就意味着初创企业在团队、产品、目标用户以及收入方面都需要有良好的表现。这些表现不仅能吸引投资者进行投资，还能进一步证明创业团队能够很好地完成工作任务。投资者将其作为创业者能够建立起一家伟大公司的证据。

同时，创业者也应该对这些业务指标进行思考。如果想要建立成功的企业，就应该和投资者一样对这些指标斤斤计较。

9.4.2 融资演讲稿

了解一家初创企业，没有比阅读其创始人准备的融资演讲稿更好的办法了。融资演讲稿综合了一个公司的过去成果、现阶段状况以及未来愿景等内容。最好的公司都能够自豪地将这些要素放在演讲稿中，讲出一个精彩的故事，用最好的方式让听众了解公司团队正在致力去做的事情。融资演讲稿没有什么模板，但是可以总结出一些可以适用于大多数公司的规律。一份完整的融资演讲稿可做成PPT的形式，其中应该包含以下内容：

1. 概述

无论你处于融资的哪一个阶段，也不管你想要获得多少钱，让你的听众迅速理解你的公司正在做些什么都是非常有必要的。概述中不需要包括太多细节，以免抢正文的风头，但是也不能让投资者在看完了前半部分内容后还是对下列问题充满疑惑：公司开始运行了吗？是否已经发布了产品？除了创业者之外还有其他员工吗？简洁的概述可以帮助投资者打消这些疑问。

2. 你要为哪些人解决什么样的问题

“要针对问题，而不是解决方案”对于进行演说的公司创始人来说永远都是非常好的忠告，尤其是那些急着抛开问题进入技术方案的讲解的创业者。多花些时间介绍你要为哪些人群解决什么样的问题，让投资者清楚你是要为用户解决一个新问题，还是使用新的方式为其解决一个老问题。告诉投资者用户现在是怎样解决问题的，你如何能在这方面做得更好，以及你将为用户带来哪些特别的好处。用户的实例或者图片能够吸引投资者的注意力，例如用户正在使用的旧系统崩溃时的截图，或者引用用户对痛点的描述。

3. 你的解决方案

在介绍完上述两部分内容后，就可以隆重地推出自己的产品了。介绍产品的核心功能以及它们为用户解决了哪些问题，向投资者展示用户需要你的产品来解决问题的迫切性。若时间允许，可以现场演示一下产品；如果时间不够，可以提供一些添加了注释的截图来说明。如果产品中有一些亮点，可在演讲稿中添加一张产品亮点展示。

在解决方案中，将重点放在解决方案能够为用户带来哪些好处，以及它们如何产生这种效果上面，而不仅仅是介绍产品本身。能帮助用户节省时间吗？能省钱吗？能创造新的价值吗？明确地告诉投资者你带给用户什么，以及为什么用户会被它吸引。

4. 市场

你的公司不可能比它身处其中的市场还要大，所以需要向投资者解释为什么你的解决方案已经覆盖了相当大的市场规模，以及它在未来还会覆盖更广阔的市场空间。如果你正在打破现有市场的格局，还可以援引一些分析师的结论来说明这个市场有多么巨大以及它的增长势头多么迅猛。

但是，大多数情况下，直接告诉投资者你拥有多少用户以及你每次能从用户那里获得多少收入更有效。例如，Airbnb会使用酒店行业的数据，优步会使用交通运输行业的数据作为他们的产品面对巨大的市场的证据。

5. 竞争格局

每一个诱人的市场中总会形成一个错综复杂的竞争格局，其中包括了成熟企业中的竞争对手、初创企业竞争对手、竞争空间以及用户区分。告诉投资者现在市场中的企业有哪些，你会进入谁的市场，以及你如何在竞争中突出差异化。重点放在你的差异化战略上面，不要将该部分内容变成刻板的产品特性的逐条比较。

你可以使用坐标图去对比展示你和你的竞争对手，或者以其他你认为更好的方式去说明。史蒂夫·布兰克（Steve Blank）为创业者在如何表现竞争格局方面提供了一些非常好的建议，他认为应该清楚地说明市场中有哪些竞争对手，但是不要对那些与你的目标完全不同的竞争对手展开非常详尽的横向比较。

6. 商业模式

在这一部分中，你会谈及公司的收入模型、产品定价以及你打算如何吸引并且转化用户。可能会涉及以下几个方面：

（1）到目前为止你是如何获取用户的，在未来会有什么改变？

（2）用户通过哪些途径接触到你的产品，你为这些渠道付出了多少成本？

（3）你如何转化用户，转化率是多少？

（4）对于销售和市场方面，你有哪些发展计划？

公司创始人常常不会把阐述的重点放在以上几个方面，他们想要花更多的时间来分析自己的解决方案。但是，投资者都明白，在用户获取上面出现问题对于创业公司来说往往是致命的。所以，在你的融资演讲稿中花几页来谈论你的商业模式是非常必要的。

7. 团队

在这一部分中，你应该对团队成员有一个简要的介绍，主要介绍他们的技能与工作背景，并且阐述在你的团队中各个成员技能的融合以及他们在团队中担任的角色。这部分内容也可以提前进行介绍，因为如果你的初创企业没有半路“夭折”，能够坚持下来的很大原因肯定在于团队。在与投资者面对面的会谈中，公司创始人可以在自我介绍之后，就把演示的任务交给团队其他成员，这样做是很有帮助的。

8. 战略规划

在这一部分中，你需要回答为什么要进行融资，以及在未来的几年中公司的目标是什么。你还要告诉投资者在未来12～24个月的计划中想要取得的关键性突破（产品、收入、新市场等方面），以及你未来的融资计划。阐述这部分内容的时候，应该使用一些高水准的财务模型描述未来两年你的公司在收入和支出方面的增长，并附上你所期望的用户月增长数量。

9. 融资进程

融资演讲稿的内容一般应以你想要筹集到多少钱作为结尾。

9.4.3 项目展示技巧

1. 确保融资演讲稿的质量

相对于你的演说技巧来说，投资者对你的生意更感兴趣。但是，对于所有的创业公司来说，设计精良的融资演讲稿都会是一个好筹码，即使投资者关注的是你的企业，但是多少也会对你准备的材料评判一番。公司向投资者、用户甚至是自己的员工展示的所有材料都需要保证质量，因为它们代表了公司的形象。如果投资者发现你对融资演讲稿这么重要的文件都处理得一塌糊涂，他们将怀疑你对公司的形象是否在乎。

2. 内容不要太多，也不要过少

你可能听说过在融资演讲稿尽量控制在10～15页内容的建议，但是，可别为了控制页数就把你的每一页PPT中都塞满大量内容和细节描述。确保在每一页PPT中清晰地表达核心观点，至于细节部分，你还可以在其他地方详细说明。如果你想给投资者留下一份关于公司规划的完整版本，可能还需要准备另一份更为详细的文件。

3. 不要只谈产品

产品固然是非常重要的，但是不要只谈论截至目前你们做了哪些软件开发，以及在筹集到钱后你们将会进行更多的软件开发之类。你的演说重点应该放在为什么你们要开发这些软件上（例如在很大的市场中具有明显的用户需求），然后用你的产品来帮助你证明团队的实力，以及你为什么要把赌注押在你所开发的产品上。

4. 不要在挖掘用户方面过于吝啬

很多创业者都会在产品方面大量投入，但是用于挖掘用户的资金却寥寥无几。一般投资者会关注你如何从用户身上获取盈利，以及你为销售与市场工作做出了哪些努力。提前准备好这方面的内容，不要等到被投资者问起的时候手忙脚乱。

5. 深刻理解竞争格局

不要仅仅以一个表格列出你的主要竞争对手，并吹嘘自己的产品比他们的产品多出哪些功能。你需要对整体竞争格局了然于心，其中包括直接竞争对手、相关市场以及潜在进入者，要对此了解得很透彻。

6. 将你所处的市场定位为“大势所趋”

你应该在演说中表现出自己所投身的市场中蕴含着势不可挡的时代潮流，还需要向投资者解释为什么对这个市场进行投资是明智之举，即使你的公司还没有正式启动，也不能动摇你对该市场的信心。最好的市场就是将技术进步和经济增长的趋势同时融合其中的市场。你需要在你的发言中旁征博引，向投资者解释为什么你所处的领域将会出现巨头公司。

7. 将你的公司定位为“不二之选”

不要在投资者面前表现得过于傲慢无礼，但是也要清楚地认识到即使你的公司没有获得来自某个投资者的投资，公司还是照样能够运行下去。创业者很容易在这方面陷入泥淖。创业者选择投资者就像挑选一个一路同行的搭档，而不是在恳求投资者对其提供帮助。千万不要以“如果我们筹集到了钱”来作为你的商业计划能够实现的前提。虽然你应该对投资人的反馈做出回应，但是也不要对投资者的每句话都过于在意。告诉投资人你会对他的反馈仔细思考，但是不要说：“好的，我们会那么做的。”[9]

案例 9-5：“三个爸爸”千万元融资神话背后的故事[10]

2015年2月“三个爸爸”空气净化器准备创业，3月融资1000万美元，再后来30天在京东众筹1100万元，创造了京东众筹的一个纪录。“三个爸爸”的创业者四个爸爸是用什么办法快速拿到这么多资金的呢？创始人之一戴赛鹰讲了这样的一个故事。

“我们是2月份想做这个事儿，然后3月份就拿到了1000万美元的投资。为什么能拿到呢？我去找高荣资本的张震的时候，正好那天北京的空气污染特别严重。我跟他讲，我们要做的是为孩子造一个空气净化器。张震说，你讲的技术方面的东西，我不太懂，也不关心。但是我被你打动了，你知道为什么吗？昨天我把我的老婆和孩子都打发到三亚去了，去躲空气污染。我觉得你这个爸爸想给孩子做净化器，这个点打动了我。我这么理性的人都被你打动了，我想你能打动天下的父亲。”

戴赛鹰的团队在创业过程中，通过周围的朋友和几个母婴社区，调查了700多个父母找客户痛点。他们与每个父母都进行了长时间的沟通，最后挖掘到的痛点有65个之多，从中找到12个最重要的痛点，又将它们简化成4个一级痛点，开发产品，吸纳“粉丝”参与。他们甚至像小米一样，吸纳了100个梦想赞助商作为“铁杆粉丝”，而且命名为“偏执狂爸妈”。后来，他们在总结他们的创业经验时，主要提出了痛点+尖叫点+爆点的结论。同时，在互联网经济下他们熟练地应用了“粉丝”经济、病毒营销等方法，这些都促成了他们的创业成功。

思考题

依据上面所学内容，制作你的创业融资演讲稿，并准备10分钟的融资项目展示演说。

9.5 创业融资决策

在进行创业融资决策时，除了考虑不同融资方式的优缺点、融资成本外，还要考虑初创企业所处的生命周期阶段及其自身特征，了解采用不同融资方式时应该特别予以关注的问题。

9.5.1 融资渠道选择

创业融资需求具有阶段性的特征，生命周期不同阶段具有不同的风险特征和资金需求，同时，不同融资渠道能够提供的资金数量和风险程度也不同，因此，创业者在融资时，需要将不同阶段的融资需求和融资渠道进行匹配，提高融资工作的效率，以获得创业所需资金，化解企业融资难题。

在种子期，企业具有高度的不确定性，很难从外部筹集资金，创业者自有资金、亲友款项、天使投资、创业投资以及合作伙伴的投资可能是采用较多的融资渠道；进入启动期之后，创业者还可以使用抵押贷款的方式筹集资金。

企业进入成长期以后，因为已经有了前期的经验基础，发展潜力逐渐显现，资金需求量较以前有所增加，融资渠道也有了更多选择。在早期成长阶段，企业获得常规的现金流用来满足生产经营之前，创业者多采用股权融资的方式筹集资金，合作伙伴投资、创业投资是常用的融资方式，此时也可以采用抵押贷款、租赁以及商业信用的方式筹集部分生产经营所需资金；在成长期后期，企业的成长性得到充分展现，资产规模不断扩大，产生现金流的能力进一步提高，有能力偿还负债的本息，此时，创业者多采用各种负债的方式筹集资金，获得经营杠杆收益。综上，企业生命周期阶段和融资渠道的对应关系如表9-5所示[5]。表中深色的区域为该阶段采用较多的融资渠道，浅色的区域为该阶段也可能会采用的融资渠道。

表 9-5　企业生命周期与融资渠道选择

融资渠道 \ 生命周期	种子期	启动期	成长期	成熟期
自有资金				
亲友款项				
天使投资				
众筹融资				
风险投资				
合作伙伴				
政府基金				
抵押贷款				
融资租赁				
商业信用				

按照企业生命周期的阶段性融资的过程，时下有着各种各样的流行词语，如天使投资、VC、PE、IPO、A轮、B轮、C轮等。这些词语不仅是时下的融资流行词语，也是创投领域的常用词语。为了便于对企业融资过程、融资阶段及融资方式的理解，下面对上述词语进行简单的界定，如图9-1所示。

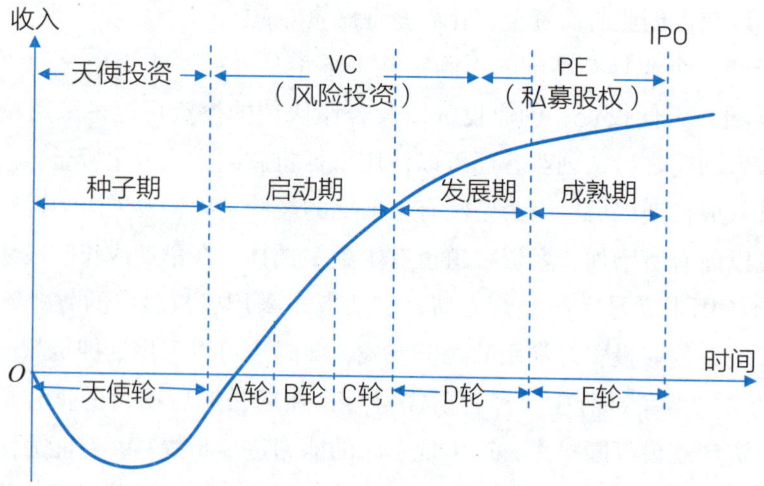

图 9-1　企业融资与企业生命周期

1. 天使投资

天使投资（Angel Investment）多指在企业经营初期（种子期），富有的个人出资协助具有专门技术或独特概念的原创项目或小型初创企业，进行的一次性前期投资，它是风险投资的一种形式。天使投资者可能是创业者的邻居、家庭成员、朋友、公司伙伴、供货商或任何愿意投资公司的人士。该阶段企业多处于起步阶段，入不敷出，投资风险较大。

2. 风险投资

风险投资（Venture Capital，VC）是把资本投向蕴含失败风险的高新技术及其产品的研究开发领域，旨在促使高新技术成果尽快商品化、产业化，以取得高资本收益的一种投资。一般在企业种子期后期到企业准备上市私募股权（PE）之前都可以进行风险投资。风险投资多为机构性投资，有严格的融资流程，投资期限一般在3～5年，投资方式一般为股权投资。

3. 私募股权投资

私募股权投资（Private Equity，PE）是通过私募形式募集资金，对私有企业，即非上市企业进行的权益性投资，从而推动非上市企业价值增长，最终通过上市、并购、管理层回购、股权置换等方式出售持股、套现退出的一种投资行为。私募股权投资的资金来源，一般是有风险辨识能力的自然人或承受能力强的机构投资者。私募股权投资一般发生在企业发展期和成熟期，企业公开上市之前。

4. 首次公开募股

首次公开募股（Initial Public Offerings，IPO）是指一家企业或公司第一次将股份向公众出售（首次公开发行，指股份公司首次向社会公众公开招股的发行方式），也就是人们经常说的企业上市。企业上市要经过严格的审核流程，不同国家和地区的上市审批流程也存在差别。

风险投资没有清晰的投资阶段界限，天使投资也是风险投资的一种方式，私募股权（PE）也可以说是风险投资的一种方式。因此，风险投资贯穿于企业发展的整个生命周期。从天使投资开始到IPO之前，企业获得的融资的次数被标记为天使轮融资、A轮融资、B轮融资等。企业的实际融资过程是随着企业发展而不断变化的，阶段和融资方式之间都会有交叉和重叠，并不像图9-1中有清晰的界限划分，用阶段性图表进行说明只是为了便于对各个概念的理解。

9.5.2 融资方式比较

根据资金来源的性质不同，融资可以分为债权性融资和股权性融资两种。

1. 债权性融资

债权性融资是借款性质的融资，资金所有人提供资金给资金使用人，然后在约定的时间收回资金（本金）并获得预先约定的固定报酬（利息）。资金所有人不过问企业的经营情况，不承担企业的经营风险，其所获得的利息也不因为企业经营情况的好坏而变化，如上面提到的银行贷款、亲友借款等。

2. 股权性融资

股权性融资是投资性质的融资，资金提供人拥有企业的股份，按照提供资金的比例享有企业的控制权，参与企业的重大决策，承担企业的经营风险，一般不能从企业抽回资金，其所获得的报酬根据企业的经营情况而变化，如天使投资、风险投资等。

债权性融资和股权性融资各有优缺点，比较如表9-6所示[3]。

表 9-6　债权性融资和股权性融资优缺点的比较

比较 融资方式	优点	缺点
债权性融资	创业者保有企业有效控制权 创业者独享有未来可能的高额回报 债权方无权过问企业经营和管理	需要提供抵押或担保 企业要按时清偿贷款和利息 企业具有较大资金压力 企业负债率高，再筹资和经营风险大
股权性融资	无须提供抵押或担保 投资人同企业共同承担风险 投资者为企业提供资金以外的资源	创业者失去部分企业的控制权 重大决策需要投资者参与，降低企业决策效率 上市企业融资时需要披露信息 投资者参与企业的股份分红

9.5.3 融资方式选择

创业活动千差万别，所涉及的行业、初始资源禀赋、面临的风险、预期收益等有较大不同，其所要面对的竞争环境、行业集中度、经营战略等也会不同，因此，不同初创企业选择的资本结构会有所不同。对于高科技产业或具有独特商业价值的企业，经营风险较大，预期收益也较高，创业者有良好的相关背景，较多采用股权性融资的方式；对于传统类企业，经营风险较小，预期收益较容易预测，比较容易获得债权性融资。实践中，初创企业在初始阶段较难满足银行等金融机构的贷款条件，较多采用民间融资的方式。初创企业的类型、特征和融资方式如表9-7所示[5]。

表 9-7　初创企业的类型、特征和融资方式

初创企业类型	初创企业特征	融资方式
高风险、预期收益不确定	弱小的现金流 高负债率 低、中等成长 能力未经证明的管理层	个人积蓄、亲友款项
低风险、预期收益好预测	一般是传统行业 强大的现金流 低负债率 优秀的管理层 良好的资产负债表	债权性融资

（续）

初创企业类型	初创企业特征	融资方式
高风险、预期收益较高	独特的商业创意 高成长 利基市场 得到证明的管理层	股权性融资

9.5.4 创业融资原则

筹集创业资金时，创业者应在自己能承受的风险的基础上，遵循既定的原则，尽可能以较低的成本及时获得足额创业资金。一般来说，创业融资应遵循以下原则：

1. 合法性原则

创业融资作为一种经济活动，影响着社会资本及资源的流向和流量，涉及相关经济主体的经济权益，创业者必须遵守国家的有关法律法规，依法依约履行责任，维护相关融资主体的权益，避免非法融资行为的发生。

2. 合理性原则

在创业的不同时期，创业资金的需求量不同，能够采用的融资方式可能也不同，创业者应根据创业计划，结合创业企业不同发展阶段的经营策略，运用相应的财务手段，合理预测资金需求量，详细分析资金的筹集渠道，确定合理的资本结构，包括股权资金和债权资金的结构，以及债权资金内部的长短期资金的结构等，为企业持续发展植入“健康的基因”。

3. 及时性原则

在市场经济条件下，机会稍纵即逝的特性要求创业者必须能够及时筹集所需资金，将可行的项目付诸实施，并根据初创企业不同阶段的资金需求，使融资和投资在时间上协调一致，避免因资金不足影响生产经营的正常进行，同时也要防止资金过多造成的闲置和浪费，将资金成本控制在合理的范围之内。

4. 效益性原则

创办和经营企业的根本目的是获得一定的经济利益，所以，创业者应在进行成本效益分析的基础上决定资金筹集的方式和来源。鉴于投资是决定融资的主要因素，投资收益和融资成本的对比便是创业者在融资之前要做的首要工作。只有投资的报酬率高于融资成本，才能够使创业者实现创业目标；而且投资所需的资金数量决定了融资的数量，对创业项目投资的估计也会影响融资方式和融资成本。因此，创业者应在充分考虑投资效益的基础上，确定最优的融资组合。

5. 杠杆性原则

创业者在筹集创业资金时，应选择有资源背景的资金，以便充分利用资金的杠杆效应，在关键的时候为企业发展助力。大多数优秀的风险投资往往在企业特殊时期会与企业家一起，将有效的资源进行整合，如选择投行、证券公司，进行IPO路演等，甚至还参与到企业决策中。这种资源是无价的。因此，创业者不能盲目地“拜金”，找到一个有资源背景的基金更有利于企业的持续快速发展[5]。

参考文献

[1] 安哥. 经典创业融资案例精析100 [M/OL]. 道客巴巴. [2012-05-02]. http://www.doc88.com/p-340816442486.html.

[2] 佚名. 马云的创业故事 [EB/OL]. 学习啦. [2016-02-24]. http://m.xuexila.com/chuangye/gushi/493256.html.

[3] 张玉利，薛红志，陈寒松. 创业管理 [M]. 4版. 北京：机械工业出版社，2013.

[4] 王卫东，黄丽萍. 大学生创业基础 [M]. 北京：清华大学出版社，2015.

[5] 李家华，等. 创业基础 [M]. 2版. 北京：北京师范大学出版社，2015.

[6] 同禧投资. 堪称传奇的天使投资案例 [EB/OL]. 新浪博客 [2010-01-23]. http://blog.sina.com.cn/s/blog_646b15420100gszs.html.

[7] 自贸区融资租赁俱乐部. 融资租赁9大精选案例 [EB/OL]. 搜狐财经 [2015-06-27]. http://mt.sohu.com/20150627/n415752830.shtml.

[8] CEO公会. 中国众筹的十个经典案例 [EB/OL]. CEO公会 http://www.ceounion.com/allcontent/index/?lid=222.

[9] 陈筝. 关于融资演讲稿你不可不知的那些事 [EB/OL]. 新芽. [2014-12-11]. http://newseed.pedaily.cn/201412/201412111318818.shtml.

[10] 金错刀. 戴赛鹰：三个爸爸众筹1100万秘诀 [EB/OL]. 百家. [2015-11-03]. http://jincuodao.baijia.baidu.com/article/34754.

第10章

如何创建新企业？

创业首先是去做，光想不做那是乌托邦。

——马云

学习目标

1. 各种企业组织形式的优劣有哪些？
2. 如何为初创企业设计名称？
3. 新企业地址选择要考虑哪些因素？
4. 企业内部有哪些组织结构？
5. 新企业申办的一般流程是怎样的？
6. 新企业创建相关法律和伦理问题有哪些？
7. 如何进行初创企业的管理？

创建新企业需要什么条件，以及什么时间成立比较适宜，都是创业者普遍关心的问题，但是，关于这些问题并没有统一的定论。蒂蒙斯的创业要素模型提出创业团队、创业机会和创业资源三者形成了一个倒三角模型，只有各要素不断平衡，才能实现企业的持续经营。创业者识别到具有高市场潜力的创业机会，组建好创业团队，并且整合好创业所需要的物质资源，便是创建新企业的最佳时机。但是，这种情况太过理想化了。如果等这些条件都具备了，所谓的创业机会或许已经不再是机会了。然而现实情况是，部分创业者刚发现一个自认为是创业机会的机会就去注册一家新企业，甚至连最基本的创业机会的识别和评估都没有。这样又过于草率，创建的企业很容易在早期就夭折[1]。

那么，创业者在创业过程中究竟什么时候、具备什么样的条件再创建企业比较适宜呢？张玉利教授认为，要综合考虑外部和内部条件。外部条件包括：创业机会经过了有效的识别和评估，具备企业初期运营的基本条件，对企业的商业模式有一个相对清晰的计划，新企业的成立可以形成特有的竞争优势等；内部条件包括：创业者具有一定的创业能力和素质，具有创业精神和成为创业者的强烈动机等。具备了这些条件，就可以开始创建一家新的企业了。本章将对创建新企业的一般过程和注意问题进行详细介绍。

10.1 新企业组织形式的选择

在创建新企业前，创业者应该事先确定企业的法律组织形式。目前，我国企业主要有三种基本的组织形式：个人独资企业、合伙企业和公司制企业（主要包括有限责任公司和股份有限公司）。创业者在创建企业时，可以依据不同组织形式的要求建立不同组织形式的企业（见图10-1）。创业者可以个人独立创办个人独资企业，也可以由创业团队一起创办合伙制企业，或者成立有限责任公司或股份有限公司。企业的各种法律组织形式没有绝对的优劣之分，对创业者来说各有利弊，但无论选择哪种形式，都必须根据国家法律法规要求和初创企业的实际情况，科学衡量各种组织形式的利弊。

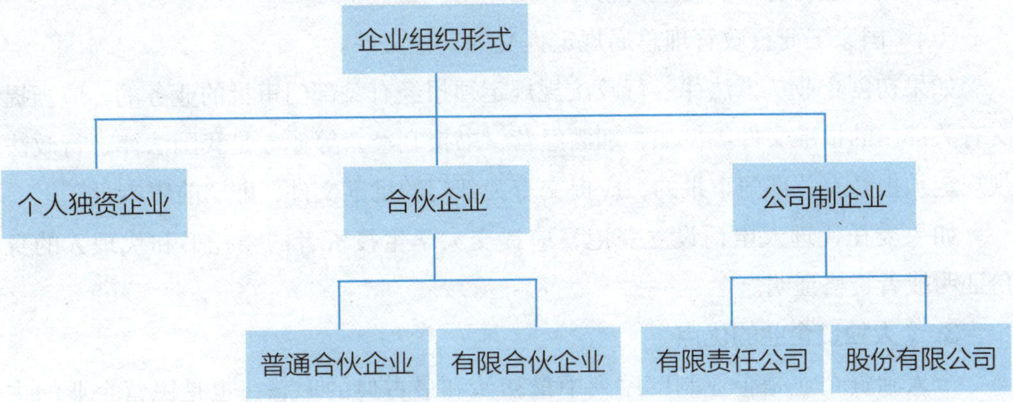

图 10-1 企业组织形式

10.1.1 个人独资企业

个人独资企业是最古老也最常见的一种企业法律组织形式。个人独资企业又称个人业主制企业，是指依法设立，由一个自然人投资并承担无限连带责任，财产为投资者个人所有的经营实体。当个人独资企业财产不足以清偿债务时，选择这种企业形式的创业者须依法以其个人其他财产予以清偿。在各类企业当中，个人独资企业的创立条件最为简单。

1. 设立条件

（1）投资者为一个自然人。

（2）有合法的企业名称。

（3）有投资者申报的出资。

（4）有固定的生产经营场所和必要的生产经营条件。

（5）有必要的从业人员。

2. 设立应提交的文件

个人独资企业的设立、变更、注销，应当依照《个人独资企业法》和《个人独资企业登记管理办法》的规定，在所在地的工商行政管理部门办理企业登记。

个人独资企业经登记机关核准登记，领取营业执照后，方可从事经营活动。大学生创业登记应提交的材料有：

（1）大学生本人签署的个人独资企业或个体工商户设立申请书。

（2）大学生身份证明，即大学生本人的身份证和学生证。

（3）企业住所证明。大学生创业多以租房为主，如果租房，注册登记时需向工商部门出示租房合同、房主身份证、房主房产证。

（4）国家工商行政管理总局规定提交的其他文件。

如果初创企业从事法律、行政法规规定须报经有关部门审批的业务的，应当提交有关部门的批准文件。例如，烟酒经营、书报刊经营等业务是我国法律、行政法规规定须报经有关部门审批的，应提交有关部门的批准文件，即“前置审批”。

如果委托代理人申请设立登记，应提交大学生投资者的委托书和代理人的身份证明或者资格证明。

3. 个人独资企业的优点

个人独资企业是企业制度序列中最初始和最古典的形态，也是民营企业的主要企业组织形式。其主要优点为：

（1）企业设立、转让和解散等行为手续非常简便，仅需向有关机关登记即可。

（2）企业主独资经营，制约因素较少，经营方式灵活，能迅速对市场变化做出反应。

（3）企业资产所有权、控制权、经营权、收益权高度统一。这有利于保守与企业经营和发展有关的秘密，有利于企业主个人创业精神的发扬。

（4）企业主自负盈亏和对企业的债务负无限责任成为强硬的预算约束。企业经营好坏同企业主个人的经济利益紧密相连，因而企业主会尽心竭力地把企业经营好。

4. 个人独资企业的缺点

虽然独资企业具有上述优点，但它也有比较明显的缺点：

（1）难以筹集大量资金。以个人名义借贷款难度较大，独资企业限制了企业的扩张和大规模经营。

（2）企业主风险巨大。企业主对企业负无限责任，在硬化了企业预算约束的同时，也带来了企业主承担风险过大的问题。

（3）企业创新性和开拓性差。企业主承担无限责任限制了企业向风险较大的部门或领域进行投资的活动，这对新兴产业的形成和发展不利。

（4）企业连续性差。企业所有权和经营权高度统一的产权结构，虽然使企业拥有充分的自主权，但也意味着企业是自然人的企业，企业主的生病或死亡，他个人及家属知识和能力的缺乏，都可能导致企业破产。

（5）企业内部的基本关系是雇佣关系，劳资双方利益目标的差异带来企业内部组织效率的潜在危险。

10.1.2 合伙企业

合伙企业是指依法设立的，由两个或两个以上合伙人订立合伙协议，共同出资、合伙经营、共享收益、共担风险，并且对合伙企业债务承担无限连带责任的营利性组织。合伙企业必须有两个以上具有完全民事行为能力的合伙人，并且都是依法承担无限责任者。我国法律、行政法规禁止从事营利性活动的人（如国家公务员等），不能作为合伙企业的合伙人。

合伙企业包括普通合伙企业和有限合伙企业两种形式。两者最大的区别在于有限合伙企业有两种不同的所有者：普通合伙人和有限合伙人。其中，普通合伙人对合伙企业的债务和义务负无限责任；而有限合伙人可以用货币、实物、知识、产权、土地使用权或者其他财产权利出资，也可以用劳务出资[2]。但是，有限合伙企业的有限合伙人不得以劳务出资。有限合伙企业实现了企业管理权和出资权的分离，可以结合企业管理方和资金方的优势，因而是国外私募基金的主要组织形式，如黑石集团、红杉资本都是合伙企业。2007年6月1日，我国《合伙企业法》正式施行，青岛葳尔、南海创投等股权投资类有限合伙企业陆续成立。

1. 设立条件

（1）普通合伙企业的设立条件：

1）有两个以上合伙人，并且都是依法承担无限责任者。

2）有书面合伙协议。

3）有各合伙人实际缴付的出资。

4）有合伙企业的名称。

5）有经营场所和从事合伙经营的必要条件。

（2）有限合伙企业的设立条件：

1）有限合伙企业由两个以上五十个以下合伙人设立，但是，法律另有规定的除外。

2）有限合伙企业至少应当有一个普通合伙人。

3）有限合伙企业名称中应当标明“有限合伙”字样。

4）有限合伙人可以用货币、实物、知识产权、土地使用权或者其他财产权利作价出资。

5）有限合伙人不得以劳务出资。

6）有限合伙人应当按照合伙协议的约定，按期足额缴纳出资；未按期足额缴纳的，应当承担补缴义务，并对其他合伙人承担违约责任。

7）有限合伙企业登记事项中应当载明有限合伙人的姓名或者名称及认缴的出资数额。

8）有限合伙企业由普通合伙人执行合伙事务。执行事务合伙人可以要求在合伙协议中确定执行事务的报酬及报酬提取方式。

9）有限合伙人不执行合伙事务，不得对外代表有限合伙企业。

2. 设立应提交的文件

（1）全体合伙人签署的设立登记申请书。

（2）全体合伙人的身份证明。

（3）全体合伙人指定的代表或者共同委托的代理人的委托书。

（4）合伙协议（普通合伙企业和有限合伙企业的协议内容有所不同，具体内容请咨询相关部门）。

（5）出资权属证明。

（6）经营场所证明。

（7）国务院工商行政管理部门规定提交的其他文件。

（8）法律、行政法规定设立合伙企业须报经审批的，还应当提交有关批准文件。

3. 合伙企业的优点

（1）可以从众多的合伙人处筹集资本，在一定程度上突破企业资金受单个人所拥有的量的限制，并使企业从外部获得贷款的信用增强，扩大了资金的来源。

（2）风险分散在众多所有者身上，合伙人共同偿还责任，使合伙企业的抗风险能力较之个人独资企业大大提高。企业可以向风险较大的行业领域拓展，拓宽企业发展空间。

（3）合伙人对企业盈亏负有完全责任，这意味着所有合伙人都以自己的全部家当为企业担保，因而有助于提高企业信誉。

（4）经营者即出资者人数的增加，突破了单个人在知识、阅历、经验等方面的限制。众多经营者在共同利益驱动下，集思广益、各显所长，从不同方面进行企业的经营管理，必然有助于企业经营管理水平的提高。

4. 合伙企业的缺点

（1）法律形式的复杂性。合伙企业是根据合伙人之间的契约建立的，每当一位原有的合伙人离开或者接纳一位新的合伙人，都必须重新确立一种新的合伙关系，从而造成法律上的复杂性，而通过接纳新的合伙人，增加资金的能力也受到了限制。

（2）决策时滞性。由于所有合伙人都有权代表企业从事经营活动，重大决策都需得到所有合伙人同意，因而很容易造成决策上的延误与差错。

（3）非经营合伙人承担风险较大。所有合伙人对企业债务都负有连带无限清偿责任，这就使那些并不能控制企业的合伙人面临很大风险。

10.1.3 公司制企业

公司是现代社会中最主要的企业形式。它是以盈利为目的，由股东出资形成，拥有独立的财产，享有法人财产权，独立从事生产经营活动，依法享有民事权利，承担民事责任，并以其全部财产对公司的债务承担责任的企业法人。根据我国现行《公司法》，公司的两种主要形式为有限责任公司和股份有限公司。

1. 设立条件

（1）有限责任公司。有限责任公司的股东以其认缴的出资额为限对公司承担责任，公司以其全部资产对公司的债务承担责任。创业者设立有限责任公司，除了要有固定的生产经营场所和必要的生产经营条件外，还应具备下列条件：

1）股东符合法定人数。

2）有符合公司章程规定的全体股东认缴的出资额。

3）股东共同制定公司章程。

4）有公司名称，建立符合有限责任公司要求的组织机构。

5）有公司住所。

（2）股份有限公司。股份有限责任公司的全部资本分为等额股份，股东以其认购的股份为限对公司承担责任，公司以其全部资产对公司的债务承担责任。设立股份有限公司要建立符合股份有限公司要求的组织结构，要有固定的生产经营场所以及必要的生产经营条件，股份发行、筹办事项要符合法律规定。除此之外，根据我国《公司法》规定，还应当具备以下条件：

1）公司名称和住所。

2）公司经营范围。

3）公司设立方式。

4）公司股份总数、每股金额和注册资本。

5）发起人的姓名或者名称、认购的股份数、出资方式和出资时间。

6）董事会的组成、职权和议事规则。

7）公司法定代表人。

8）监事会的组成、职权和议事规则。

9）公司利润分配办法。

10）公司的解散事由与清算办法。

11）公司的通知和公告办法。

12）股东大会会议认为需要规定的其他事项。

2. 公司制企业的优点

市场经济要求平等的市场主体按照等价交换的原则，通过公平竞争，从市场取得和向市场提供商品，促进整个市场合理流动，实现结构架置优化、资源合理配置。市场经济的要求决定了市场主体必须拥有明晰界定的财产权，而且必须是独立的、平等的。法人制度以其独特的性质使法人在市场经济中充当了主要角色。公司作为法人的一种形态，其特质完全符合市场经济的要求，这必然使公司成为市场经济的主体。与其他市场主体相比，公司的优点主要表现在：

（1）公司股东的有限责任决定了对公司投资的股东既可满足投资者谋求利益的需求，又可使其承担的风险限定在一个合理的范围内，增加其投资的积极性。

（2）公司特别是股份有限公司可以公开发行股票、债券，在社会上广泛集资，便于兴办大型企业。

（3）公司实行彻底的所有权与经营权分离的原则，提高了公司的管理水平。

（4）公司特有的组织结构形式使公司的资本、经营运作趋于利益最大化，从而更好地实现投资者的目的。

（5）公司形态完全脱离个人色彩，是资本的永久性联合，股东的个人生存安危不影响公司的正常运营。因此，公司存续时间长、稳定性高。

3. 公司制企业的缺点

（1）创建的程序比较复杂，创建费用较高。

（2）存在双重纳税问题，税收负担较重。

（3）股份有限公司要定期报告公司的财务状况、公开自己的财务数据，不便于企业信息的保密。

（4）政府对公司制企业的限制较多，法规要求比较严格。

思考题

哪种企业组织形式更适合你们团队的创业项目？为什么？

10.2 新企业的名称设计

企业名称是企业形象的首要元素，是企业文化浓缩的符号。有了好名称，才有利于建立起长久发展的企业。企业命名是企业文化、市场战略的识别系统，也是企业经营的重要形象设计。新企业的创建，需要一个代表承载企业理想的名称与之共同成长。

10.2.1 企业命名的原则

企业名称是一个企业区别于其他企业或组织的特定标志。所以，从总体上来说，新企业的名称要有高度的概括力和强烈的吸引力，做到“名正言顺”。所谓“名正”，是指企业的名称首先要合法，需要遵循《企业名称登记管理规定》和《企业名称登记管理实施办法》，到工商行政管理部门申请注册。“言顺”是指企业名称要顺口、响亮，从传播的角度来看尽可能朗朗上口。具体说来，企业的命名要注意以下原则：

（1）应符合企业理念、服务宗旨，这样有助于企业形象的塑造。

（2）应简短明快。名称字数少、笔画少，易于和消费者进行信息交流，便于消费者记忆，同时还能引起大众的联想，寓意更加丰富。

（3）应具备自己的独特性。具有个性的企业名称可避免与其他企业名称雷同，以防大众记忆混淆，并可加深大众对企业的印象。

（4）应具有冲击力和气魄，给人以震撼。

（5）企业名称要响亮，易于上口，易于记忆和传播。

（6）企业名称要符合区域文化，富有吉祥色彩。

（7）企业名称要富有时代感。富有时代感的名称具有鲜明性，符合时代潮流，并能迅速为大众所接受。

（8）企业名称要考虑世界各地的通用性。

10.2.2 企业命名的方法

（1）人名地名命名法。人名和地名一般具有特殊的含义，以人名和地名命名的企业名称，朴素简洁、响亮大方、寓意丰富。例如“长江集团”“青岛啤酒”“茅台”“王麻子”等。

（2）寓意起名法。寓意起名法的核心是关注企业名称的寓意，大多运用寓意美好的字词，如祥、康、福、泰、恒、兴、庆、和、富、德、隆等。例如，“全聚德”烤鸭、“老凤祥”银楼、“同仁堂”药店等，都运用了吉祥美好的字词。

（3）别名俗语命名法。很多企业在长期的经营过程中，虽然没有正式明确的商标和品牌的标识，但是拥有较强的社会影响力，潜移默化地形成了各自的品牌，这些品牌多是口语俗语。例如，“狗不理”包子、“老孙家”牛羊肉泡馍、“老干妈”辣椒酱等。俗语贴近生活，十分亲切自然，传播速度快、范围广，社会影响力大，生命力强，具有很多优点。

（4）功能特点命名法。这是根据企业或者产品的特点来对企业或者产品进行命名的方法。这种命名方法直接明了，让人一眼就能了解企业或者产品的功能和特点。例如，“感冒通”“肠炎宁”，这些名字简单明确、易读易记，容易打造优秀品牌。

（5）原料命名法。这是一种特殊的命名方法，特点是个性独特、引人注目。这样命名的企业和产品也不在少数，其中最具有代表性的就是“五粮液”了。“五粮液”是我国著名白酒品牌，是由高粱、玉米、小麦、大米、糯米五种粮食酿制而成的，故而名为“五粮液”。

（6）商标命名法。这是根据商标来命名原来的企业的方法。这类命名法多是由于商标的品牌知名度和社会影响力大大超越企业本身。为了企业有更好的发展，用商标名称逐步取代原来的公司名称，如“乐百氏”。

（7）音韵命名法。这种方法会根据发音来评判企业名称的好坏，而不太考虑其他方面的因素。最著名例子之一的就是“CocaCola”（可口可乐）。“CocaCola”是将“Cock”（公鸡）和“Cold”（冷）这两个单词各变换一个字母，“k”和“d”都变成“a”。“CocaCola”本身并没有什么含义，但是它的字母结构很有意思，不仅好拼好念，更容易记忆，令人一下子就能记住这个名称。

10.2.3 企业命名的禁忌

（1）忌用不吉字。不吉字容易让人产生不好的联想，会影响到他人对主体的接受，不论是企业、个人还是商品。

（2）忌雷同近似。现在不仅有山寨的产品，还有山寨的企业和商标。一些企业为了借用成功企业的品牌效应，注册字形或是发音类似的企业名称或商标。这样的名称不仅不能带来效益，其效果大都适得其反，引起消费者的厌恶。

（3）忌用多音字。企业名称使用多音字，就像使用冷僻字一样，会使人们在称呼时造成很大不便，寓意本身就不够明朗。

（4）忌用意不良。例如，化妆品行业的企业，为博消费者眼球，想注册“海洛英”做商标，那么很可能乘兴而入商标局却又败兴而出。因为“海洛英”一词与毒品谐音，显然已经违反了公司及商标注册规则。

（5）忌用偏字。好的名字正像好的文章一样，能在平淡中见神奇，而不是靠冷僻字、多笔画字或异体字。例如，“四通”“方正”“金利农”“康师傅”这些名称，都是用的常用字。

（6）忌语意隐晦。语意隐晦容易让人看不懂。就像选用冷僻字一样，寓意虽好，但没有人懂，也就没有意义。

思考题

1. 假设你们团队的创业项目要创建企业，你们的企业将叫什么名字？为什么？
2. 你们的产品或服务是否需要品牌，如何树立产品或服务品牌？

10.3 新企业的地址选择

企业选址是关系到企业成败的一个至关重要的因素，也是创业初期涉及的几个问题之一。好的地理位置可以使一个普通的企业生存下去，糟糕的地理位置则可以使一个优秀企业失败。企业位置决定消费者是否易于接触企业。企业选址不同，给消费者的印象也会不同。虽然随着经济和技术的发展，空间上的差异对企业经营的影响逐渐减小，但是其依旧是影响企业发展的一个重要因素。因此，创业者有必要了解做出正确选址决策所需的信息和技能。

10.3.1 影响企业选址的因素

1. 经济因素

在决定把一个企业设立在哪个区域时，主要考虑区域经济方面的情况。为什么人们居住在这个区域？他们的生活水平如何？其他企业为什么要设在这里？要对区域进行行业分析。是80%的人集中在同一个企业或少数几个企业呢，还是这个区域有很多企业？该区域各行业兴旺吗？该区域的企业活动具有季节性特点吗？企业正在搬出或者迁入吗？分析一下这些问题将会对初创企业产生的影响。

人们收入的多少决定其对商品（或服务）的需求。创业者要收集有关所选区域人们收入的信息，包括：家庭平均收入是多少？收入水平如何？就业情况如何？另外，交通情况也是重要的经济因素。

2. 政治因素

政府对市场的规制也是值得创业者重视的一个方面。创业者评估现在已经存在的以及将来有可能出现的影响到产品或服务、分销渠道、价格及促销策略等的法律和法规问题，将企业建在政府支持该产业的地区。当投资者到国外设厂时，更应该考虑不同国家的政治环境，如国家政策是否稳定，有无歧视政策等。

3. 技术因素

新技术对高科技初创企业成功的作用是显而易见的，但技术本身的进步却更加难以预测。从某种意义上说，技术市场的变化是最为剧烈和最具不确定的因素。因此，为了能够了解和把握技术变化的趋势，许多企业在创业选址时，常常考虑将企业建在技术研发中心、科技孵化器附近，或建在新技术信息传递比较迅速、频繁的地区。例如，美国加利福尼亚州的硅谷在20世纪50年代以后逐渐成为美国电子工业的基地，不仅是高科技初创企业的“摇篮”，而且以电子工业为基础所形成的“高科技风险企业团簇”被认为是20世纪产业集群的典范。

4. 人口因素

创业者应该对可能成为其消费者的人群有所了解。例如，如果要开一家文具店，就要了解哪里学生最多，因为这个群体购买文具最多。其他人口问题还包括：人口稳定性怎么样？人口搬进搬出正常吗？人口数量是上升还是下降？如果某地区人口增长迅速，很可能有较多的年轻家庭。选址时，对这些问题都要予以考虑。

5. 竞争因素

收集竞争者的相关信息，对竞争者进行研究。要知道你有多少竞争者，他们都在哪里；还要知道过去两年内有多少跟你业务相似的企业开张和关闭了；对间接竞争者（产品或服务与你近似的企业）的情况也要做些研究。有三种情况有利于开一家新企业：该区域内没有竞争者；竞争者企业的管理很糟；消费者对该产品的需求正在增加。

6. 发展规划

企业地址的选择要搞清楚城市建设的规划，既包括短期规划，又包括长期规划。有的地点从当前分析是最佳位置，但随着市场的改造和发展将会出现新的变化而不适合开店；反之，有些地点从当前来看不理想，但从规划前景看会成为有发展前途的新的商业中心区。因此，经营者必须从长考虑，在了解地区内的交通、街道、市政、绿化、公共设施、住宅及其他建设或改造项目规划的前提下，做出最佳地点的选择。

除以上需要考虑的因素之外，自然因素、社会文化因素等都可能影响创业者选址。这需要创业者根据自身的条件和创业项目的具体情况来决定。

10.3.2 不同类型企业的选址

1. 生产型企业选址

生产型企业选择的地址交通要方便，以便于产品对外运出，生产用电要能满足，生产用水要有保证。除此之外，企业选址应尽量靠近原料基地和劳动力资源。另一方面，恰当的选址还应考虑当地税收优惠政策等因素。

2. 商业型企业选址

商业型企业经营地点的选择与商业圈有着密切的关系。一般一个城市内有若干个商业圈，每个商业圈有一定的辐射范围。处于商业圈内的企业相对经营情况良好，而处于商业圈之外的则经营情况一般。因此，商业型企业选址建议最好选择商圈核心地带，便于企业的宣传和与客户的接触。但是，商圈内店铺的房价或租金相对较贵，会对初创企业的经营支出构成压力。所以，在初创企业资金有限的情况下，可以选择租柜台、联合经营、委托代销等方式开展业务；也可以在商圈边缘客流量较大的地方进行选址，但是要在商圈内部进行广泛宣传，以吸引客户。

3. 服务型企业选址

服务型的企业包括的门类很多，每种类型的企业经营特点不一样，所以选址方式也不一样。但有一点是相同的，即必须有客流量。如果服务对象是针对居民的，则要在居民区附近选址；服务对象是针对学生的，则要在学校附近选址；服务对象是针对社团机关的，则要在机关附近选址。

此外，全国大部分城市都建有各类型的企业孵化器，为不同类型的中小企业和初创企业提供减免租金的办公空间，同时为其发展提供支持性服务（如财务方面、管理方面、技术方面和经营方面等）。公众、传媒和金融界也为企业孵化器中的企业提供很多支持，还可以享有税收优惠政策。企业的集聚效应营造出良好的创业氛围，使多个初创企业在同一屋檐下共同奋斗，较低的租金和共享现场服务增加了创业成功的机会。因此，企业孵化器也是初创企业选址的一个很好的选择。

思考题

假设你们团队的创业项目要成立企业，你们会在哪里注册企业？为什么？

10.4 新企业的组织结构

企业组织结构是企业流程运转、部门设置及职能规划等最基本的结构依据。常见的组织结构形式包括直线制、职能制、事业部制以及矩阵制等。随着社会和经济的发展，出现了一系列具有创新性质的组织结构形式，包括团队型组织、虚拟组织、扁平化组织等。这些新型组织结构形式的一个共同特点，是通过企业的组织重构简化内部组织结构，尤其是正式组织结构，可以弱化等级制度，促进组织内部信息的交流、知识的分享和每个成员参与决策过程，使得企业组织对外部环境的变化更敏感、更具灵活性和竞争实力。

10.4.1 传统组织结构

1. 直线制

直线制是一种最早也最简单的组织形式。它的特点是企业各级行政单位从上到下实行垂直领导，下属部门只接受一个上级的指令，各级主管负责人对所属单位的一切问题负责。企业不另设职能机构（可设职能人员协助主管工作），一切管理职能基本上都由行政主管自己执行。这种组织结构比较简单，责任分明、命令统一，要求行政主管亲自处理各种业务。直线制只适用于规模较小、生产技术比较简单的企业。

2. 职能制

职能制组织结构是指各级行政单位除主管负责人外，还相应设立一些职能机构。例如，在总经理下面设立职能机构和人员，协助总经理从事职能管理工作。这种结构要求行政主管把相应的管理职责和权力交给相关的职能机构，各职能机构有权在自己的业务范围内向下级行政单位发号施令。因此，下级行政负责人除了接受上级行政主管指挥外，还必须接受上级各职能机构的领导。这种组织结构的管理工作比较精细，能充分发挥职能机构的专业管理作用，减轻直线领导人员的工作负担；但其妨碍了必要的集中领导和统一指挥，形成“多头领导”，不利于建立和健全各级行政主管和职能科室的责任制。

3. 直线—职能制

它是在直线制和职能制的基础上，取长补短，吸取这两种形式的优点而建立起来的。这种组织结构是把企业管理机构和人员分为两类：一类是直线领导机构和人员，按命令统一原则对各级组织行使指挥权；另一类是职能机构和人员，按专业化原则，从事组织的各项职能管理工作。直线领导机构和人员在自己的职责范围内有一定的决定权和对所属下级的指挥权，并对自己部门的工作负全部责任；而职能机构和人员则是直线指挥人员的参谋，不能直接发号施令，只能进行业务指导。这种组织结构保证了企业管理体系的集中统一，充分发挥各专业管理机构的作用；但其职能部门之间的协作和配合性较差，办事效率低。

4. 事业部制

事业部制是一种高度（层）集权下的分权管理体制。它适用于规模庞大、品种繁多、技术复杂的大型企业。事业部制是分级管理、分级核算、自负盈亏的一种形式，即一个企业按地区或按产品类别分成若干个事业部，从产品设计、原料采购、成本核算、产品制造一直到产品销售，均由事业部及所属工厂负责，实行单独核算，独立经营，公司总部只保留人事决策、预算控制和监督大权，并通过利润等指标对事业部进行控制。

5. 矩阵制

在组织结构上，既有按职能划分的垂直领导系统，又有按产品（项目）划分的横向领导关系的结构，称为矩阵制组织结构。矩阵制组织是为了改进直线职能制横向联系差、缺乏弹性等缺点而形成的一种组织形式。它的特点表现在围绕某项专门任务成立跨职能部门的专门机构上。例如，组成一个专门的产品（项目）小组去从事新产品开发工作，在研究、设计、试验、制造各个不同阶段，由有关部门派人参加，力图做到条块结合，以协调有关部门的活动，保证任务的完成。这种组织结构形式是固定的，人员却是变动的，需要谁，谁就来，任务完成后就可以离开。项目小组和负责人也是临时组织和委任的。任务完成后小组就解散，有关人员回原部门工作。因此，这种组织结构非常适用于横向协作和攻关项目。

10.4.2 新型组织结构

1. 学习型组织

在学习型组织中，每个人都参与识别和解决问题，使组织能够进行不断的尝试改善和提高能力。学习型组织的基本价值在于解决问题，这正好契合初创企业的特征；与之相对应，传统组织设计的着眼点是效率。在学习型组织内，雇员参加问题的识别，这意味着要懂得客户的需要；雇员还要解决问题，这意味着要以一种独特的方式将一切因素综合起来考虑，以满足客户的需要。因此，组织通过确定新的需要并满足这些需要来提高其价值。学习型组织结构废弃了使管理者和工人之间产生距离的纵向结构，同样也废弃了使个人与个人、部门与部门相互争斗的支付和预算制度。团队是横向组织的基本结构，伴随着生产的全过程，人们一起工作，为客户创造产品。

2. 团队型组织

团队是指一种为了某一目标而由相互协作的个体组成的正式群体。对于小企业来说，团队结构可以作为整个组织结构，提高企业的凝聚力；而对于大企业来讲，团队结构主要作为职能结构的补充，提高企业的灵活性和员工的工作效率。团队结构的主要特点是打破部门界限，并把决策权下放到工作团队员工手中。这种结构形式要求员工既是专才，又是全才。

3. 虚拟组织

虚拟组织是利用一定的信息、通信技术，特别是国际互联网，将成员联系起来，具有虚拟的组织结构、虚拟的构成人员、虚拟的办公场所以及虚拟的核心能力的组织。虚拟组织是一种规模较小，但可以发挥主要商业职能的核心组织。虚拟组织的决策集中化程度很高，但部门化程度很低，或根本不存在。虚拟组织结构是小型企业的一个可行性选择，它可以通过充分利用外部资源来实现低成本扩张经营。它适用于可以快速对市场做出反应的产业，如时尚产业等。

4. 无边界组织

无边界组织是在信息通信技术（特别是计算机网络）的支持下，通过以下一系列调整建立的新的组织结构：通过取消组织垂直界限而使组织扁平化；通过设立多功能团队围绕工作流程运作来消除因职能部门存在而形成的组织水平界限；打破组织与客户之间的外在界限及地理障碍，实行全球化的经营战略以及企业之间的战略联盟，建立客户与组织之间的固定联系；通过远程办公，模糊组织界限。无边界组织并不表明企业不需要边界，而是表明企业不需要僵硬的边界。它使企业具有可渗透性和灵活性的边界，以柔性组织结构模式代替刚性模式，以可持续变化的结构代替原先相对固定的组织结构。

5. 网络组织

在网络组织中，既强调等级，更强调协调。网络化组织的中心有一个由关键人物组成的小规模内核，为组织提供持久的核心能力。网络经济条件下，可以充分利用互联网强大的整合资源能力，进行网络化管理。通过对互联网的开发，将企业所面临的众多分散的信息资源加以整合利用，通过一个界面观察到很多不同的系统，从而实现迅速而准确的决策。

6. 多元化组织

如今企业不再被认为只有一种合适的组织结构，企业内部不同部门、不同地域的组织结构也不再是统一的模式，而是根据具体环境及组织目标来构建不同的组织结构。目标决定战略，而战略决定结构。管理者要学会利用每一种组织工具，根据某项任务的业绩要求，选择合适的组织工具，从一种组织结构转向另一种组织结构[3]。

思 考 题

你们创业团队的创业项目更适合哪种组织结构？为什么？

10.5 新企业注册流程

10.5.1 企业注册的一般流程

按照现行法律法规，创业者注册新企业需要遵循一定的流程，并需要到相应的政府部门登记审批。相关审批登记项目包括公司核名、经营项目审批、公司章备案、验资、申领营业执照/组织机构代码证/税务登记证和银行开户等。

1. 公司核名

企业注册第一步就是公司名称审核，即核名。创业者需要到当地的工商行政管理局进行公司名称注册申请，由工商行政管理局进行综合审定，给予注册核准，并发放盖有工商行政管理局名称登记专用章的“企业名称预先核准通知书”。此过程中，申办人需提供法人和股东的身份证复印件，并提供2～10个公司名称，写明经营范围、出资比例。公司名称要符合规范。例如，北京（地区名）+某某（企业名）+贸易（行业名）+有限公司（类型）。

2. 经营项目审批

如果初创企业的经营范围中涉及特种行业许可项目，则需报送相关部门报审盖章。特种许可项目涉及旅馆、印铸刻字、旧货、典当、拍卖等行业，需要消防、治安、环保、科委等行政部门审批。特种行业许可证办理，根据行业情况及相应部分规定不同，分为前置审批和后置审批。

3. 公司公章备案

企业办理工商注册登记过程中需要使用图章，由公安部门刻出。公司用章包括公章、财务章、法人章等。

4. 验资

按照《公司法》规定，投资者需要按照各自的出资比例，提供相关注册资金的证明，审计部门进行审计，通过后出具“验资报告”。

5. 申领营业执照

工商局对企业提交的材料进行审查，确定符合企业登记申请，经工商行政管理局核定，即发放“工商企业营业执照”，并公告企业成立。相关材料包括公司章程、名称预先审核通知书、法人和全体股东的身份证、公司住所证明复印件（房产证及租赁合同）、前置审批文件或证件、生产型企业的环境评估报告等。

6. 申请组织机构代码证

企业必须申请组织机构代码证。具体过程是由企业提出申请，通过审定后，到当地质量监督检验检疫局审批签章。

7. 办理税务登记证

税务登记证应到当地国税局办理。企业办理税务登记证应该提供的材料包括企业营业执照副本、组织机构代码证副本、经营场所产权证及租赁合同复印件、法人身份证、公司章程、验资报告及公章。

8. 银行开户

初创企业需设立基本账户，可根据企业的具体情况选择开户银行。银行开户应提供的材料包括营业执照正本、组织机构代码证正本、公司公章/法人章/财务专用章、法人身份证、国地税务登记证正本等。

10.5.2 企业注册流程新政

为进一步深化行政审批制度改革，提高市场准入便利化程度，我国自2013年来，陆续推出企业注册登记制度改革新政。主要内容有：

（1）放宽注册资本登记条件。除法律、法规另有规定外，不再限制企业设立时股东（发起人）的首次出资比例和缴足出资的期限，实行由公司股东（发起人）自主约定认缴出资额、出资方式、出资期限等，并对缴纳出资情况真实性、合法性负责的制度。

（2）将企业年检制度改为年度报告制度，任何单位和个人均可查询，使企业相关信息透明化。建立公平规范的抽查制度，杜绝检查的随意性，提高政府管理的公平性和效能。

（3）按照方便注册和规范有序的原则，放宽市场主体住所（经营场所）登记条件，由地方政府具体规定。

（4）大力推进企业诚信制度建设。注重运用信息公示和共享等手段，将企业登记备案、年度报告、资质资格等通过市场主体信用信息系统予以公示；推行电子营业执照和全程电子化登记管理，与纸质营业执照具有同等法律效力；完善信用约束机制，将有违规行为的市场主体列入经营异常的“黑名录”，向社会公布，使其“一处违规、处处受限”，提高企业“失信成本”。

（5）启动“五证合一”登记制度改革。将由工商、质监、国税、地税、人力社保、统计等部门分别办理、各自发证（照），改为申请人“一表申请”，工商部门统一收件，质监、国税、地税、人力社保、统计部门并联审批，统一核发加载注册号、组织机构代码、税务登记证号（纳税人识别号）、社会保险登记证号和统计登记证号的营业执照。

推行注册登记制度改革，依照便捷高效、规范统一、宽进严管的原则，可以降低准入门槛，强化市场主体责任，促进形成诚信、公平、有序的市场秩序，最终目的是降低创业成本，激发社会投资活力。

10.6 新企业创建相关法律和伦理问题

在创建期间，新企业必须处理好一些重要的法律和伦理问题。创业涉及的法律和伦理问题相当复杂，对创业者而言，最重要的是认识到这些问题，以免由于早期的法律和伦理失误而给新企业带来沉重代价，甚至使其夭折。创业者一般不会有意触犯法律，但可能高估自己所掌握的与创建和经营新企业相关的法律知识，或者缺乏伦理意识。

10.6.1 相关法律问题

一个社会的法律规定，为其公民能做什么或不能做什么建立了一个框架。这个法律框架在一定程度上允许或禁止创业者决策和行动。显然，创建新企业也会受法律法规的限制与影响，创业者在创建新企业之前必须了解这些因素。表10-1指出了影响初创企业的一些基本法律问题。

表 10-1　新企业可能遇到的法律问题[1]

创建阶段的法律问题	经营现行业务中的法律问题
确定企业的组织形式	人力资源管理（劳动）法规
设立适当的税收记录	安全法规
协调租赁和融资	质量法规
起草合同	财务和会计法规
申请专利、商标和版权保护	市场竞争法规

在每一个创建活动中，都有特定的法律和规定决定创业者能做什么和不能做什么，创业者必须熟悉相关法律法规。在企业的创建阶段，创业者面临的法律问题包括：确定企业的组织形式，设立适当的税收记录，协调租赁和融资，起草合同，以及申请专利、商标和版权保护等。

知识产权是人们对自己通过智力活动创造的成果所依法享有的权利。知识产权包括专利、商标、版权等，是企业的重要资产。知识产权可通过许可证经营或出售，带来许可经营收入。实际上，几乎所有的企业（包括新企业）都拥有一些对其成功起关键作用的知识、信息和创意（见表10-2）。传统观念将有形资产（如土地、房屋和设备等）看作企业最重要的资产，而现在知识产权已逐渐成为企业中最具价值的资产。对创业者，尤其是大学生创业者来说，为了有效保护自己的知识产权，也为了避免无意中违法侵犯他人的知识产权，了解知识产权的内容及相关法律是非常重要的。除了与知识产权相关的法律法规外，《反不正当竞争法》《合同法》《产品质量法》《劳动法》等法律法规也是创业者及其初创企业所应当了解和关注的。

表 10-2　初创企业各部门中典型的知识产权形式及常用保护方法[4]

部门	典型的知识产权形式	常用保护方法
营销部门	名称、标语、标识、广告语、广告、手册、非正式出版物、未完成的广告、客户名单、潜在客户名单及类似信息	商标、版权和商业秘密
管理部门	招聘手册、员工手册、招聘人员在选择和聘用候选人时使用的表格和清单、书面的培训材料和企业的时事通讯	版权和商业秘密
财务部门	各类描述企业财务绩效的合同、幻灯片，解释企业如何管理财务的书面材料，员工薪酬记录	版权和商业秘密
管理信息系统部门	网站设计、互联网域名、微信公众号、企业特有的计算机设备和软件的培训手册、计算机源代码、电子邮件名单	版权、商业秘密和注册互联网域名
研发部门	新的和有用的发明及商业流程、现有发明和流程的改进、记录发明日期和不同项目进展计划的实验室备忘录	专利和商业秘密

10.6.2 相关伦理问题

创业伦理是适应创业教育和时代要求而发展起来的一种集理论性与实践性于一体的伦理，主要是指贯穿于创业活动之中的规范与准则。创业伦理是初创企业健康发展和成功的精神动力，有助于创业者创业目标的实现，以及创业责任感、使命感和荣誉感的树立。

创业者的任务是创富。“君子爱财，取之有道”，创业者在创业过程中一定要遵守伦理道德，这是创业能够成功并持续发展的关键。管理学意义上的伦理一般也称为商业伦理，是指组织处理与外界关系，处理内部成员之间权利和义务的规则，以及在决策过程中所体现的人与人之间的关系和所应用的价值观念。创业者作为创新实践者，通过创造新产品或服务和提供就业机会，极大地推动了社会进步和发展；然而，创业者又常常被批评片面追求商业成功，甚至在必要时牺牲道德价值观。例如，有的创业者延迟偿付厂商和其他债权人的账款，有时候对雇员也采取同样的方法，延迟工资的发放。创业者使用这种方法，有的是因为确实陷入困境，有的则不是。有些创业者常常在未经他人允许和同意的情况下，使用他人的资源来弥补自身资源的不足，这些行为会因为违背相关法律规定和市场经济原则而受到惩罚。如果创业者有意这样做，是不道德的，也是有悖商业伦理的。长此以往，人们会对创业者的诚信度产生质疑。

《创业者乐园》的作者汤姆·厄仁菲尔德（Tom Ehrenfield）提供了一些保证创业符合伦理规范的忠告和建议。一是做正确的事。创业者可能宣称自己很强大或者是拥有一家成立已久的公司，夸大企业前景来吸引投资者、雇员和客户，甚至为了说服关键人物，会声称已经拥有了某些关键要素。创业者会辩解，这种虚构故事的方式往往只是为了使企业有倍增效应而吸引他人，全是为了企业而非为个人。但是，这么做是有悖于道德和伦理的，是一种有失诚信的错误做法。二是说到做到。一种开诚布公的文化会带来同样多的公开和诚实，而对谎言的默许和认可将不可避免地产生更多的谎言。

10.7 初创企业的管理

10.7.1 初创企业面临的挑战

初创企业的成长往往给创业者在工作和家庭等多方面带来变化。对500名创业者调查发现，近90%的创业者感受到了企业成长所带来的变化。当被问到“出现快速成长后企业最需要什么"时，33%的创业者回答需要更多的员工，27%回答需要更多的钱，21%回答需要更好的经营组织和内部程序，10%回答需要有经验的管理人员，7%回答需要更大的场地，3%回答需要寻求建议。伴随着企业的成长，创业者首先面对的是内外部环境的复杂性。

企业成长显然会使客户和竞争对手数量增加，会吸引各种组织的注意力，同时也需要获取更多的资源。企业内部的管理工作似乎"突然间"变得多而杂乱，创业者（往往也是经营者）最初会加大时间投入来"救火"，但最终会因为精力和能力的限制而不得不在组织内部设立各种职能部门机构。然而，企业的规模急剧扩大，短时间内无法在内部培养和选拔出职能部门所需的全部称职人员，于是不得不招聘新的员工和有经验的管理人员。部门设立了，人员到位了，却没有相应的职责分工和计划控制系统。部门之间的协调和配合与"救火"式管理方式融合在一起，增加了企业整体管理的复杂性。

企业的成长吸引了众多竞争对手，改变了行业内的竞争状况。行业内的大企业可以凭借资金、技术优势，并依靠其固有的销售网络等条件，向成长中的中小企业发起挑战。行业内的众多小企业则会"搭便车"，对产品既不进行创新也不进行广告投入，只是一味地模仿，利用低成本和地域性销售优势抢占市场。众多竞争对手的加入使客户及供应商有了更多选择，提高了客户及供应商的竞价能力，迫使成长中的中小企业不得不调整市场战略以赢得新客户和维持已有客户，快速进行地域市场扩张，而地域市场扩张必然会受到各地文化、法律和市场环境的影响。这些情况都增加了企业活动所面临的不确定性，进而使企业面临的经营环境变得更加复杂。

环境的复杂性加大了企业的经营风险，同时对企业的经营管理工作提出了一系列新的要求。首先是决策能力的提升。创业者的一项经营决策失误往往会导致整个企业经营失败。例如，爱多电器的主要股东纠纷引发了"爱多"的全面危机；巨人集团的巨人大厦决策导致"巨人"走向衰败。其次是组织运作的规范性与灵活性的兼容。企业要强化基础和规范化管理，但绝不能以丧失灵活性和对环境的适应能力为代价。最后是迅速整合资源。这些都是处于成长过程中的新企业所要面临的挑战。因此，对不确定性引起的复杂性进行管理，是新企业成长过程中面临的主要管理问题。

传统的企业管理理论强调要开展周密的市场调查和预测，制定合乎逻辑的、严谨的经营计划等。从某种意义上说，这只适用于那些拥有确定产品和市场的大公司。80%以上的创业者没有能力也不可能这样做，他们一旦有创业想法，往往在短期内就开展创业活动——他们要迅速把握机会。如果把一切都论证清楚，把资源都整合齐备，机会也就没有了。在现实世界中，快速成长导致复杂性和不确定性时时存在并且不可避免，创业初期的企业必须重视这一挑战。

10.7.2 初创企业的管理

从企业生命周期的视角来看，企业作为有机的生命体，在不同的发展阶段具有不同的特征，会遇到不同的问题，必须采用相应的管理模式和解决方案。相对于成熟企业来说，初创企业管理具有特殊性，其管理方式同成熟企业也有一定的区别。

1. 以生存为主要目标的管理

初创企业的首要任务是从无到有，把自己的产品或服务销售出去，掘到第一桶金，从而在市场上找到立足点，使自己生存下来。在创业初期，生存是第一位的，一切围绕生存运作，一切危及生存的做法都应避免。最忌讳的是在创业初期提出不切实际的扩张目标，盲目“铺摊子”“上规模”，结果只能是“创者不立，跨者不行”。那么，什么是生存的来源呢？盈利。盈利是企业生存的重要保障，是创业管理的目标之一。在创业阶段，亏损，盈利，又亏损，又盈利，可能要经历多次反复，直到最终持续稳定地盈利，才算是度过了创业的生存阶段。只有开始持续地盈利，才能证明创业活动找到了可靠的商业模式，因此才有了追加投资的价值。

2. 以自有资金创造现金流的管理

现金对企业来说就像是人的血液，企业可以承受暂时的亏损，但不能承受现金流的中断。所谓企业的自由现金流，就是不包括融资，不包括资本支出及纳税和利息支出的经营活动的净现金流。自由现金流一旦出现赤字，企业将发生偿债危机，可能导致破产。自由现金流的大小直接反映企业的盈利能力。它不仅是创业初期，也是成长阶段管理的重点，区别在于对创业管理来说，由于融资条件苛刻，只能主要依靠自有资金运作来创造自由现金流，从而管理难度更大。创业初期的管理要求经理人必须千方百计地增收节支、加速周转、控制发展节奏，“像花自己的钱那样花企业的钱”。

3. 以“所有人做所有事”的管理

初创企业在创业初期，尽管建立了正式的部门结构，但很少按照正式组织的方式运作。典型的情况是，虽然有名义上的分工，但运作起来是哪急、哪紧、哪需要，就都往哪里去。这种看似混乱的情况，实际是一种高度有序的状态。每个人都清楚组织的目标和自己应当如何为组织目标做贡献，没有人计较得失，没有人计较越权或越级，相互之间只有角色的划分，而没有职位的区别。这种运作方式培养出团队精神、奉献精神和忠诚。将来事业发展了，组织规范化了，这种精神仍在，会成为一种企业文化。在创业初期，创业者必须尽力使初创企业的部门成为真正的团队，否则很难成功。这种在创业初期锻炼出来的团队领导能力，是创业者未来领导大企业高层管理团队的基础。

4. 以创业者深入一线的管理

经历过创业初期的创业者大都有过这样的体验：曾经直接向客户推销过产品，与供应商谈判过折扣，亲自到车间里追踪过客户急需的订单，在库房里卸过货、装过车，跑过银行、催过账，策划过新产品方案，制订过工资计划等。创业者只有对经营全过程的细节了如指掌，才能够使得生意越做越精。

5. 以奉行“用户至上，诚信为本”的管理

创业的第一步，就是把企业的产品或服务卖给用户。这是一种惊险的跨越，如果不是用户肯付钱，怎么能收回成本还有利润？经历过艰难创业的企业家和创业者，永远都会把用户放在第一位。此外，谁会借钱给没听说过的企业？谁会购买没听说过的企业的产品？谁会加入没听说过的企业？企业靠什么迈出这三步？靠的是诚信，也只有靠诚信。所以，一个企业的核心价值观不是杜撰的，而是创业阶段自然形成的。创业期间的管理是在塑造一个企业。

思考题

1. 目前你们团队的创业项目面临的问题和挑战有哪些？
2. 你们团队打算如何解决这些问题和挑战？

参考文献

[1] 张玉利，薛红志，陈寒松. 创业管理[M]. 4版. 北京：机械工业出版社，2013.
[2] 李家华，等. 创业基础[M]. 2版. 北京：北京师范大学出版社，2014.
[3] 小高高. 新型组织结构[EB/OL]. 新浪博客. [2010-10-08]. http://blog.sina.com.cn/s/blog_6c6bc4eb0100mcsn.html.
[4] 布鲁斯王 L 巴林格，R 杜安·爱尔兰. 创业管理：成功创建新企业[M]. 杨俊，等译. 北京：机械工业出版社，2010.